Ogilvy on Advertising

「売る」広告 [新訳]

デイヴィッド・オグルヴィ
山内あゆ子 [訳]

LE 4 SEPTEMBRE
J'ENLEVE LE BAS.

After we paint the car we paint the paint.

The man in the Hathaway shirt

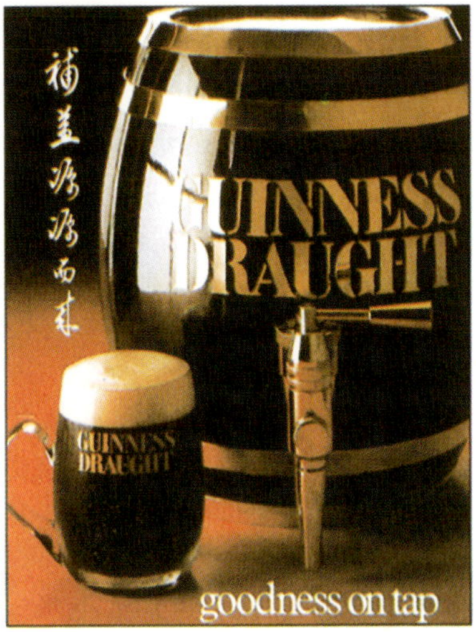
GUINNESS
DRAUGHT
goodness on tap

Marlboro
Come to where
the flavour is
Marlboro Country
LOW TO MIDDLE TAR
DANGER. H.M.Govt. Health Depts'
WARNING: CIGARETTES CAN SERIOUSLY DAMAGE YOUR HEALTH

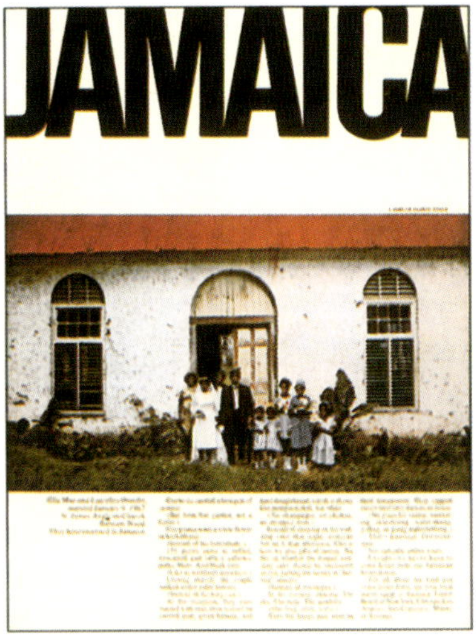
JAMAICA

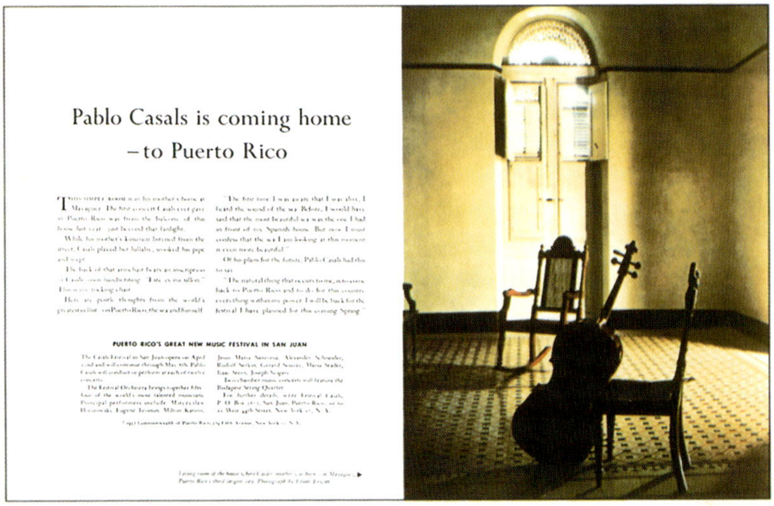
Pablo Casals is coming home
– to Puerto Rico
PUERTO RICO'S GREAT NEW MUSIC FESTIVAL IN SAN JUAN

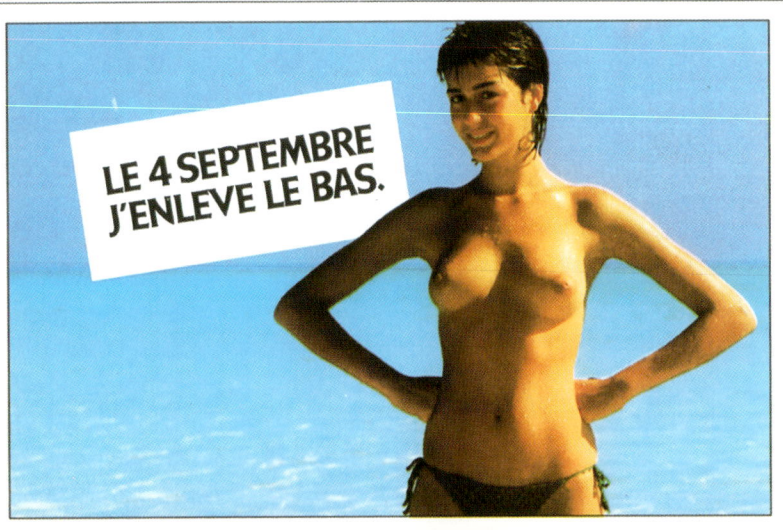

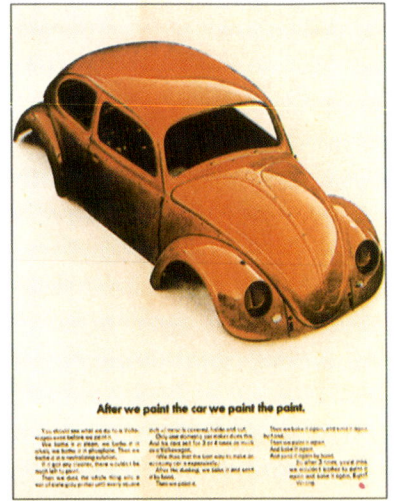

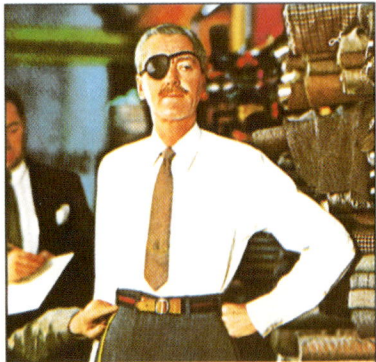

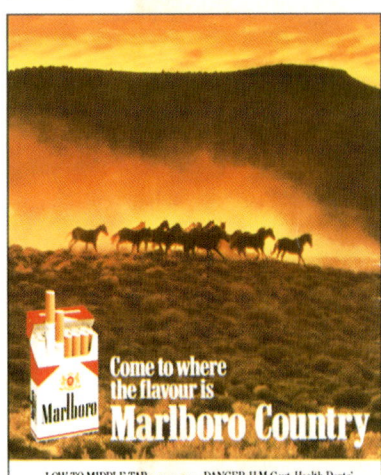

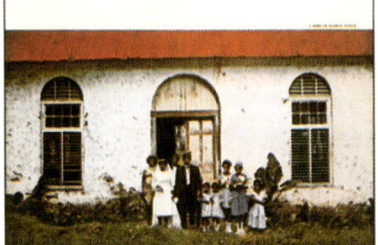

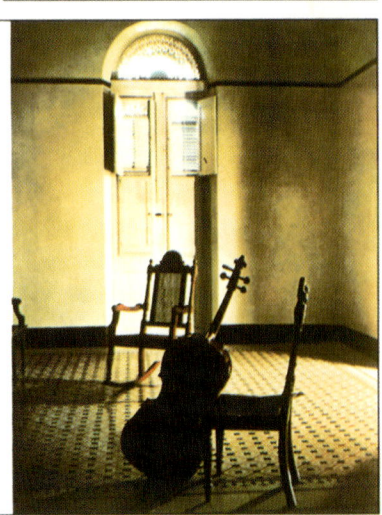

「売る」広告［新訳］

OGILVY ON ADVERTISING
by David Ogilvy

Text copyright © 1983 by David Ogilvy
Compilation copyright © 1983 by Multimedia Books Ltd (now Prion)
Japanese translation rights arranged with Carlton Books Limited,
London through Tuttle-Mori Agency, Inc., Tokyo

目次

1 「フィリッポス王を倒せ！」　7
2 売れる広告をつくるには　9
3 広告界の仕事とは　31
4 広告会社の経営について　45
5 クライアントを獲得する秘訣　58
6 広告会社を探しているクライアントへの公開状　66
7 印刷媒体広告で成功する方法　70
8 売れるテレビCMの鉄則　103
9 企業広告のポイント　117
10 海外旅行の広告で効果を生むには　127
11 B2B広告で気をつけること　137
12 ダイレクトメール：わが初恋にして秘密兵器　143
13 よい公共広告の条件　150
14 P&Gと渡り合う　155
15 リサーチに起こせる18の奇跡　158
16 マーケティングについて私が知っている少しのこと　167
17 アメリカの広告は今でも世界一か？　173
18 現代広告を生んだ6人の巨人　189
19 広告の何が問題か　206
20 13の変化予測　217
　推薦図書　218

1 「フィリッポス王を倒せ！」

私は広告をエンターテインメントや芸術の一種だとは思わない。広告とはあくまで情報メディアだ。また自分の書いた広告を「クリエイティブ」などと言われたくもない。そうではなく、あまりにも面白くて「その商品を買わずにはいられない」と思ってもらいたい。古代ギリシャの雄弁家アイスキネスが演説すると、人々は「なんと話がうまい人だ」と感心したが、同じく雄弁家で政治家でもあったデモステネスが演説すると、誰もが「フィリッポス王を倒せ」と叫んだと言う。

1963年に出版した『ある広告人の告白』（小社刊）で私は、オグルヴィ・アンド・メイザー誕生の物語と、われわれに初期の成功をもたらした原則について語った。当時はニューヨークの片隅の、ちっぽけな広告会社に毛が生えたような存在だったが、その後世界四大広告会社のひとつに成長し、40カ国に140の支店を持つまでになった。どうもわれわれの原則は役に立つらしい。

しかし私も歳をとった。フランスのある雑誌には、アダム・スミス、エジソン、カール・マルクス、ロックフェラー、フォード、ケインズと共に「産業革命」に貢献した人物の最後の生き残りとして挙げられたりもした。しかし歳をとったからといって、今日の広告について、もはやもの申す資格はないとでも言うのか？ 長年の間に培われた見識によって、一時のはやりと広告の永遠の真理を見分けることができるようになったと言うべきではないのか？

1949年、マディソン・アベニューに会社を構えたとき、私は自分が引退する前に広告にいくつか大きな変化が起きるだろうと予言した。だが今までのところ、大変化と言えるものはひとつだけだ。最強のメディアであるテレビが誕生し、ほとんどの商品はテレビによってさらに売れるようになった。

もちろん、他にもたくさん変化はあった。それについては追ってお話ししよう。しかしそうした変化の重要性は、なにかと流行を分類したがる評論家連によって大げさにされすぎている感がある。たとえば私が1953年に流行らせた「ブランドイメージ」というコンセプトは、実は目新しいものではなく、それより20年も前にクロード・ホプキンスが言っている。ビル・バーンバックと私が1950年代に起こしたと言われる、いわゆる「クリエイティブ革命」も、N・W・エイヤーやヤング・アンド・ルビカムといった会社がすでに1930年代に起こしていた。

その一方、『ある広告人の告白』を書いた時点で有効だった広告テクニックの多くは、今日でもまだ効力を失っていない。消費者は今でも、広告が「儲かる」「キレイになる」「ヘルシー」「痛みが消える」「社会的地位」など何らかの得があると約束する商品を買う。世界中どこでもだ。

こんなことを言えば、馬鹿どもに非難されるのはわかっている。2年以上使われ続ける広告テクニックなど「まさしくその事実だけで」時代遅れだと主張する輩だ。彼らは日常の断片を映すCMや実演、説明する語り手の顔のアップを激しく非難し、こうしたテクニックが売上げに貢献しているという事実から目を背け

「こんなことを言えば、馬鹿どもに非難されるのはわかっている。
2年以上使われ続ける広告テクニックなど『まさしくその事実だけで』時代遅れだと主張する輩だ」

る。もし奴らがホラティウスを引用するとすれば、おそらく私のことを「短気で不平ばかり並べたて、自分の若い頃は良かった、それに比べて今の若い者は、と若者の批判とあら探しに明け暮れる老人」とでも言うだろう。だがそれが何だ！今も昔も広告界の二流以下の片隅には、愚か者どもが巣食ってきた。彼らは風変わりなユーモアやエキセントリックなアートディレクションを商売道具にし、リサーチを侮（あなど）り、自らを天才と称してはばからない。こうした輩がめったにしっぽを出さないのは、その口先のうまさに煙に巻かれるようなクライアントに、彼らが引き寄せられるからに他ならない。そうしたクライアントは、販売実績の成否が広告にかかっているなどとはこれっぽっちも思わない。彼らのキャンペーンはニューヨークやサンフランシスコ、ロンドンのカクテルパーティでは評判がいいかもしれないが、シカゴでは相手にもされない。雑誌「ニューヨーカー」で都会的でお洒落なキャンペーンだけを手がけていた頃の私は、そうした輩にずいぶんもてはやされたものだが、その後マスメディアの広告を手がけるようになり、リサーチの重要性を唱える本を書いた途端、悪魔扱いだ。自分は奴ら全員を束にしたよりもたくさん商品を売ってきたと思うのがせめてもの慰めだった。

> 「私はルールなど大嫌いだ」

私は「ルール」を押しつけると言って非難されることがある。しかしこれほど真実から遠いこともない。「ルール」など大嫌いだからだ。私はただ、消費者がさまざまな刺激にどう反応するかを報告しているだけだ。たとえば、あるコピーライターにこんな風に言うかもしれない。「リサーチによれば、有名人を使ったCMは、消費者に実際に商品を買わせるという点では平均以下なんだ。それでも『どうしても』有名人を使うのかい？」。これは「ルール」だろうか？　あるいはアートディレクターにこう言うかもしれない。「リサーチによれば、白地にスミ文字のほうが、黒地に白抜き文字より読まれる率が高いんだ」。これはまあ「ヒント」かもしれないが、「ルール」ではないだろう。

18世紀のイギリスで、ある産科医一族が、競合するどの産科医よりも赤ん坊を無事に取りあげ、母親の死亡率も大幅に下げた結果、大いに繁盛した。この一族には秘密があり、油断なくそれを守り続けたが、とうとう、ある進取の気性にとんだ医学生が病院の屋根によじ登って天窓から手術室を覗き込み、一族が発明した鉗子（かんし）を目にした。かくて秘密は暴かれ、お陰ですべての産科医と患者がその恩恵にあずかった。今日、産科医は自分の発見を隠さず発表する。私が自分の秘密を発表することを快く許してくれたパートナーたちには感謝に堪えない。しかし、本書でときおり表明する「意見」については、私の会社の全員の意見を必ずしも代弁しているわけではないことをここに申し添えておきたい。

本書は、広告のことならもはや知らないことなどひとつもないと思っている読者のために書いたのではない。若くて可能性に溢れた人々のため、そして、現場でさらに売上げを伸ばす方法はないかと模索を続ける広告人のために書いた。

また、広告について自分が経験して学んだ面だけについて書いた。そういうわけで、メディアやケーブルテレビや日本の広告については述べていない。

ろくでもない本だとお思いであれば、私のパートナーであるジョエル・ラフィエルスンが手直しをする前に読んでいただければよかった。ジョエルはこれをできるだけ「ろくでもある」ものにしようと手を尽くしてくれた。ありがとう、どうぞお大事に、ジョエル。

David Ogilvy

2 売れる広告をつくるには

　たとえばあなたが今朝からわが社で働き始めたとしよう。あなたは私のオフィスに寄って、アドバイスを求める。そこで私はどう仕事を進めるかについての一般論から始める（雑誌や新聞、テレビ、ラジオ等での広告の作り方については、後の章でもっと具体的にアドバイスしよう）。複雑な物事を単純化しすぎる点や、独断的なスタイルについてはお許しいただきたい。物事は簡潔でなければならない。それが私の主義だ。お互い忙しい身なのだから。

　まず言っておくべきは、ある広告と他の広告との間にどれほど大きな差があるかということだ。これについては、あなたはおそらくまだ身にしみて理解してはいないと思う。ダイレクト・レスポンスのコピーライターの第一人者であるジョン・ケープルズはこう言っている。

　「ある広告が、他の広告の２倍や３倍どころではなく、19.5倍も商品を売るのを実際に目にしてきた。どちらの広告も、同じスペースに掲載されたし、どちらも同じ印刷物に載った。写真もイラストも同じだった。どちらのコピーも同じように丁寧に書かれていた。異なっていたのは、一方は正しい売り込みをしており、もう一方は間違った売り込みをしていたということだ」[*]

　間違った広告は、現実に商品の売上げを「減らす」こともある。かつてフォードでマーケティングリサーチ部門を率いていたジョージ・ヘイ・ブラウンに聞いた話だが、フォードが隔月でリーダーズ・ダイジェスト誌に広告を出し、１年後に調べてみると、その広告を「見たことがない」人の方が、見たことがある人よりもフォード製品を買っていたことがわかったそうだ。

　別の調査によれば、あるビールブランドのCMを覚えていた人よりも、覚えていなかった人の方が、より多くそのビールを買っていた。そのメーカーは、ビールが「売れない」ことのために何百万ドルも費やしていたというわけだ。

　私はたまに、クライアントやマスコミや広告会社が、こうした精査を避けようと口裏を合わせているのではないかと思うことがある。彼らは、「どんな広告」でもある程度は売上げに貢献している、という神話を信じさせることが、関係者の既得権維持につながると思っているのだ。しかし現実はそうではない。

---

[*]『Tested Advertising』（『ザ・コピーライティング』ジョン・ケープルズ／ダイヤモンド社）

売る広告

The Rolls-Royce Silver Cloud—$13,995

"At 60 miles an hour the loudest noise in this new Rolls-Royce comes from the electric clock"

What <u>makes</u> Rolls-Royce the best car in the world? "There is really no magic about it — it is merely patient attention to detail," says an eminent Rolls-Royce engineer.

1. "At 60 miles an hour the loudest noise comes from the electric clock," reports the Technical Editor of THE MOTOR. Three mufflers tune out sound frequencies — acoustically.

2. Every Rolls-Royce engine is run for seven hours at full throttle before installation, and each car is test-driven for hundreds of miles over varying road surfaces.

3. The Rolls-Royce is designed as an *owner-driven* car. It is eighteen inches shorter than the largest domestic cars.

4. The car has power steering, power brakes and automatic gear-shift. It is very easy to drive and to park. No chauffeur required.

5. The finished car spends a week in the final test-shop, being fine-tuned. Here it is subjected to 98 separate ordeals. For example, the engineers use a *stethoscope* to listen for axle-whine.

6. The Rolls-Royce is guaranteed for *three years*. With a new network of dealers and parts-depots from Coast to Coast, service is no problem.

7. The Rolls-Royce radiator has never changed, except that when Sir Henry Royce died in 1933 the monogram RR was changed from red to black.

8. The coachwork is given five coats of primer paint, and hand rubbed between each coat, before *nine* coats of finishing paint go on.

9. By moving a switch on the steering column, you can adjust the shock-absorbers to suit road conditions.

10. A picnic table, veneered in French walnut, slides out from under the dash. Two more swing out behind the front seats.

11. You can get such optional extras as an Espresso coffee-making machine, a dictating machine, a bed, hot and cold water for washing, an electric razor or a telephone.

12. There are three separate systems of power brakes, two hydraulic and one mechanical. Damage to one will not affect the others. The Rolls-Royce is a very *safe* car — and also a very *lively* car. It cruises serenely at eighty-five. Top speed is in excess of 100 m.p.h.

13. The Bentley is made by Rolls-Royce. Except for the radiators, they are identical motor cars, manufactured by the same engineers in the same works. People who feel diffident about driving a Rolls-Royce can buy a Bentley.

PRICE. The Rolls-Royce illustrated in this advertisement — f.o.b. principal ports of entry — costs **$13,995**.

If you would like the rewarding experience of driving a Rolls-Royce or Bentley, write or telephone to one of the dealers listed on opposite page. Rolls-Royce Inc., 10 Rockefeller Plaza, New York 20, N. Y. CIrcle 5-1144.

2章　売れる広告をつくるには

予習せよ

まずは予習することから始めなければ、成功する広告を作り出す可能性は万に一つもない。私自身、勉強くらい退屈なこともないと思うが、これ以外に方法はないのだ。

まず、これから自分が宣伝する商品について知ることだ。商品について知れば知るほど、それを売るためのビッグアイデアを思いつく確率が高まる。私がロールスロイスのアカウントを獲得したときは、3週間この車についての資料を読み込み、その結果「時速100キロで走行中の新型ロールスロイスの車内で、一番の騒音は電子時計の音だ」というコピーを思いついた。これをヘッドラインにし、続けて607語にわたって事実を述べた。

その後メルセデスベンツのアカウントを獲得したときには、シュツットガルトのダイムラーベンツ本社にわが社の一団を送り込んだ。彼らは3週間、エンジニアたちを取材しては、ひたすら録音した。これが延々と事実を並べた広告を生み出し、アメリカでのメルセデスの売上げは1万台から4万台に跳ね上がった。

グッドラックマーガリンの広告を頼まれる前は、マーガリンは「炭」からできていると思っていた。しかし10日間商品知識を仕入れたことで、事実に即した広告を書き、これが効果を上げた。

シェル石油のときも同じだ。クライアントからの資料を見て私は驚いた。ガソリンにはさまざまな原料が含まれており、その中のひとつ「プラットフォーマー

左　あらゆる車の広告の中で最も有名なこの広告を書くために、私は勉強した。これは2万5000ドルの経費で、たった2つの新聞と2つの雑誌だけに掲載された。翌年、フォードは何百万ドルもかけて、フォードの方がロールスロイスよりもさらに静かだというキャンペーンを打った。

下　ロールスロイスがアメリカで500台もの欠陥車を販売したので、私は同社のアカウントを手放した。2年後、われわれはメルセデスの広告を獲得し、シュツットガルトにわが社の一団を送り込み、エンジニアたちを取材した。これが延々と事実を述べる広告を生み出すことにつながり、アメリカでのメルセデスの売上げは1万台から4万台に跳ね上がった。

右下　マーガリンの広告を手がけるまで、マーガリンは「炭」からできているのだと思っていた。しかし10日間商品知識を仕入れると、そうではないとわかった。

売る広告

上 私はダブ石けんを「ドライスキンの女性のための化粧石けん」とポジショニングし、こんな効能を書いた。その効果は実験で確かめられた。「ダブは洗っている間に潤います」

右の2点 エイヴィス社のエキセントリックな社長、ロバート・タウンゼントが私に広告を頼んできた。他のクライアントと競合するのでやむなく断ると、ドイル・デイン・バーンバックが引き受け、広告史上最も強力なキャンペーンのひとつを作り出した。「私たちは業界ナンバー2、だからもっと努力する。さもなければ」。このポジショニングによって、当時業界トップだったハーツは惨めな思いを味わった。

次ページ ドイル・デイン・バーンバックは、フォルクスワーゲンを「デトロイトに対する抗議」とポジショニングした。おかげでフォルクスワーゲンのビートルは反体制派の間で爆発的人気を博した。コピーライターはジュリアン・ケーニッグ、アートディレクターはヘルムート・クローン。この車の年間総売上は50万台に跳ね上がった。

ト」は車の燃費を上げるという。これを知ったことで、キャンペーンによって7年間下がり続けていたシェルの市場シェアを増加に転じることができた。

こういう勉強をする気がないとすれば、たまたま運よく成功したとしても、私の兄のフランシスが言うところの「ぴかぴか光ってはいるが、実は何の意味もない上っ面の滑りやすさ」に足をとられて転ぶ危険をおかすことになる。

次にこなすべき雑用は、ライバルが同様の商品でどんな広告を打ち、それがどの程度成功しているかの調査だ。それによって自分が今どんな位置にいるかがわかる。

その次は消費者のリサーチ。あなたがこれから売り込もうとしている商品について消費者がどう思っているか、その商品について話すときに消費者はどんな言葉を使っているか、消費者にとってどんな特長が大事なのか、それから「あなたが広告するブランドを消費者に最も買いたいと思わせる価値は何か」

こういうリサーチをプロに依頼する余裕がないなら、自分でやることだ。コピーライターにとっては、5、6人の主婦たちと気楽に話をする方が、自分が参加もしない世論調査よりよほど役に立ったりする。

ポジショニング

次は、広告する商品をどうポジショニングしたいのかを考えよう。ここで言うポジショニングとは「その商品が何をするのか、誰のためか」を定めることである。ダブ石けんの広告では、男性の手の汚れを落とすための洗浄剤と位置づけることもできたが、代わりにドライスキンの女性のための化粧石けんとポジショニングした。これは25年経った今でも効果を発揮している。

ノルウェーでは、サーブ車に目立つ特徴がなかった。そこでわれわれはこれを「冬向け」の車とポジショニングした。3年後、サーブはノルウェーの冬に「最適な」車に選ばれた。

もし私が骨折治療用ブーツさながらの不格好な車の広告を任されたら、玉砕していたかもしれない。しかしビル・バーンバックとその陽気な一味は、そんなフォルクスワーゲンのビートルを、当時デトロイトで流行っていた俗悪な車のアンチテーゼとしてポジショニングした。すると、これ見よがしの大盤振る舞いをよしとしないアメリカ人の間で熱狂的人気を博した。

2章　売れる広告をつくるには

売る広告

上　イメージづくりのテクニックについての試み。私は18年間、ホワイトヘッド司令官をシュウェップスの広告に使ってきた。予算は雀の涙だったが、恐るべき効果を上げた。

ブランドイメージ

　お次は、広告するブランドにどんな「イメージ」を持たせるかだ。イメージとは「個性」。人間と同じで、商品にも個性がある。個性次第で市場で成功を収めることもあればすべてぶち壊しになることもある。商品の個性にはさまざまな要素が融合している——名前、パッケージ、価格、広告スタイル、そして何よりも商品自体の性質だ。

　どんな広告も、ブランドイメージに貢献するものとして考えなければならない。だからあなたの作る広告は、毎年常に「同じ」イメージを与えなければならない。だがこれを実行するのは容易ではない。広告会社やマーケティングディレクターが変わって、新しいカラーを打ち出そうとするなど、常に広告を変えようとする力が働くからだ。

　たいていの商品の場合、クオリティが高いというイメージを与えるものは、やってみる価値がある。とくに、ビールやタバコ、車のような、ブランド名が友だちの目につく商品、つまり人が「身につける」商品の場合は。広告が安っぽいと、それが商品にも投影されて悪影響を与える。しみったれた商品を使っているところを人に見られるのは誰だって嫌ではないか？

　たとえばウイスキーだ。どうしてある人はジャック・ダニエルを選び、他の人はグランダッドやテイラーを選ぶのだろう。3種類全部を飲み比べてみたのだろうか？　冗談じゃない。実際は、各ブランドには異なる「イメージ」があり、それがそれぞれ異なるタイプの人にアピールしているのだ。ウイスキーメーカーが売り込むべき90パーセントはブランドイメージだ。

　カリフォルニア大学心理学部の研究者たちが、学生に蒸留水を飲ませる実験を

2章 売れる広告をつくるには

した。蒸留水だと言って飲ませ、味を聞いたところ、被験者のほとんどが何の味もしないと言った。だが水道水だと言って飲ませると、被験者のほとんどが「ひどい味」だと言った。「水道水」という言葉だけで、塩素のイメージが浮かんだのだ。

誰かにオールド・クロウを一口飲ませて、それがオールド・クロウだと教える。次に、もう一口同じオールド・クロウを飲ませて、しかし今度は「ジャックダニエル」だと言ってみる。どちらが好みか聞いてみよう。一口目と二口目は全然違う味だったと思うはずだ。人が味わっているのは「イメージ」なのだ。

私自身はずっとジャックダニエルの虜(とりこ)だ。そのラベルと広告は素朴で正直そのものというイメージを伝え、さらに値段が高いことによって当然品質もいいに違いないと思うわけだ。

どんな種類でも、酒の広告を書くときには繊細さが要求される。一度あるブランドのウイスキーの広告を書いたときは、冷徹な事実を並べ、消費者の理性に訴えてこのブランドを選ぶよう説得を試みたが、うまくいかなかった。コカ・コー

上　ウィスキーのブランドを選ぶとき、人はイメージを選んでいる。ジャックダニエルの広告は素朴で正直そのものというイメージを伝え、これによって値段が高いだけの価値があると思い込まされる。（広告訳：木こりたちがやってくる。テネシー中から、トラックをカエデ材でいっぱいにして、ジャックダニエルのために運んでくる。高地からカエデを切って来るのは、重労働に違いない。うちのジャック・ベイトマン［トラックのドライバーに挨拶している男］がその材木を割り、積み上げて燃やし、炭を作る。この特別の炭が、ウィスキーを最高にまろやかにしてくれる。もちろん、木こりは毎日決まった時間に仕事をしているわけではないから、いつやってくるかはわからない。でも、ジャックダニエルを一口やれば、なぜいつ来てくれてもありがたいのか、きっとわかってもらえるはずだ）

右の3点　レオ・バーネットがマルボロプロジェクトのために作ったキャンペーンによって、マルボロは世界一売れるタバコになった。このキャンペーンは25年間、ほとんど変更なく続けられている。

ラには他の商品よりコーラの実が50パーセント多く含まれている、と広告したところで人の心を惹きつけるはずがない。

押し売り広告推奨派の輩に、ブランドイメージなんてものが本当に重要なのかと聞かれたら、そこらの名もないタバコだったマルボロが一体どうやって世界一のベストセラーにのし上がったと思うか、と聞いてみよう。四半世紀前に始まり、今なお続くカウボーイを使ったレオ・バーネットのキャンペーンは、このブランドにイメージを与え、世界中の愛煙家に魅力を振りまき続けている。

ビッグアイデアとは？

勉強はこの世の終わりまで続ければいいが、「ビッグアイデア」がなければ富と名声は手にできない。ビッグアイデアがなければ、消費者の目を惹きつけ、商品を買ってもらうことはできない。ビッグアイデアのない広告は、闇の中を航行する船と同じ、誰にも気づかれることなくただ通り過ぎるのみである。

100のキャンペーンのうちの1つにでもビッグアイデアがあるかどうか。私はビッグアイデアを豊富に考え出す一人と目されているが、それでも、長いキャリアの中で画期的と呼べるものはおそらく20以上はない。ビッグアイデアは無意識から生まれる。芸術でも、科学でも、広告でも同じだ。しかし無意識には「十分に情報を与えて」おかなければいけない。でないとせっかくのアイデアも的外れになってしまう。まずは意識の方に情報を詰め込み、それから合理的な思考過程を放棄する。たとえば長い間散歩したり、長時間風呂につかったり。フランスの赤ワインを一杯やるのも役立つだろう。すると、無意識界につながる電話線が繋がっていれば、突然ビッグアイデアが湧き出してくる。

私が初めてペパーリッジ・ファーム・ブレッドのCMを書いたとき、パートナーのエスティ・ストーウェルに文句を言われた。イメージに欠けると言うのだ。その夜、私は夢を見た。夢の中では、二頭の白馬がパン屋の配達車を引っ張って田舎道を颯爽と駆けて行った。それから27年経った今日も、この馬車はペパーリッジ・ファームのCMの中で村の小径を駆けている。

広告界随一の切れ者だったアルバート・ラスカーは、人間の資質で最も価値のあるものは何かと聞かれ、「ビッグアイデアを認める謙虚さ」だと答えた。ビッグアイデアかどうかを「見分ける」のは恐ろしく難しい。私自身、どれほどのビッグアイデアをはねつけてきたかを思うと身震いする。これにはリサーチも役に立たない。アイデアが累積したとき、どんな価値を持つかは予測がつかないし、どんなアイデアも30年効果がなければ「画期的」とは言えないからだ。

私のパートナーのひとりが、メリル・リンチのCMで、こんなスローガンの下に雄牛の一群を行進させるというアイデアを思いついた。スローガンは「メリル・リンチは雄牛のようにアメリカ経済に強気で立ち向かいます」。何たる間抜けなCMだと思ったが、運のいいことにこの企画は私が目にする前に通ってしまった。メリル・リンチのアカウントはとっくの昔に他の広告会社に移ったが、雄牛の行進はいまだに続いている。

ビッグアイデアかどうかを見分けるコツとして、こんな風に自問してみよう。
①初めて目にしたとき、息を飲んだか？
②自分が考えついたのならよかったのに、と思うか？
③独創的か？
④戦略に完璧に合っているか？

次ページ ときには、何の手も加えずシンプルに商品そのものを見せるのが一番効果的なこともある。だが実行するには勇気がいる。そんなのはまったくクリエイティブでないと批判されるに違いないからだ。

Grethe Meyers nye stel "Rødtop" fås i 38 dele til både bord og køkken.

Sådan fornyer man en klassiker
designet af Grethe Meyer.

Det er tyve år siden Grethe Meyer lavede "Blåkant" for Den Kongelige Porcelainsfabrik. Og lige fra starten var vi klar over, at her stod vi overfor en klassiker på linie med Børge Mogensens møbler og PH's lamper.

Tiden har givet os ret. Grethe Meyers rene, gennemtænkte formgivning og diskrete dekorationskunst er blevet højt præmieret og højt elsket i mange lande.

Men kunst er fornyelse, og Grethe Meyer har netop fornyet "Blåkant's" tidløse former med en glad, rød kant og en lysere bundfarve. Ændringen er lille, men virkningen stor, og "Rødtop" er næsten lige så forskellig fra "Blåkant" som sommer fra vinter. Hvad De foretrækker, ved vi ikke. Vi er bare glade og stolte over at kunne give Dem muligheden for at vælge.

売る広告

⑤ 30年使い続けられるか？

たった5年でも、続いている広告は数えるほどしかないはずだ。長く続く広告はスーパースターで、景気がよいときも悪いときも競合他社の圧力や担当者の変遷に耐え、ともかく常に結果を出し続ける。たとえば1951年にお目見えし、いまだにその力を保っているハサウェイシャツのアイパッチの男の広告。ダブのCMは、1955年からどれもずっと、「石けんとは違ってお肌の潤いを保つ」ことを約束し続けている。アメリカン・エキスプレスの「Do you know me？」も1975年からずっと続いている。そしてレオ・バーネットのマルボロのキャンペーンは25年間続いている。

商品をヒーローにせよ

どんなときにもできるかぎり、商品自体を広告のヒーローにすること。もし自分が担当させられたのが冴えない商品だと思うなら、知っておいてほしいことがある。冴えない商品などどこにもない。冴えないのはコピーライターの方だ。私

2章　売れる広告をつくるには

右　よいアイデアは無意識から生まれる。これを書いたときには、老いたパン屋がペパーリッジ・ファーム・ブレッドを届けるため田舎道を馬車で行く夢を見た。四半世紀経っても、この馬車はCMの中で村の小径を駆けている。

前ページの3点　私自身はこのキャンペーンを気に入っていたのだが、残念なことにさざ波程度の効果もなかった。この犬は、私が飼っていたクレーム・ブリュレという名前のブリアール種。ジャドソン・アイリッシュが、チャールズ・ディケンズの長編小説『ピクウィック・ペーパーズ』に出て来る悪漢、アルフレッド・ジングルさながらのスタイルで台詞を書いてくれた。
（一番大きな広告の訳：ジョー・ステットソン「誕生日おめでとう。これからも何度も来るといいな」。親友「ありがとう。でもやだよ誕生日なんて。老ける一方だ」。ジョー・ステットソン「バカ言うなよ。前を見ろ！　新たなときめき。見たこともない地平線」。親友「おめでたいなおまえ。そんなのわかんないだろ」。ジョー・ステットソン「俺は知ってるのさ。すごい発見。今まで飲んだこともない。ドライ・ラムだ」。親友「ドライ・ラム？　頭でもぶつけたか？」。ジョー・ステットソン「冗談じゃない。ぶつけたのは氷だ。ラム・オンザロック。プエルトリカン・ラムのドライなやつを選ぶ。大事なのはそこさ」。親友「いろいろあるのか？」。ジョー・ステットソン「もちろん。微妙に違うんだ。人は日々前へ進まなきゃ。この店のカリオカ、すごくいいな。だからさ──誕生日おめでとう」）

はコピーライター自身がその商品に関心があることを確かめてから、その商品を担当させることにしている。私が失敗したキャンペーンはどれも、私自身がその商品に心惹かれていなかったものだ。

　広告会社にとって難しいのは、今や多くの商品が、競合する他社商品とほとんど差がないということだ。メーカーは同じ技術を手にできるし、マーケティング部門も同じリサーチプロセスを経て、色やサイズ、デザイン、好み等々の消費者動向を探って結論を出す。「ほとんど違いのない」商品を売り込むことになった場合、できるのは自分の担当する商品のよい点をより説得力のある形で説明し、広告のスタイルによって違いを際立たせることだけだ。これぞまさしく広告が貢献することができる「付加価値」だ。私は、これを豊富に生み出してきた事実を後悔するほど慎ましくはない。

「間違いなくよい」

　パートナーのジョエル・ラフィエルソンが、ここしばらく私が感じていた感覚をこんな風に言葉にしてくれた。

「昔はどのクライアントも、商品を売るためには自社商品が他社のものより〈優れている〉ことを消費者に売り込まなければならないと思っていた。

　でも今は必ずしもそうではない。自社商品が「間違いなくよい」ことを納得してもらえばいいのだ。あなたの商品が間違いなくよいと思われ、他社の商品が不確かだと思われれば、消費者はあなたの商品を買うはずだ。

　もし競合他社の商品もすべて優れているとすれば、自社商品の方が〈より優れている〉と匂わせるのはやめた方がいい。ただ、自社商品の何がよいかを、よりはっきりと、より正直に、より情報量多く有益な形で語るのだ」

　ほとんど差のない商品に対してこうしたアプローチをしても、消費者の知性を欺くことにはならない。見栄えする方の脚を前に出しても、罰当たりとは言えないではないか。

うまくいったら繰り返せ

　もし運よくよい広告を書けたら、効果を失うまで繰り返すことだ。せっかくよい広告なのに、効力をなくす前に捨てられてしまっているものが多すぎる。

19

> 「広告を見ているのは
> 整列している軍隊ではなく、
> 常に動いているパレードの群衆だ」

広告に目を留める人の数は、同じ雑誌に数回掲載されたくらいでは落ち込まないことが、リサーチによって確認されている。少なくとも4回までは、ほぼ同じ人数が目を留める。

広告を見ているのは整列している軍隊ではなく、常に動いているパレードの群衆だ。昨年結婚したカップルに好まれて運よく冷蔵庫を売った広告は、たぶん来年結婚するカップルにも成功するだろう。広告はぐるぐる回るレーダーのようなもので、新しく入ってきた消費者を常に察知しておかなければならない。いいレーダーを設置して、常に監視を続けることだ。

かつてヘンリー・フォードが自社の広告を手がけるコピーライターに言った。「ビル、君のキャンペーンは確かに素晴らしいが、これを〈永遠に〉続けるつもりかね？」。するとかのコピーライターは答えた。「でも、まだこのキャンペーンはまったく人目に触れてないんですが」。フォード氏は多くの会議であまりにもこのキャンペーンを見すぎてしまったのだ。こういう議論に決着をつけるのに一番いいのは、キャンペーンの販売効果を定期的に評価し、リサーチによって効力がなくなったことが証明されるまで続けることだ。

クチコミ

広告キャンペーンが文化の一部になることはままある。マックスウェル・ハウス・コーヒーのCMのテーマソングがヒットチャートの第7位になったのがいい例だ。ホワイトヘッド司令官は、シュウェップスの広告に出てからというもの、テレビのトーク番組の人気者になった。こうした現象は天からの贈り物と言えるが、これをどうすれば故意に起こせるかは誰にもわからない。少なくとも私には無理だ。

50年前のイギリスでは、こんな話を広めて、クチコミ効果を起こそうという試みがあった。「年寄りの農夫が道を歩いていたんだって。老農夫はリューマチで腰が曲がってる。するとロールスロイスに乗った人が車を降りて近づいて来て『ビーチャムの薬を飲んでごらん』と言ったそうだ。それが誰だったと思う？ 誰あろう、王様の侍医だったんだとさ！」

委員会なんかぶっ飛ばせ

たいていのキャンペーンは複雑すぎる。目標のリストは長たらしく、大勢の重役のてんでんばらばらの意見をなんとかひとつにまとめようとしている。あまりに多くのことをやろうとしすぎて、結局何ひとつ達成できない。

CMや広告の多くは、まるで委員会の議事録さながらだ。私の経験では、委員会は批判こそ大いにするが、広告を作ることなどできない。町中をくまなく探して見るがいい、委員会の銅像などどこにも見当たらないはずだ。

広告会社の中には、何をやるにしても委員会を作って実行しようというところがある。彼らはそれを「チームワーク」と称する。チームワークに異を唱えることなど誰にできるだろう？ かくして広告キャンペーンは亀よりも遅い歩みで進められる。戦略に関する質問は、クライアントのブランドマネジャーや広告会社のアカウントエグゼクティブらがメンバーになった委員会で議論される。彼らには議論をできるだけ長引かせたい理由がある。何と言ってもこれに生活がかかっているのだ。リサーチャーたちはごく基本的な質問に何カ月もかけて答える。

ようやくコピーライターが仕事に取りかかっても、ブレインストーミングと称

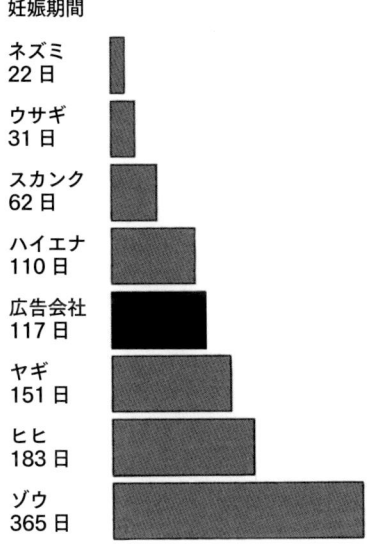

妊娠期間
- ネズミ 22日
- ウサギ 31日
- スカンク 62日
- ハイエナ 110日
- 広告会社 117日
- ヤギ 151日
- ヒヒ 183日
- ゾウ 365日

上　広告会社は時間を浪費する天才だ。ひとつのキャンペーンを制作するのに費やされる平均時間は117日——ヤギより は早いが、ハイエナよりのろい。

する会議や、空ぶかしに等しい無駄なことにだらだらと時間ばかり費やす。週に1時間でも実際にコピーを「書いている」コピーライターがいるとすれば、極めて異例と言える。

　キャンペーンに費やされる平均時間は、ハイエナの妊娠期間（110日）とヤギの妊娠期間（151日）の間だろう。たとえばCMの絵コンテは広告会社のあらゆるレベルで議論された後、クライアントの組織内のあらゆるレベルで議論される。なんとかそこを生き延びると、ようやく制作が始まり、テストにかけられる。平均的なコピーライターが年間に放映してもらえるCMは、たった の3本だ。

野心

　野心的なコピーライターというのは珍しい。熱を入れて仕事をすれば、クライアントの売上げを倍増させ、自分自身も有名になれるなどとは考えもしないのだ。私はこう焚きつける。「目標を高く掲げろ！　新しい道を切り拓け！　場外ホームランを打て‼　不滅の神々と渡り合え‼‼」

　レオ・バーネットはもっと上手い言い方をした。「星に手を伸ばしても掴むことはできないかもしれないが、少なくとも泥を掴む羽目にはならない」

知識を追い求めよ

　ジョージ5世の軍医だったサー・ヒュー・リグビーに、「どうすれば優れた外科医になれるのでしょう？」と尋ねたことがある。サー・ヒューはこう答えた。「手先の器用さという点では、どの外科医も大差はない。優秀な外科医が違うのは、他の外科医よりも知識があるということだね」。広告業も同じだ。優れた広告人は自分の仕事を〈知っている〉。

　仕事熱心でないコピーライターに、広告についてどんな本を読んだことがあるか聞いてみた。すると、1冊も読んだことがない、自分の直感に頼る方がいいと言う。そこで私はこう聞いた。「たとえば、今夜君が胆のう摘出手術を受けなければならないとする。君なら、解剖学の本を何冊か読んで、胆のうがどこにあるか知っている外科医に手術してもらいたいか、それとも直感だけに頼る外科医がいいかね？　どうしてうちのクライアントは、何百万ドルもの金を君の直感に賭けなきゃならないのかね？」

　こんな具合に自分勝手に初歩的な技術を学ぼうとしない態度があまりにもはびこっている。こんな風に最低限の知識もなく、それでもなんとかやっていける商売など、他には考えられない。CMや広告には何百万ドルもの金がかけられているのに、テスト結果を分析して何がプラスで何がマイナス要素かを突き止めることなどまるっきりなされていないに等しい。この件について広告の教科書は何ひとつ教えてはくれない。

　J・ウォルター・トンプソンを45年間率いた、かの偉大なるスタンリー・リゾーはこう言った。「われわれはクライアントの金を毎年何十億ドルと使っているが、結局何がわかったか。わかったことなんかひとつもありやしない。だから一昨年、うちのスタッフ4人に、常に効果のある要素を見つけてこいと言ったんだ。もう12個見つかったよ」。礼儀正しい私は、すでに96個見つけたとは言えなかった。

　広告会社は相も変わらず同じ間違いを繰り返して、クライアントの金を無駄遣いしている。最近、ある雑誌を見たのだが、49もの広告が黒地に白抜きの印刷

売る広告

になっていた。黒地に白抜きは読みにくいということが調査でわかってから、もう何十年もの月日が経っているのにだ。

　いったいどういう訳で経験から学ぶことができないのだろう？　広告業界には探究心のある人間は来ないということか？　「クリエイティブな人間」には幾分かでも科学的な手法を理解する頭がないのか？　知識を身につけると決まりごとに従わざるを得なくなるとでも思っているのか？

　しかしずっとこうだったわけではない。1930年代、当時ヤング・アンド・ルビカムのリサーチ部門のトップだったジョージ・ギャラップは、広告を読む人の数を測定したばかりか、その理由を集めて分析した。その結果、ある種のテクニックが常に他を上回る成績を収めることを発見した。ギャラップの発見をしっかり把握したヴォーン・フラナリーという優秀なアート・ディレクターが、これを実際に応用してみると、数カ月のうちに、ヤング・アンド・ルビカムの広告は、他の広告会社の広告よりも多くの人に読まれるようになった。彼らのクライアントにとっては計り知れない恩恵をもたらす結果になったのだ。

　ミルズ・シェパードは、マッコール誌の内容に関して、同じようなリサーチを行い、同様の結果を得た。たとえば、完成した料理をきれいに盛りつけた写真の

もっと多くのコピーライターが野心を持てば、彼らだって富と名声を掴めるはずだ。これはフランスの中世の城トゥフォ。私はオグルヴィ・アンド・メイザーのオフィスを訪ねるとき以外は、ここに身を潜めている。

方が、生の食材そのものの写真よりも常に多くの読者を惹きつけることがわかった。レシピはレシピカードの形で掲載すれば主婦受けは間違いなしだった。

同じように、ハロルド・サイクスは新聞広告の読者数を調べ、「記事広告」中の図版は常に高い効果を出すと報告している。

1947年、スターリング・ゲッチェルでリサーチディレクターをしていたハロルド・ルドルフが、このテーマで本を著した。彼の観察のひとつが、「ストーリー性のある魅力を持った写真は、平均を遥かに超える関心を惹きつける」というものだ。これを知って私は、ハサウェイシャツの広告にアイパッチをつけたモデルを登場させた。

その後広告業界は、こうしたリサーチに背を向けるようになった。他に先駆けて知識を求めたのに、今では先人が発見した原則を率先して破るようになってしまったのだ。

ときとしてクライアントは、他よりも低いコストで多くの露出が得られるというだけの理由で広告会社を代えてしまうことがある。しかしそういうクライアントは、効果を上げる要因、つまり人に広告を読ませるキッカケを心得ているコピーライターは、そうでないコピーライターよりもはるかに多くの消費者に広告を届けることができるという事実に気づいていない。

この35年というもの、私はギャラップ博士の切り拓いた道を進み続け、他の人が絵や切手を収集するように、広告を成功させる要因を集め続けてきた。こうした要因などどうでもいいと言うのなら、どうぞご自由に。目の見えない豚だってたまたまトリュフを見つけることはあるだろう。しかし、トリュフがオークの森に育つという知識は確実に役に立つのだ。

時を経ても、プラスになる要因、マイナスになる要因がほとんど変わらないのは驚くべきことだ。ごくわずかの例外を除けば、消費者は昔も今も同じテクニックに同じように反応し続けている。

ダイレクト・レスポンスから学べること

さまざまなリサーチを行ってはいるものの、クライアントのほとんどは、自社の広告が果たして本当に商品を売る役に立っているか確信を持てないでいる。他の要因があまりにも多く、こうすれば必ずこういう結果が得られると言い切ることができないのだ。しかし、郵便や電話でセールスを行うダイレクト・レスポンスのクライアントは、各広告がどの程度実際にモノを売る役に立っているかを、1ドルにいたるまではっきり把握している。というわけで、彼らがどんな広告を打っているか見てみよう。彼らのテクニックと一般的なクライアントのテクニックの間にある重大な違いがわかるはずだ。たとえばこんなことだ。

- 一般的なクライアントのCMは30秒。一方、ダイレクト・レスポンスのクライアントは、2分のCMの方がより効果があることを学んだ。どちらが正しいだろう？
- 一般的なクライアントは、最も視聴者数が多く、広告料金も高いゴールデンタイムにテレビCMを流す。一方、ダイレクト・レスポンスは、深夜の方がより商品が売れることを知っている。どちらが正しいだろう？
- 雑誌広告で、一般的なクライアントは短いコピーを使い、ダイレクト・レスポンスのクライアントは決まってコピーが長い。どちらが正しいだろう？

すべてのクライアントがダイレクト・レスポンスのやり方に従えば、かける経

「目の見えない豚だって
たまたまトリュフを見つけることは
あるだろう。
しかし、トリュフがオークの森に育つ
という知識は確実に役に立つ」

費に対してより多くの売上げを得られるに違いないと私は確信している。コピーライターは全員、駆け出しから2年間はダイレクト・レスポンスのコピーを書くべきだ。そういう経験をしたコピーライターかどうかは、広告を一目見ればすぐわかる。

　私自身が常にそのようにしてきたかって？　いつもそうだったとは言えない。私もときに意匠を凝らしたキャンペーンを作ってきたことは認める。だが自分の作った広告の中でどれが一番成功したかと聞かれれば、迷わず、プエルトリコの産業振興のために初めて書いた広告だと答える。この広告は「クリエイティブ」であることに対して何かを受賞したわけではないが、多くの製造業者を惹きつけ、貧しさにあえぐこの島に工場を建設しようという気にさせた。

　残念なことに、こうした地味だが現実に効果のある広告ばかり作っている広告会社は「クリエイティブ」であると評されることなく、往々にして花開くことなく消えてしまう。

　よい広告とは何だろう？　そのスタイルで目を楽しませてくれる広告だろうか？　それとも何よりも売上げを上げる広告だろうか？　この2つを両方満たす広告はほとんど皆無と言っていい。雑誌をめくって、一番気に入った広告を選んでみよう。おそらくきれいなイラストだとか、気の利いたコピーのものを選ぶだろう。しかしその広告で果たして本当にその商品を買いたくなったかどうか自問してはいないだろう。テッド・ベイツ・エイジェンシーのロッサー・リーブスはこんなことを言った。

　「魅力的で気の利いた温かみのある広告が売上げを上げないと言う訳ではない。ただ、魅力的で気も利いていて温かみもあるのに、ちっとも売上げの足しにならない広告をゴマンと見てきたというだけだ。もしあなたがメーカーの社長だとして、自社の広告にまったく効果がなく、売上げは落ち続けているとしたらどうだろう。すべてがこの広告にかかっている。あなた自身の将来、あなたの家族の将来、社員の家族の将来もすべてがかかっている。あなたは私と話をしようとオフィスを訪ねてきて、椅子に座る。あなたは私に何をしてほしいだろう？　洗練されたコピーを書けと言うだろうか？　広告史に残る傑作を？　コピーライターというコピーライターが絶賛する情熱的な代物を？　それとも、下がり続けるいまいましい売上実績グラフをなんとか上昇に転じてほしいのだろうか？」[**]

クリエイティビティに対する狂信

　広告会社ベントン・アンド・ボウルズのモットーは「売上げを上げないかぎり、クリエイティブではない」というものだ。たいへんよろしい。その通りだ。

　「クリエイティビティ」という言葉は、12巻あるオックスフォード辞典にも載っていない。ロッサー・リーブスはこう言う。「クリエイティビティとは『オリジナリティ』のことだろうか？　オリジナリティという言葉は、広告において最も危険な言葉だ。オリジナリティのことしか頭にないコピーライターは、沼地の火事、あるいはラテン語で言うところのいわゆる鬼火のように、つかまえどころのないものを追いかけているのだ」

　モーツァルトは言う。「私はオリジナルな曲を作ろうと努力したことなどこれっぽっちもない」

　私自身もときおり、他にましな言葉が見つからないという理由で「クリエイテ

「売上げを上げないかぎり、クリエイティブではない」

＊＊『Reality in Advertising』(『宣伝術』ロッサー・リーブス／新潮社)

2章　売れる広告をつくるには

上　ロッサー・リーブス：洗練されたコピーがほしいのか？　傑作を書いてほしいのか？　それとも、下がり続けるいまいましい売上実績グラフをなんとか上昇に転じてほしいのだろうか？

右　私が初めて書いた広告だが、これをここに掲載するのはいたたまれない。見出しもなく、売り文句もなく、商品に関する情報もまったくない。確かに広告にヌードが使われたのはこれが最初だが、この場合は商品とは無関係だ——売るべきは調理用レンジ（アガ・クッカー）だったのだから。

ィブ」というおぞましい言葉を使ってしまうことがある。この問題について私より真面目に取り組もうとお思いなら、シカゴ大学出版会から出版された『The Creative Organization』をお読みになるといい。ともあれ、今私は新しい広告キャンペーンのためのビッグアイデアをひねり出さなければならない、しかも次の火曜日までに。「クリエイティビティ」という言葉は、今から火曜日までに私がやり遂げなければならない仕事を指す言葉としては仰々しすぎる。

　何年か前ハリー・マクマハンは、クリエイティビティに対して贈られる、かの有名なクリオ賞を受賞したCMについて、こんな発言をしている。

- クリオ賞を4つも受賞した広告会社は、アカウントを失った。
- クリオ賞を受賞した別の広告会社は倒産した。
- また別のクリオ賞受賞社は、テレビに経費を支払わせた。
- 別の広告会社にアカウントの半分を持って行かれたクリオ賞受賞社もある。
- 受賞作の放映を拒絶したクリオ賞受賞社もあった。

売る広告

● 前年度クリオフェスティバルに選出されたテレビCMを制作した広告会社のうちの36社が、アカウントを失うか、もしくは倒産した。

セクシーさの利用について

　私は初めて制作した広告に女性のヌードを使った。しかしこれは失敗だった。セクシーだったからではない。商品とまったく関係なかったからだ——何しろ、売るべきは調理用レンジだったのだから。

　要は、それを使うことが妥当かどうかということだ。洗剤の広告に女性の乳房を使っても、洗剤は売れない。車の広告で、セクシーな女性を車のボンネットに寝そべらせるのも同じことだ。一方、化粧品の広告の場合、ヌードを使うのはそれなりに「効果的」だという理由がある。

　広告は社会のモラルを「反映」するものであって、モラルに「影響を与える」ものではない。だからこそ、雑誌や小説に出てくるようなあからさまなセクシー描写が、広告には見当たらないのだ。現代文学では「ファック」などごくありふれた言葉になっているが、広告ではまだ使われていない。

　昔は、タバコの広告に女性を使わないという暗黙のルールがあった。このルールが撤廃されたのは、女性が人前でタバコを吸うのが当たり前になってからずいぶん後のことだ。酒の広告に女性を使ったのは私が初めてだが、それも女性が人前で飲むようになってから30年も後になってからだ。

　つい最近のことだが、パリ中が一連のポスターに固唾を飲んだ。最初のポスターでは、チャーミングなビキニ姿の若い女性がこう言っていた。「9月2日にブラを外すわ」。9月2日になると新しいポスターが現れ、彼女はブラを外し、今回はこう言っていた。「9月4日、下も脱ぐわよ」。パリ中が、彼女がこの約束も

下の3点　1981年、パリ中がこの一連のポスターに固唾を飲んだ。最初のポスターには、「9月2日にブラを外すわ」とあった。2番目には、「9月4日、下も脱ぐわよ」。彼女はこの約束を守ったか？　守った（ポスターが広告媒体として優れていることを証明するために）。
（3番目のポスター訳：未来　有言実行）

2章 売れる広告をつくるには

右 男性と同じように女性も酒を飲む可能性があるということは、長い間アメリカのピューリタン精神とはかけ離れたものとされ、酒の広告に女性が使われるのを阻んできた。このタブーを最初に破ったのは私だ。

売る広告

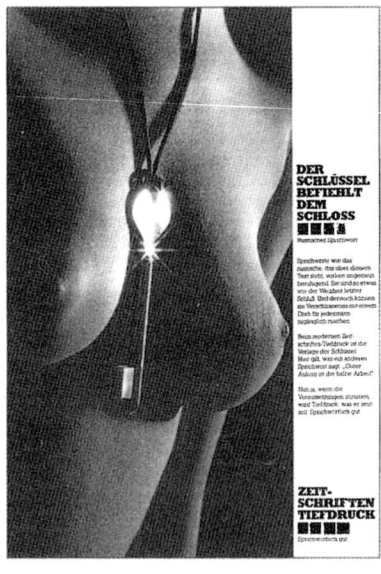

守るかどうかで持ち切りだった。彼女は約束を守った。

　これはパリジャンにとってはさしたるショックではなかった。しかし、このポスターをサウスダコタ州で出すのはやめておいた方がいい。

　パキスタンでは、イスラム教指導者が最近こんなクレームをつけている。「わが国の女性が新聞やテレビのCMに出演し搾取されている。これは神の教えに背き、またコーランにある『ベール着用』の戒めを犯すものである」。このイスラム教指導者は、女性を広告に使うことの禁止を訴えている。またサウジアラビアでは、広告に女性の「写真」を使うのは違法だが、「絵」ならかまわないとされている。ただし、むき出しの腕や胸の谷間を描かないという条件付きだ。ある清涼飲料水のCMでは、その美味しいソフトドリンクが気に入った小さな女の子が唇を舐めるというシーンが、猥褻とされて放映禁止になった。

　気に入る気に入らないという話で言えば、私は広告で聖職者や修道士、天使などをコミカルな存在として扱うという今の風潮はいかがなものかと思う。「あなた」には面白いかもしれないが、多くの人が不快に感じるはずだ。

2章　売れる広告をつくるには

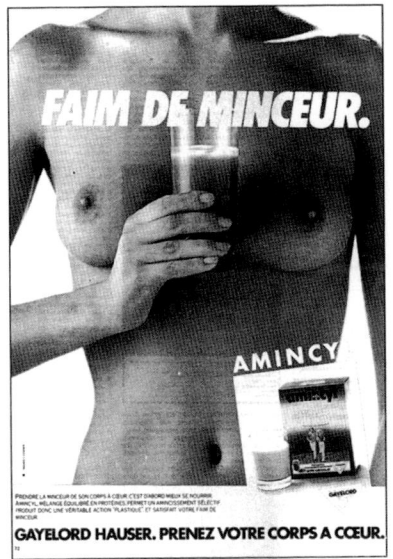

前ページとこのページの6点　化粧品広告の場合、ヌードを使うのはそれなりに「効果的」だという理由がある。ヨーロッパの広告ではヌードは当たり前になり、アメリカでもぼちぼち出始めている。

売る広告

上 私のパートナーのひとりが、男性コロンにこのきわどいコピーを書いた。
下 イギリスの保健体育審議会は、この広告によって少女たちが家族計画協会クリニックから避妊具を無料でもらうことを奨励している──「結婚していてもいなくても」。（吹き出し左：彼、気をつけてくれてるかしら。右：彼女、ピル飲んでるかな）

しかし、広告でエロティシズム以外の下ネタユーモアを使うことに、私は反対ではない。小さな男の子が公衆浴場でオナラをするという日本の石けんの CM にクリオ賞の大賞を贈るのにも、良心の呵責を感じたりはしない。

これまで私が見た最もきわどいコピーは、パコ・ラバンヌの男性用コロンの広告だ。＊このお陰で売上は 25 パーセントも上昇、投票で 1981 年の雑誌広告のナンバー 1 に輝いた。またイギリスの保健体育審議会は、少女たちが家族計画協会クリニックから避妊具を無料でもらうことを奨励するために広告を利用している。

これまでの私のアドバイスをおさらいしてみよう。これに従えば、今やあなたは予習をし、委員会を避け、リサーチに学び、ダイレクト・レスポンスのクライアントのしていることをよく見て、「妥当でない」セクシー広告を書かない。

今後の章では、実際に売上げを上げることに直結する「印刷媒体」での広告をいかに作るかについて、私が学んだことを披露しよう。そしてお次はテレビだ。

＊コピー訳：男「もしもし？」。女「あなた、いびきかいてたのよ」。男「君だってベッドカバーはいでたじゃないか。何時に出たの？」。女「6 時半。あなた、ギリシャ彫刻が仰向けに倒れてるみたいだった。観光客がイチジクの葉を取ったらしいけど、よっぽど起こそうかと思ったのよ」。男「黙って行くなんて。もう、また会いたくてたまらない」。女「他にもなくなったものがあるのよ。バスルーム見た？」。男「えっ？」。女「あなたのパコ・ラバンヌ、持ってきちゃった」。男「そんなの持って行ってどうするの……サンフランシスコの秘密の恋人にでもやるつもり？」。女「自分でつけるの、今夜寝る前に。あなたのこと、隅から隅まで思い出すわ……昨夜のことも」。男「君のその声のせいで、今僕がどうなってると思う？」。女「イマジネーションがあるのはあなただけじゃないのよ。もう行かなきゃ。私のフライトがコールしてる。火曜には帰るわ。何か持って行く？」男「僕のパコ・ラバンヌ。それとイチジクの葉」──パコ・ラバンヌ。男のコロン。何を思い出すかは貴方次第。

3 広告界の仕事とは

メディチ家のフィレンツェ共和国支配を確立した
コジモ・デ・メディチが、
彫刻家ベンヴェヌート・チェッリーニに
仕事を引き受けてもらおうとして書いた手紙は、
こんな風に締めくくられていた。
「ぜひ来たまえ。息が詰まるほどの金をあげよう」

広告の仕事に携わる選択肢は４つある。
①テレビ局、ラジオ局、雑誌もしくは新聞社に就職し、クライアントや広告会社に広告のための時間やスペースを売る。
②シアーズ・ローバックのような小売業者に入り、コピーライター、アートディレクター、広告担当マネジャーを務める。
③プロクター・アンド・ギャンブル（P&G）のようなメーカーに入り、ブランド・マネジャーを務める。
④広告会社に就職する。

この４つは厳密に分かれているわけではない。シアーズ・ローバックで修行したコピーライターが広告会社に転職するということもままあるし、P&Gからブランド・マネジャーが広告会社に逃げてくることもある。広告会社で放映時間を買っていた人間がテレビ局に入ることもある。

私にお教えできるのは、「広告会社」での仕事についてだけだ。これ以上「バラエティに富んだ」業務を含む仕事があるとは思えない。職場環境はとびきり刺激に溢れている。広告会社は心理的にさまざまなものが育つ温室のようなもので、退屈することなどあり得ない。

大手広告会社はすべて「インターナショナル」で、ヨーロッパ、アジア、ラテンアメリカでも雇用のチャンスが開かれている。外国語が流暢であれば、それもプラスになる。

広告でのキャリアを始めるにあたっては、「給料がどのくらいか」よりも「何を学ぶか」の方が重要だ。広告会社の中には、大きな代償を払って人材育成をしているところもある。病院と同じように広告会社でも、トップの人間が多大な時間を割いてインターンを教育している。広告が比較的成熟している国では、広告会社で働く人間がそうした教育を常に有り難がるわけではない。未熟者なのに、もう学ぶべきものなど何もないと思い込んでしまうのだ。しかしアジアなどまだ発展途上の国々では、心から喜んで教育を受け入れ、教えられる言葉の一言ひとことに熱心に耳を傾ける。アジアの広告人の能力水準が急速に向上しているのももっともな話だ。今やインド、タイ、シンガポール、香港、マレーシア、インドネシアの広告には、ヨーロッパやアメリカの多くの広告に勝るものも見られるようになった（17章参照）。

コピーライター

　他のすべての職業と同じように、広告にも支配的集団というものがある。広告の栄誉の殿堂が32年前に設立されてから、84人の男女が殿堂入りしている。残念なことに、コピーライターはその中でたった13人だ。

　広告会社の中でコピーライターは最も目立った存在とは言えないが、最も重要な仕事である。コピーライターとして成功するための資質には、こんなものがある。

- 商品、人間、広告に対する執拗なほどの好奇心。
- ユーモアのセンス。
- 常に勤勉である。
- 印刷媒体では面白い文章を書き、テレビでは自然な会話が書ける。
- 「視覚的に」考えられる。テレビCMは、言葉よりも映像がものを言う。
- これまで誰も書いたことがないような素晴らしいコピーを書いてやろうという野心。

　ベイツ・エイジェンシーのウィリアム・メイナードはこう言う。「いいコピーライターはほぼ2つに大別できる。ひとつは詩人、もうひとつは殺人者だ。詩人は広告自体が目的であると思い、殺人者は目的を叶えるための手段だと思う。もし君が殺人者と詩人の両方であれば、きっと金持ちになれる」

アート・ディレクター

　映像、レイアウト、写真、タイポグラフィにおいて幾分かでも訓練を受けた経験がなければ、アート・ディレクターにはなれない。センスがよいという資質は役に立つ。印刷媒体が下火になったので、アート・ディレクターの多くがテレビプロデューサーに転じた。「ビジュアルな」媒体であるテレビなら、彼らの才能を生かすにはうってつけだ。

　アート・ディレクターは、かつてはコピーライターの補佐的役割だったが、今や出世した。実際、アート・ディレクターの中には一流のクリエイティブ・ディレクターとして名を成した人もいる。ドイル・デーン・バーンバックのボブ・ゲイジ、オグルヴィ・アンド・メイザーのハル・ライニー、ニーダム・ハーパー・アンド・スティアーズのキース・ラインハルトといった面々だ。

> 「アート・ディレクターは、かつてはコピーライターの補佐的役割だったが、今や出世した」

アカウント・エグゼクティブ

　アカウント・エグゼクティブの主な役割は、広告会社の他の部門に最高の仕事をさせることだ。アカウント・エグゼクティブは日々クライアントと連絡を取る。

　私がアカウント・エグゼクティブになりたいとすれば、まず最初の2、3年はP&Gでブランド・マネジャーを務め、次に1年間消費者リサーチ会社で仕事をして、何が人にものを買う気を起こさせるのか（とくに、自分よりも教育程度が高くない人々について）を学ぶ。

　今や広告会社によっては、アカウント・エグゼクティブに男性より女性を多く採用しているところもある。オグルヴィ・アンド・メイザーのニューヨークオフィスでは、アカウント・エグゼクティブの69パーセントが女性だ。

　かつてはアカウント・エグゼクティブの方が、クライアントサイドで同等の立場にあるブランド・マネジャーよりも給料が高かったし、広告だけでなくマーケティングプラン全体の責任も担うことが多かった。だが今はもうそういう時代で

はない。クライアントも広告会社と同じビジネススクール卒業生を雇い、しかも広告会社よりも高い給料を払っている。その結果、広告会社の多くにおいて、アカウント・エグゼクティブの役割は、単に同格の多くの職種のひとつになってしまった。つい最近、私は飛行機でこんな会話を漏れ聞いた。

「お仕事は何を？」

「エンジニアです。あなたは？」

「広告会社でアカウント・エグゼクティブをしています」

「広告をお書きになる？」

「いえ、それはコピーライターの仕事です」

「楽しいお仕事でしょうね」

「いえいえ、楽じゃないですよ。調査が多いですからね」

「調査をなさってらっしゃる？」

「いえいえ、それはリサーチ部門がありますから」

「新規クライアントを開拓なさるとか？」

「いえ、それは私はやってません」

「すみませんが、あなたのお仕事はいったい何なんですか？」

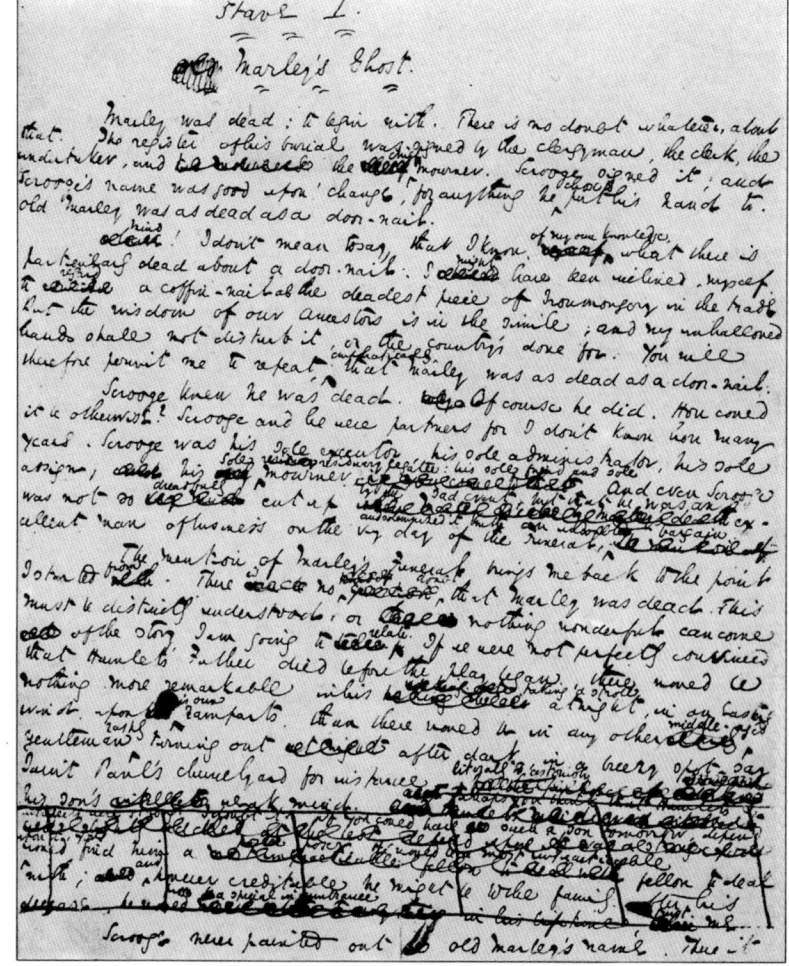

「マーケティングです」
「クライアントのためのマーケティングをするんですね?」
「いや、それはクライアントが自分でやるんです」
「経営陣のお一人ということですか?」
「いいえ、でもすぐにそうなります」

こんな陰気な会話を耳にしてもやる気を失わず、やっぱりアカウント・エグゼクティブとしてキャリアを始めたいとお思いなら、『ある広告人の告白』(小社刊)に書いた私のアドバイスを繰り返そう。受け持った取引先については、社内で誰よりも詳しくなろうと決意すること。たとえばそれがガソリン会社なら、石油製品に関する化学や地質学、流通についての教科書を読む。この分野の業界紙に目を通す。土曜の朝はガソリンスタンドに行って、ドライバーたちと話をする。クライアントの製油所や研究所に行ってみる。こうすれば、初年度が終わる頃には上司よりもガソリンに詳しくなっているはずだ。上司の跡を継ぐ準備が整ったわけだ。

仕事のほとんどは決まりきった管理業務だ。だが重大な場面に遭遇したときこそが、最高のチャンス。数年前、リーバ・ブラザーズがつきあいのある広告会社7社に対して、テレビ媒体について方針を示すレポートを提出するよう求めた。これは当時としては斬新なやり方だった。他の広告会社はあたりさわりのない5、6ページのレポートを提出したが、わが社のある若いスタッフは、考えうるかぎりありとあらゆる統計を集め、昼夜を問わず3週間ぶっ通しで没頭した挙げ句、177ページにも渡る分析をまとめあげた。翌年、この若者はわが社の取締役の一人に選出された。

アカウント・エグゼクティブの仕事に伴う出張や接待に魅力を感じている若者もいるかもしれない。やってみればすぐにわかるが、一流レストランでのランチも、スフレを食べながら市場シェアの低下について説明しなければならないとしたら、とても楽しいどころではないし、子どもが入院しているのにテストマーケットを一巡しなければならないのは最悪だ。

アカウント・エグゼクティブは2種類に分けられる。ただ管理するだけの者と真に貢献を果たす者だ。たとえあなたが、厨房のシェフとダイニングルームの客との間を往復するウェイターよろしく、クライアントとサービス部門との間の連絡係以上の機能を果たさないとしても、おそらくなんとかやっていけるだろう。だがあなたには、それ以上の貢献を目標にしてもらいたい。たとえば商品を売るビッグアイデアを生み出すくらいの貢献だ。

どれほど身を粉にして働こうとも、どれほど知識を増やそうとも、君がクライアントの政策レベルで自分の広告会社の代表が務まるようになるのは、少なくとも30歳になってからだ。私の共同経営者のひとりが早々と出世できたのは、実は27歳にして頭が真っ白になるという幸運に恵まれたからだ。

プレゼンが上手くならなければ、アカウント・エグゼクティブとして成功を収めるのは無理だ。君のクライアントはほとんどが大企業だから、そういう大企業の委員会を前にして、キャンペーンを売り込まなければならない。優れたプレゼンとは、上手く書けているのはもちろん、上手く話せなければならない。

クライアントを間抜けだと思い込むようなありきたりの間違いを犯さないこと。クライアントとは友達になれ。クライアントの会社の株を買え。しかし派閥争いには巻き込まれるな。フランスで7つの政権に仕えたタレーランを真似ることだ。

クライアントには常に、自分がクライアントの立場だったらどうするかということを言う。しかし、どの広告を選ぶかについての恨み言は決して言ってはならない。これはクライアントの商品であり、クライアントの金であり、結局はクライアントの責任なのだ。

　クライアントや同僚と日々の交渉をする際は、チェスで言うところのキングやクイーン、ビショップのために戦い、ポーン（歩）は捨てること。また、たとえ小さな問題でも常に品よく負けてやる癖がついてしまうと、いざ立ち上がって戦わなければならない大問題が立ちはだかったときも、負け癖がついて反撃できなくなってしまう。

　公共の場所でクライアントのビジネスの話はしない。クライアントの秘密書類は鍵をかけてしまっておくこと。秘密を漏らすという評判が立てば、命とりになりかねない。

　連絡メモはわかりやすく書けるようにすべし。君よりも、君のメモを受け取る上司の方がずっと忙しい。メモが長ければ長いほど、それを実行すべき力のある人に読まれる確率は下がる。1941年、ウィンストン・チャーチルはこんなメモを海軍第一大臣に送っている。

「英国海軍がいかに近代戦に適するよう改善されているかを、本日、一枚の紙の片側のみに記して報告されたし」

リサーチャー

　一流の広告会社のリサーチ部門に就職するには、統計学部もしくは心理学部を卒業しておくべきだろう。分析力も必要だし、読みやすいレポートを書く能力も欠かせない。またクリエイティブ部門の人間と協調して仕事をすることも必要だ。彼らの多くはリサーチに対してアレルギー反応を起こしがちだ。そして何よりも、知的に誠実であることが不可欠だ。

リサーチャーがリサーチ報告に偏見を持ち込むことは、大きなダメージに繋がる。効果的な広告を作るのを手助けしてくれたリサーチャーたちには心から感謝している。だが彼らにもの申したいことが9つある。

① 3週間しか時間がないのに、リサーチに3カ月もの時間をかける。アイゼンハワーが大統領だった頃のこと、ある日ホワイトハウスはギャラップ博士を午後6時に呼んだ。大統領が、ある重大な外交政策に対する世論を知りたがったのだ。調査結果は翌朝8時までに大統領のデスクに届けなければならなかった。ギャラップ博士はただちに腹心の部下6人を呼び寄せ、3つの質問をするよう指示した。部下はそれぞれ、国内のさまざまな場所にいる6人のインタビュアーに電話し、そのインタビュアーのそれぞれが10人にインタビューを行った。真夜中までにはインタビュー結果の報告が集まった。ギャラップ博士はそれを集計し、報告をまとめ、ホワイトハウスの速記者に口述した。締切2時間前には、報告書が大統領のデスクに載っていた。

これは単に大統領の影響力を示す例ではない。1968年、ロバート・ケネディがオレゴン州の予備選挙に負けたとき、彼のキャンペーンマネジャーは、投票の18時間後には、ケネディ敗北の原因を分析したリサーチ報告書を入手していた。

私がギャラップ博士のオーディエンス・リサーチ研究所の運営を初めて任された頃、研究所の統計学者たちは報告書提出までに2カ月かけていた。私は彼らに脅しをかけてこれを2日に短縮させ、そうすることによってわれわれの報告書は、クライアントであるハリウッドの重役たちにとってより大きな価値を持つものになった。

こういうことが可能なのに、なぜ広告会社のリサーチャーたちはほんの2つ3つの単純な質問に答えるのに3カ月もかかるのだろう？　生まれながらのろまなうえに、間違いを犯すのを怖がりすぎているからだ。

② 方法論について意見がまとまらない。最近、最大手の広告会社21社のリサーチディレクターたちが、2年もかけて、広告メッセージに関する人々の反応を調査するコピー・テスティングの管理原則について意見をまとめた。すると今度は「方法論」について話し合いを始めた。今度は5年かかるのか？

③ 広告業界のインテリが集まるところ、それがリサーチ部門だ。広告よりも社会学や経済学に関心のある者が多すぎる。彼らは広告にはごくわずかしか関係しない問題に全力を注ぐ。

④ リサーチャーたちはすでに行われたリサーチを検索して利用するシステムを持ちあわせていない。レポートは読まれ、ときにはそれに基づいて行動するが、あとはしまい込まれる。2年後、リサーチャーも、アカウント・エグゼクティブも、コピーライターもブランド・マネジャーも全員顔ぶれが変わっている。たとえ誰かが、このリサーチはすでに済んでいるということに気づいても、誰もそれを「見つける」ことができない。かくてわれわれは、来る年も来る年も、わかりきったことをやり直す。

⑤ 広告のリサーチは流行りものだらけだ。アイカメラが流行ったかと思えば、ラテン方陣が流行り、ファクチュアル、乱塊法（らんかいほう）、グレコラテン方格法と続く。役に立ったものもなくはないが、結局はどれもこれも廃（すた）れて行った。

⑥ リサーチャーの使うグラフという奴は、普通の人間には理解不能だ。それに彼らのレポートは長過ぎる。ラルフ・グレンディングがP&Gの重役だっ

「なぜ広告会社のリサーチャーたちはほんの2つ3つの単純な質問に答えるのに3カ月もかかるのだろう？」

「広告のリサーチは流行りものだらけだ」

た頃は、どんなレポートでも、厚さが約6ミリ以上のものは読まなかったものだ。

⑦リサーチャーたちは、彼らの完璧主義的尺度から見て不完全だと思われるプロジェクトを断固として猛烈に拒絶する。たとえそのプロジェクトの結果がすぐに実行可能な場合でもだ。ウィンストン・チャーチルはこう言ったものだ。「完璧主義と無能は同意語だ」

⑧リサーチャーが100人いれば、そのうち99人までが頼まれた調査をやるだけで満足してしまう。率先して何かをやろうとする者は皆無に等しい。質問されなくなれば、ギーッときしむような音を立ててゆっくりと止まるだけだ。

⑨中でも最悪なのが、「態度的パラダイム」だの「ジャッジメンタリー」だの「脱マス化」「リコンセプチュアライズ」「部分最適化」「共生連鎖」「スプリンタライゼーション」などといった、リサーチャーたちの使う気どった業界用語だ。いい加減にしてくれよ、先生！

メディア

　私自身は広告会社のメディア部門で仕事をしたことはないが、この部門で成功した人々を見てきた経験から言えば、欠かせないのは分析力、数字に現れたデータを数字を使わずに人に伝える能力、プレッシャーの下でも平常心を保てる能力、そしてメディアのオーナーらと楽しんで交渉できる能力だ。

CEO

　広告会社で最も難しいのが、CEOの仕事だ。彼（もしくは彼女）は怯えた人々を導くよきリーダーでなければならない。金銭に関する洞察力、経営管理の手腕、押しの強さ、そして業績の上がらない者をクビにする勇気もなければならない。新しいクライアントを獲得しなければならないから、セールスマンとしても優秀である必要がある。逆境にも負けない立ち直りの早さも必要だ。何よりも、1日に12時間の仕事、週に数度の会食、人生の半分を飛行機の中で過ごしても参らないだけの体力が必要だ。[*]

　最近の調査では、広告業界の重役は、他のホワイトカラーの重役に比べて、ストレスに由来する死亡率が14パーセントも高かった。

クリエイティブ・ディレクター

　私自身クリエイティブ・ディレクターなので、あえてこの過酷な仕事に必要な特性をリストにしてみよう。

①心理学者として優れていること。
②高い基準を自ら進んで定めることができること。
③管理者として優秀であること。
④「ポジショニング」等全般に渡って、戦略的に考えることができること。
⑤熱心にリサーチを行うこと。
⑥テレビでも印刷媒体でも同じように優れていること。
⑦パッケージ商品でもそれ以外でも、同じように優れていること。
⑧グラフィックスにもタイポグラフィにも精通していること。

---

[*]去年、パートナーのマイケル・ベルは世界を30万マイル飛び回り、ホテル暮らしは131日間に及んだ。

⑨よく働き、しかも仕事が速いこと。
⑩喧嘩っ早くないこと。
⑪手柄は分かち合い、失敗の責は負うこと。
⑫プレゼンが上手いこと。
⑬教師としても人材スカウトにおいても優れていること。
⑭生きる喜びに溢れ、それを周りにも伝染させること。

「心理学者として優れていること」をリストの一番最初に挙げたのがおわかりだろうか。広告ビジネス史上最高の富を築き上げたアルバート・ラスカーが、コピーライターの一団にこんなことを言った。「コピーライターを仕切るなんて朝飯前だろうって？ 君らのおかげで俺もずいぶん頭が薄くなったもんさ。神経衰弱で5カ月半も起き上がれなかったし。5分も喋ると必ず泣き出したくらいだ」

広告業界で働く女性

フェミニストは英語にずいぶんひどい仕打ちをしたものだ。私はスポークスマンという代わりにスポークスパーソンと言ったり、チェアマンではなくチェアパーソンとか、主婦でなくて主夫、マンホールではなくウーマンホールのフタ、などと言うのは絶対に嫌だ。

子どもの頃は私も、同世代のほとんどの男子と同じように、女性は家庭にいるものだと思って育った。だが、外に働きに出た母親がそれまでよりよほど楽しそうだったので、考えが変わった。わが社の初めての女性副社長はレヴァ・コーダという素晴らしいコピーライターだったが、後にクリエイティブ部門を率いるまでになった。彼女ほどの頭脳と手腕を持ってしても、男性コピーライターの中には女性の下で働くことに居心地の悪さを感じる者もいた。だが、オグルヴィ・アンド・メイザーのニューヨーク・オフィスは今や52人の女性副社長を有するようになり、それについて男性スタッフも何ら反感を持っているようには見えない。

現在アメリカの広告会社で、いわゆる「プロフェッショナルな」仕事に採用されるのは、大半が女性だ。

クビにすること、雇用すること

かつて広告会社では、人をクビにするのをためらうことなどあり得なかった。他の点では称賛に値する広告会社スターリング・ゲッチェルでも、年間離職率は137パーセントもの高さに及んだ。別の広告会社では、男子トイレで上司に話しかけたというかどで、あるコピーライターがクビになった。だが今日では話はまったく逆だ。広告業界で働く人間には嘆かわしいほどの放浪癖がある。最近わが社で雇った40歳のコピーライターには、すでに11回もの転職歴があった。

広告会社のような、ビジネスのすべてが人材にかかっているようなところでは、さぞかし真剣に人材採用をしているだろうと思われそうだが、実情はまだまだだ。ほとんどの広告会社では、採用はいまだにいい加減で行き当たりばったり。応募者の前の雇い主にその人のことをどう思うか問い合わせることすらいまだに稀だ。3つの広告会社に社長として雇われ、クビになった人を2人知っているが、2人とも前歴をチェックされることはなかった。

広告のための教育

アメリカでは87の大学が、広告の講座を設け、中には学位を与えるところも

「ビジネスのすべてが人材にかかっているようなところでは、さぞかし真剣に人材採用をしているのだろうと思われそうが、実情はまだまだだ」

ある。しかしごく僅かの例外を除けば、教師たちには広告の実践経験がない。貧弱で質が悪い教科書という障害に加え、自分でリサーチをしてみようという者もほとんどいない。卒業生の大半は弱小広告会社に就職する。大手広告会社は、歴史や各国言語、経済学など他の学問で教養を養った人間を採用したがる。

　一時期は経営学部の卒業生を採用するのが流行りだったが、どうやらピークを過ぎたようだ。ハーバード・ビジネススクールのベイカー・スカラー最優等賞受賞者はどうか知らないが、そうしたビジネススクールの卒業生は、想像力豊かというよりも、たいていはむしろ杓子定規で横柄だ。

社会的地位
　スコットランドで台所用ガスレンジ、アガクッカーの訪問販売をやっていた頃、ある貴族の邸宅に飛び込み営業に行ったところ、蹴り出されたことがある。私のプライバシーを犯す権利がおまえにあるのかと言われ、私はこう言った。「お言葉ですが、あなたは2社の重役であられますが、その2社とも訪問販売の商品を売っております。御社のセールスマンが毎日やっている仕事をしたからといって、なぜ侮辱されなければならないのでしょう？」。彼のセールスマンに対する軽蔑は、イギリス上流階級が広告に対して抱いている鼻持ちならない俗物根性の現れだ。アメリカではこんなことはない。

アルバイト
　もし広告会社の給料以上の収入が必要なら、アルバイトをして稼ごう。私自身、30年間アルバイトをしてきた。ホリデー誌に広告を書いて、出版社のカーティスから素晴らしい陶磁器のランプを2つももらった。この出版社は編集者たちをいびっていて、どうもホリデー誌の優秀な編集者、テッド・パトリックをクビにしようとしているらしかった。そこで私は最大手広告会社12社の社長たちを焚きつけて、一緒にテッドの「出版社の妨害にも揺るがない公正な態度」を称賛した。頭の鈍い出版社の面々は、これによってテッドをクビにできなくなることに気づかず、私の書いた広告を掲載した。

　リーダーズ・ダイジェスト誌は、私が彼らのために書いた広告の報酬として、私が学んだスコットランドの学校に1万ドル寄付してくれた。

　時計メーカーのオメガでアルバイトしたときは、スイスの本社に4日間呼ばれ、もっといい広告が作れる方法をアドバイスしたら2万5000ドルくれた。彼らがこのバイト料の元を取ったのには驚いた。今だってバイトは続けている。マーケティングに関するコンサルタントとして、キャンベル・スープ・カンパニーがどうしてもいてくれと言うからだ。

生きている間は楽しめ
　レイモンド・チャンドラーは言う。「チェスというものは、わざわざ苦心して人間の知性を無駄遣いするゲームだ。こんなことは広告会社を除けば、このゲームだけだ」。広告が知性の無駄遣いであるとしても別に気にする必要はない。アメリカでは、広告会社で働く人の総数は10万人以下──労働人口の0.1パーセントにも満たない。イギリスの広告会社で働いているのはたった1万5000人だ。

　私の知るかぎり、広告会社で働く人々のほとんどは、その仕事に向いているし、完璧とは言わないまでも、まあ仕事を楽しんでいる。向いてもいない広告業で才

売る広告

右 暇を見つけてこの広告を書いたら、出版社が素晴らしい陶磁器のランプを2つもくれた。ホリデー誌の編集者をクビにできないようにしようという、私の本当の目的に彼らは気づかなかった。最大手広告会社12社の社長たちが署名した——みんなホリデー誌の顧客だ。
（広告訳：ホリデー誌の3,263,000人の読者のうちの12人より、テッド・パトリックへの公開状——テッド、「ホリデー」は君の子どもだ。エディターとしての18年間、君は210号もの輝かしい雑誌を作ってきた。歳を重ねるたび、その輝きは増すばかりだ。「エディターにとってのボスは読者だけだ」という君の信念に、われわれは喝采を送る。クライアントのプレッシャーにも発行人からの横やりにも動じず、平然と受け流してきたことに喝采を送る。君が成功するのは当然だ。グラフィックと執筆陣の両面で、断然他を寄せつけないこんな圧倒的に面白い雑誌は、君以外の誰にも作れない。カルティエ＝ブレッソンにスタインベック、アーノルド・ニューマンにウィリアム・ゴールディング、スリム・アーロンズにショーン・オフェイラン、ジョン・ルイス・ステージにローレンス・ヴァン・ダー・ポスト。毎月、毎年、君はわれわれを楽しませ、われわれを夢中にさせる。売れ行きがよくなる雰囲気を君が作っていることも知っているよ。君はいつも最高を追い求め、それを達成してきた。君は偉大なエディターだ。愛を込めて）

次ページ リーダーズ・ダイジェスト誌は、私が彼らのために書いた広告の報酬として、私が学んだスコットランドの学校に1万ドル寄付してくれた。自分の署名入りで掲載されることになっていたので、うまく書こうと苦心に苦心を重ね、レイモンド・ルビカムに「傑作だ」と言わしめた。もしすべてのクライアントが広告に広告会社の署名を入れるよう主張すれば、今よりよほど出来のいい広告ができるに違いない。

能を浪費している人を見かければ、私なら本人にはっきりそう言う。私のパートナーのひとりは筋金入りのナチュラリストで、広告会社で過ごす日々を密かに腹立たしく思っていた。私のアドバイスを受けて彼は引退し、絶滅の危機に瀕した動物たちを救う仕事を始めた。スコットランドにこんなことわざがある。「生きているうちは楽しめ、死の時は長いのだから」

広告人の中にも、ごくわずかながら、自分の仕事など価値がないと思っている人間がいる。フランソワ・ミッテランがフランス大統領になるのに力を貸したほどのパリの広告会社の社長も、自分の自伝にこんなタイトルをつけていた。『母には私が広告会社で働いていると言わないで——売春宿のピアノ弾きをしていると思うから』と。気の毒な人だ。

世論調査を学んだ者なら、一般大衆がわれわれ広告人をろくでなしだと思っていることくらいわかっている。最近ギャラップ博士は、24の職業についてインタビューし、誠実だと思われる順に職業をランク付けした。するとトップは聖職者、最下位は労組のリーダー、車のセールスマン、それから広告人だった。押し売りのイメージは、そう簡単に消えてはくれない。でも、そんな風にイメージがひどいからと言って、われわれの大半は夜も眠れないということもあるまい。私自身はこの仕事を辞めて聖職者になろうと思ったことは一度たりともない。この仕事を楽しんでいるし、ときにはその結果を誇らしく思うこともある。

Confessions of a magazine reader

by DAVID OGILVY
Author of "Confessions of an Advertising Man"

I READ 34 magazines every month. I like them all, but the one I *admire* most is Reader's Digest.

The editors of The Digest are in possession of a remarkable technique: *they know how to present complicated subjects in a way that engages the reader.*

This gives The Digest's editors great influence in the world. They put their influence to admirable use.

They are on the side of the angels. They are crusaders, and they carry their crusades, in 14 languages, to 75 million souls a month.

They crusade against cigarettes, which kill people. They crusade against billboards, which make the world hideous. They crusade against boxing, which turns men into vegetables. They crusade against pornography.

They crusade for integration, for the inter-faith movement, for the Public Defender system, for human freedom in all its forms.

Good Pope John once told The Digest editors, "How comforting it will be for you, when you come to the close of your lives on earth, to be able to say to yourselves: *We have served the truth.*"

No log-rolling, no back-scratching

Ten years ago Reader's Digest first opened its columns to advertising. This worried me. I was afraid that The Digest editors would start pulling their punches in deference to advertisers and even give editorial support to advertisers—an obvious temptation to magazine editors. But this has not happened; The Digest has remained incorruptible. No log-rolling, no back-scratching.

The success of The Digest is deserved. It does not depend on prurience, voyeurism or cheap sensationalism. What The Digest editors offer their readers are *ideas, education* (practical and spiritual) and *self-improvement.*

The instinct of these editors is toward *clarity of expression.* The current issue, as I write, includes articles on religion in schools, on the Congo, urban renewal, violence on television, Abraham Lincoln and safe driving. Each of these subjects is presented in a way which I can understand. If I did not read about them in The Digest, I wouldn't read about them anywhere. I wouldn't have time.

Some highbrows may look down their noses at The Digest, charging it with superficiality and over-simplification. There is a modicum of justice in this charge; you *can* learn more about the Congo if you read about it in *Foreign Affairs Quarterly,* and you *can* learn more about Abraham Lincoln in Carl Sandburg's books about him. But have you time?

Never boring

I seldom read a highbrow magazine without wishing that a Digest editor had worked his will upon it. I would then find it more *readable.* The Digest articles are never long-winded, never obscure, never boring.

I also admire the editors' *courage.* They have the guts to open their readers' minds on delicate subjects. They grasp nettles. Like venereal disease, cancer, mental illness. They are not humorless prigs. Their sense of humor is uproarious. They make me *laugh.*

Editorial technique

Their *techniques* fascinate me. First, the way they present the contents on the cover—a tantalizing menu which invites you to the feast inside. (I have never understood why *all* magazines don't do this.)

Second, the ingenious way they write the titles on their articles. They pique your curiosity—and they promise to satisfy it. For example:

What Truckers Say About Your Driving
<u>Professional drivers sound off on the most common — and dangerous — faults of the amateur.</u>

How could anybody resist reading an article with a title like that?

I earn my living as a copywriter in an advertising agency. It is a matter of life and death for me to get people to read my advertisements. I have discovered that more than half the battle is to write headlines which grab people's attention and *force* them to read the copy. *I learned how to do this by studying headlines in The Digest.*

The Digest editors do not start their articles in the front of the magazine and carry them over in the back. They carry you through their magazine without this maddening interruption, and I bless them for it.

The battle for men's minds

You and I, gentle reader, live in the United States, and we think of The Reader's Digest as an *American* magazine. So it is—15 million Americans buy it every month. But it is also published in 20 other countries—10,500,000 copies a month. It is the most popular magazine in several countries abroad, including all of the Spanish-speaking countries.

The International editions of The Digest carry more or less the same articles as the U.S. editions. The editors have discovered that subjects which are important to people in Iowa, California and New York are equally important to people in France, Tokyo and Rio.

Thus it comes about that Digest editors have a profound influence on people who are free to read what they want. *This magazine exports the best in American life.*

In my opinion, The Digest is doing as much as the United States Information Agency to win the battle for men's minds.

Credit where credit is due. I know nobody who deserves the gratitude of their fellow Americans more than DeWitt and Lila Acheson Wallace. The Digest is the lengthened shadow of these two great editors. Theirs are the names at the top of the masthead. It is the most formidable of all mastheads: no less than 208 men and women. Among them you will find some of the most distinguished journalists in the world. No other magazine is so richly endowed with professional competence.

Some magazines are dominated by the men who sell advertising space. In my experience, there has never been a good magazine which was not, like The Digest, dominated by its *editors.*

Long live The Reader's Digest!

David Ogilvy

"Reader's Digest asked me if I would comment on why I think so many people all over the world read it," Mr. Ogilvy says. "I agreed to try, because I regard The Digest as a major force for good in the world, and I wanted to say so. In return for my work The Digest will make a donation to Fettes, the Scottish school which gave me my education on a full scholarship."

いかに応募するか

電話はいけない。3社ないし4社の広告会社に手紙を書き、履歴書を同封して郵送する。手紙は必ずタイプし、骨惜しみせず丁寧に書くこと。私のパートナーのケネス・ローマンとジョエル・ラフィエルソンの書いた『Writing that Works』**の中に、こんな素晴らしいアドバイスがある。

① **社名は絶対に間違えるな。** 求職応募者の多くが、これから入りたいと思う広告会社の綴りをしょっちゅう間違えることには驚かされる。このようなミスから瞬時に読み取れるメッセージは「この応募者は本気でわが社で働きたいわけじゃないらしい。うちの社名の正しい綴りを調べる手間すら惜しんでいるんだから」だ。

② **応募する職種を明記すること。** 応募する職種を、はっきりと、しかも冒頭に明記すること。なぜそれに応募しようと思ったのか──募集広告を見たのか、友だちの推薦かなども書く。リサーチアナリスト職への応募者からの何ともミステリアスな手紙は、こんな書き出しだった。

「スミス様
春が来ました──種を植える季節です。
リンゴの種のように小さな種もあります。ココナッツのように大きな種もあります。でも大きかろうが小さかろうが、それに適した土壌に植えれば、種は大きく育つものです」

この応募者はこんな風に書き始めるべきだった。

「スミス様
リサーチアナリストを募集しておられると伺いました」

スミス女史には応募者のなぞなぞごっこにつきあっている暇はないのだ。

③ **具体的に、事実を述べる。** どの職種に応募するかを明記したら、次はあなたの一番の強みを述べる。たとえば「野心的であることと、優秀であらんがための必死の努力がないまぜになったところが、私の一番の強みです」などという、自分勝手な抽象的表現をしないこと。

④ **個人的に、率直で自然に。** あなたは一人の人間であり、他の人間に手紙を書いているのだ。あなたも相手も組織ではない。もちろん事務的であり丁寧でなければならないが、だからと言って堅苦しく人間味が感じられないようではいけない。

手紙が「あなたらしく」あればあるほど、ライバルたちの手紙との差は広がる。しかし、輝くばかりの個性で相手をあっと言わせてやろうなどと思ってはいけない。面接で自慢話ばかりする人はいないだろう。手紙でも同じことだ。実際にデスクを挟んで相対したときに、きっと「言いそう」なことを書けば、あなたという人間が十分手紙に現れるはずだ。

⑤ **次の一歩を明確に示すこと。** 面接に向けていかに歩を進めたいかを、はっきりと正確に述べて手紙を締めくくろう。以下のようなつぶやきはやめること。

「早急にお返事いただければ幸いに存じます」
「お時間をお割きいただき、ご検討いただきましたことに御礼申し上げます」
「業務につきましてお話できる機会を楽しみにしております」

こうした締めくくりは、多忙な未来の雇い主にとって次の段階に進む負担をかけてしまうことになる。どうして「あなたの」ために「彼が」働かなけ

――――――
次ページ　自分の広告会社を持つようになって初めて書いたのが、この広告だ──39歳だった。

＊＊『ビジネスマンのための英文作成マニュアル』南雲堂

3章　広告界の仕事とは

GUINNESS GUIDE TO OYSTERS

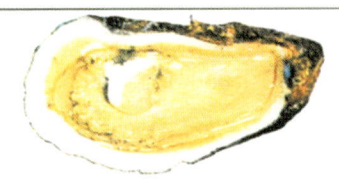

CAPE CODS: An oyster of superb flavor. Its chief enemy is the starfish, which wraps its arms about the oyster and forces the valves open with its feet. The battle lasts for hours, until the starfish is rewarded with a good meal, but alas, no Guinness.

NEW ORLEANS: This was Jean Lafitte's oyster, which is now used in Oysters Rockefeller. Valuable pearls are never found in *ostrea virginica*, the family to which East Coast oysters belong.

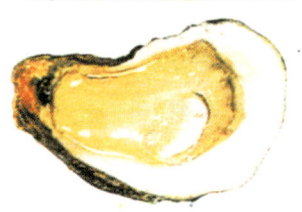

GREENPORT: These oysters have a salty flavor all their own. They were a smash hit with the whalers who shipped out of Greenport in olden days. Oysters contain iron, copper, iodine, calcium, magnesium, phosphorous, Vitamin A, thiamine, riboflavin and niacin. The Emperor Tiberius practically lived on oysters.

OYSTER BAY: Oyster Bays are mild and heavy-shelled. It is said that oysters yawn at night. Monkeys know this and arm themselves with small stones. They watch for an oyster to yawn and then pop the stone in between the shells. "Thus the oyster is exposed to the greed of the monkeys."

TANGIER: This is one of the sweetest and most succulent oysters. It comes from the Eastern Shore of Maryland. Pocahontas fed Tangiers to Captain John Smith, with famous results. Oysters go down best with Guinness, which has long been regarded as the perfect complement for all sea-food.

BLUEPOINTS: These delicious little oysters from Great South Bay somewhat resemble the famous English 'natives' of which Disraeli wrote: "I dined or rather supped at the Carlton ... off oysters, Guinness and broiled bones, and got to bed at half past twelve. Thus ended the most remarkable day hitherto of my life."

LYNNHAVEN: These gigantic oysters were Diamond Jim Brady's favorites. More fishermen are employed catching oysters than any other sea food. The Damariscotta mound in Maine contains three million bushels of oyster shells, piled there by prehistoric Bradys.

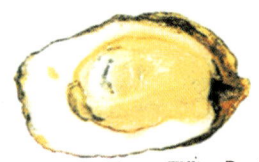

DELAWARE BAY: This was William Penn's favorite oyster. Only 15% of oysters are eaten on the half-shell. The rest find their way into stews, or end their days in a blaze of glory as "Angels on Horseback." One oyster was distinctly heard to whistle.

CHINCOTEAGUES: Many epicures regard Chincoteagues as the supreme aristocrats of the oyster tribe, but some West Coast gourmets prefer the Olympia oyster, which is no bigger than your thumbnail. Both Chincoteagues and Olympias are at their best with Guinness.

ALL OYSTERS taste their best when washed down with drafts of Guinness—what Professor Saintsbury in "Notes On A Cellar-Book" called "that noble liquor—the comeliest of black malts." Most of the malt used in brewing Guinness comes from the fertile farms of Southern Ireland, and the yeast is descended from the yeast used by Guinness in Dublin one hundred and ninety years ago.

For a free reprint of this advertisement, suitable for framing, write Arthur Guinness Son & Co., Inc., 47-24 27th Street, Long Island City, New York.

Guinness® Stout brewed by Arthur Guinness Son & Co., Inc., Long Island City, N.Y. ©1951

ればならないのか？　たとえばこんな風に、自分のことは自分でやるのだ。
「もし面接してただけるのであれば、水曜の午後にオフィスに伺います」
「毎朝8時45分まで、もしくは毎木曜の午後2時半以降であれば、面接に伺えます。水曜の午後にお電話を差し上げ、上記のいずれかの時間にお目にかかれるかどうかをお聞きいたします」

　ここまでくれば、あなたから電話をかける方が、先方の手間が省ける。もしあなたから電話しなければ、先方がわざわざ電話したり手紙を書いたりしなければならなくなってしまう。あなたから連絡することによって、できるだけ手間をかけずに、あなたの都合のよい時間に未来の雇い主とのアポを取りつけることができるというわけだ。

* * * * *

**「広告の仕事に就こうという人々の
あまりの学のなさにはいつも驚かされる」**

　広告の仕事に就こうという人々のあまりの学のなさにはいつも驚かされる。これは最近受け取った「大物」からの一通だが、こんな応募書類が雨あられと送りつけられて来るのだ。

「私は、マーケティングと広告における自分のスキルをさらに伸ばすためのやりがいのある経験を求めています。学業ではすでにある程度の高水準に達したと思います。私の目標は、会社の目標達成に対する実行可能な貢献としてのマーケティング・コミュニケーション分野における豊富な経験を活かして、トップレベルの重役の座につくことです。私はこうした目標を達成するための目標、戦略、マーケティング・コミュニケーションプログラム開発の幅広い分野におけるクリエイティブ経験と専門知識を備えています」

* * * * *

　世界中の他の何よりも広告に興味があるというのでなければ、この業界の仕事をすべきではないと忠告しておきたい。

　アートディレクターから統計学まで、ありとあらゆるスキルが要求される仕事がゴマンとある。そのすべてが女性にもできるものだ。ものによっては男よりも女性の方が向いているものもある。

　給料はよいが、コジモ・デ・メディチが、彫刻家チェッリーニに約束したような息もできないほどの金を期待してはいけない。簡単に金持ちになる方法は他にいくらでもある。

4 広告会社の経営について

広告会社を経営するには、夜中まで働くこと、セールスマンとしての腕、ちょっとやそっとのことでは動じない強靭さ、ガッツ、押しの強さ、そして常に不安を感じつつ働く社員の士気を維持するというたぐい稀な能力が必要だ。

一般に、広告はもともと神経過敏で不安に駆られがちな人間を惹きつけると言われているが、私はそうは思わない。広告会社では、最も冷静沈着な人間をも不安にする事件が日々起きるのだ。

コピーライターの人生も不安だらけだ。火曜の朝までにビッグアイデアを思いつくだろうか？ クライアントは採用してくれるだろうか？ いいテスト結果を出せるだろうか？ これで商品が売れるだろうか？ 広告を書くにあたって「今回こそもうダメだ！」と思わなかったことはない。

アカウント・エグゼクティブも不安を感じて当然だ。彼らはクライアントに対しては社の代表、自社にとってはクライアントの代表なのだ。広告会社がヘマをやらかせば、クライアントはアカウント・エグゼクティブのせいだと思う。クライアントが血も涙もない態度に出れば、広告会社はアカウント・エグゼクティブを責め立てる。

広告会社の社長にも不安がある。あのクライアントはわれわれをクビにするんじゃないだろうか？ かけがえのないパートナーが会社を辞めはしないだろうか？ 木曜の新規ビジネスのプレゼンで出席者全員に頷いてもらえるだろうか？

会社で働くことを「楽しく」しよう。楽しくなければ、いい広告など作れない。しかめっ面を笑いでかき消そう。活気をまき散らそう。憂鬱を人に移すような困り者は駆逐するのだ。

広告会社の経営に成功する人とはどんな賢人だろう？ 私が見るところでは、物事に熱中するタイプの人だ。知性にあふれ、かつ難しい決断に立ち向かうガッツがある。逆境にも負けない回復力がある。自然と人を惹きつける魅力がある人が多い。人を虐めるようなことはしない。部下が上司と積極的にコミュニケーションをとることを奨励し、人の話に耳を傾けるよい聞き手である。大半は大酒飲みだ。仕事の書類に埋もれて、それ以外の読書はほとんどしない。

ほとんどが礼儀正しく、知り合いになって損はない。だが昔から誰もがそうだ

「楽しくなければ、
いい広告など作れない」

売る広告

ったわけではない。私が初めてニューヨークに来た頃は、広告会社のトップの中にはろくでなしやほら吹きもいた。

　広告会社を経営していて何より楽しいことのひとつは、アカウントのそれぞれがすべて違った業種だということだ。午前中には石けん会社のクライアントと問題点とチャンスについて話し合い、午後には銀行、航空会社、あるいは製薬会社と打ち合わせるといった具合だ。しかし、バラエティを楽しむには払うべき代償もある。クライアントに会うたびに、まずその業種について十分な概要を把握しなければならない。そうでないと適切なアドバイスができないからだ。私がCEOだった頃は、ブリーフケース2個をうちに持ち帰り、4時間かけて書類に目を通したものだ。妻にとっては面白かろうはずがない。宿題の次に悪いのが電話だ。毎日、かけるべき電話が25件もあった。

　広告会社は骨肉の争いの温床と言える。キャドワラダーはバルフォアよりも先に役員になるだろうか？　どうしてモーガンじゃなくペニーパッカーをランチに呼んだんだ？　サイドボトムがウィンターボトムより先に副社長になったのはどうしてなのか？　私が最もよく知る広告会社には、会長が2人、社長が3人、業務執行取締役が2人、取締役副社長が8人、上級副社長が67人、副社長が249人いた。そんなバカなとお思いだろうが、事実だ。まるで「誰かに称号を与えるたびに、100人を怒らせ、1人を不満にさせる」と言ったルイ14世並みの肩書き乱発だ。

下　オグルヴィ・アンド・メイザーグループの支社長に任命された人に、私はこんなマトリョーシカ人形を贈る。一番小さな人形まで辿り着くと、次のようなメッセージが出てくる。「君がいつも自分より小さな人間を雇っていたら、わが社はちっぽけな人間ばかりの会社になってしまう。逆にいつも自分より大きな人間を雇っていれば、オグルヴィ・アンド・メイザーは非凡な大人物の集まる会社になるだろう」

こんな兄弟喧嘩を収めるにはどうすればいいのだろう？　まずは公平であること。そうすればえこひいきによる問題は起こらない。ウィリアム・メニンガー博士はこう言った。「経営者は『親父的』にならざるを得ません。子どもたちにとっても仲間にとってもよい『親父』であるためには、思いやりがあってよく気がつき、人間味と愛情に溢れた人柄が要求されるのです」。もしメニンガー博士が交流分析にも造詣が深かったら、よい「親父」というものは「支配的」であるよりも「愛情深く育む」ものだと付け加えたことだろう。

　普通の人は、広告会社で仕事をしているからには、つまり広告を作っているのだろうと思う。しかし実際のところスタッフの90パーセントは、広告を作ってはいない。リサーチをしたり、媒体計画を練ったり、広告のスペースや時間を買ったり、大まかに「マーケティング」と言われる仕事をしたりする。そしてほぼ60パーセントは事務職だ。

　広告会社の多くは、コピーライターの倍の数のアカウント・エグゼクティブがいる。もしあなたが酪農家だったら、雌牛の倍の数の乳搾り人を雇うだろうか？

　コピーライターとアカウント・エグゼクティブの確執は、広告会社の風土病のようなものだ。昔からコピーライターはアカウント・エグゼクティブのことを、威張り散らすばかりの能なしと思ってきた。このイメージがぴったりのアカウント・エグゼクティブも何人かはいるが、しかしそのほとんどは思いやりも教養もある。アカウント・エグゼクティブの方は、コピーライターという奴は無責任な目立ちたがり屋だと思っている。確かにそういう奴もいる。

採用

　広告会社経営の成否は、とびきり才能のある人間を雇い、彼らを完璧に教育してその才能を最大限活用できるかどうかにかかっている。最も見つけにくいのは、優れたコピーライターになる資質を潜在的に持っている人間だ。私の経験では、そういう人間は決まって頭がよく、この世のありとあらゆることに並外れた興味を示す。人並み外れたユーモアのセンスがあり、広告のテクニックに異常なまでの関心を持つ。昔は、30歳前の人間などによい広告が書けるはずはないと思っていた。だがフランクフルトに桁外れに素晴らしいキャンペーンを書いた人がいて、会わせてほしいと頼んだら、18歳の女性だった。

　尽きせぬ泉のように、来る年も来る年も、長年クリエイティブな能力を保っている数少ないコピーライターにも感服する。40年前にアメリカンテレフォンの素晴らしい広告を書いたジョージ・セシルもそのひとりだ。最高の職人がみな出世して、経営側に回るのは悲しむべきことだ。クライアントにとっては、私が会長になるよりも、コピーを書いていた頃の方が断然有益だった。

*　*　*　*　*

　誰かが新たにオグルヴィ・アンド・メイザーグループの支社長になるたびに、私はロシアのゴーリキー市からマトリョーシカ人形を贈る。好奇心があれば人形を開けてみるだろう。すると、次々と小さな人形が出て来て、最後の一番小さな人形を開けると、そこにはこんなメッセージが入っている。「もしわれわれがみな自分より小さな人間を雇っていたら、わが社はちっぽけな人間ばかりの会社になってしまう。逆にいつも自分より大きな人間を雇っていれば、わが社は非凡な大人物の集まる会社になるだろう」

　自分より優れた人間を見つけたからと言って、必ずしも雇い入れることができ

売る広告

右 クリエイティブ・ディレクターを募集するときは、どんな人間を求めているかを明らかにする。
(広告訳：求む！　オグルヴィ・アンド・メイザー・インターナショナル。トランペタースワン。私の経験では、クリエイティブ・ディレクターには5つのタイプがある。①戦略に長けているが、実行面は弱い。②波風を立てない優秀なマネージャー。だが目覚ましいキャンペーンも創り出さない。③役立たず。④天才だがリーダーとしては最悪。⑤トランペッタースワン：天才であり、かつスタッフを奮起させるリーダーシップも兼ね備えている。当社海外支社のひとつが、今「類い稀な白鳥」を求めています。私にご連絡を。秘密厳守。デイヴィッド・オグルヴィ。フランス、ボンヌ州86300 トゥフォ)

> **Wanted by Ogilvy & Mather International**
>
> # Trumpeter Swans
>
> In my experience, there are five kinds of Creative Director:
>
> 1. Sound on strategy, dull on execution.
> 2. Good managers who don't make waves...and don't produce brilliant campaigns either.
> 3. Duds.
> 4. The genius who is a lousy leader.
> 5. TRUMPETER SWANS who combine personal genius with inspiring leadership.
>
> We have an opening for one of these rare birds in one of our offices overseas. Write in inviolable secrecy to me, David Ogilvy, Touffou, 86300 Bonnes, France.
>
> *David Ogilvy*

「常にJ・P・モルガンが言うところの『頭のいい紳士』を採用することにしている」

るわけではない。私の失敗例の中には、傑出したアートディレクターのヘルムート・クローン、クレイロール社のヘアカラー商品広告で有名になったシャーリー・ポリコフ、若きアカウント・エグゼクティブで、後にコンプトン・エイジェンシーを率いることになったバート・カミングスもいる。

私は常に、J・P・モルガンが言うところの「頭のいい紳士」を採用することにしている。モルガンが「紳士」と言ったのは、お高くとまっている人間という意味だったのだろうか？　多分そうだ。アメリカがこれまでどれだけ、たとえばルーズベルト元大統領、ディーン・アチソン元国務長官、アヴェレル・ハリマン元ニューヨーク知事、ロバート・ラヴェット元国防長官、ジョン・J・マクロイ元外交官、大富豪ロックフェラー兄弟、その他多くの貴族的な面々の恩恵にあずかってきたかを知らない者はいないはずだ。私は特に、エスティ・ストウェルやジャック・エリオットなど、名門ボーディングスクールのセントポール校やハーバードの卒業生たちとのいい出会いに恵まれてきた。だが、これよりもっと広い意味での紳士たちにも恵まれている。

「頭がいい」という方はどうか？　これは必ずしもIQが高いという意味ではない。好奇心、常識、賢明さ、想像力、そして読み書きの能力が高いかどうか、ということだ。なぜ読み書きの能力が高くなければだめか？　広告会社とクライアント間のコミュニケーションのほとんどは文書で行われるからだ。何も詩人であれと言っている訳ではないが、少なくともわかりやすいメモを書けないようでは、ここで出世するのは無理だ。この点について、私がパートナー2人を説き伏せて書いてもらったのが、前出の『ビジネスマンのための英文作成マニュアル』だ。ぜひ一読することをお勧めする。

いつの日か会社を「率いる」ことができる人材を探さなければならない。会社を率いる力があるかどうか、あらかじめ見破る方法があるだろうか？　私が知っている唯一の方法は、その人間が大学時代にどうだったかを見ることだ。18歳から22歳までの間にリーダーだったことがあれば、中年になってリーダーとして頭角を現す確率は高い。

社内の保守派に絶えず刺激を与えるために、必ず1人は「改革」担当の副社長を置こう。

次世代のリーダー

新規採用のスタッフの中でこれぞと思う者に狙いを定め、彼らのこれからについて計画を立てよう。ロイヤル・ダッチ・シェルは、彼らの言うところの「皇太子」を選ぶにあたって、最もあてになる基準に以下を挙げている。

①分析力
②想像力
③現実感
④大局的見地から事実や問題を見ることができる「ヘリコプター能力」

かつてシェルを率いたあのジョン・ラウドンによれば、上級職に就ける人を選ぶには、こうした資質よりも人柄の方が重要だと言う。ここで恥ずかしながら告白すれば、私は人柄を評価するために「筆跡学」が有効だと思うようになった。アメリカではインチキだと思われているが、フランスではビジネスにも広く使われている。妻は私のプロポーズにイエスと言う前に、筆跡鑑定家を2人も頼んで私の筆跡を鑑定させた。2人の鑑定家の判断に矛盾はなく、しかも正確だった。

社内から昇進させるか、それとも外部から雇い入れるか。鉄鋼王アンドリュー・カーネギーはこう言った。「モルガン氏はパートナーを『買う』。だが私は自分の手で『育てる』」。発足当時のオグルヴィ・アンド・メイザーは手元不如意だったため、社員には雀の涙ほどの給料しか支払えなかった。金融家のジミー・ゴールドスミス曰く「ピーナツしか撒かなければ、寄って来るのはせいぜいサルぐらいのもの」だ。だから私は空いている重役のポストにウチのサルを昇進させず、エスティ・ストーウェル、ジョック・エリオット、アンドリュー・カーショウ等のスターを外部から連れてくることにした。将来優秀なリーダーとして活躍する可能性のある者をたくさん有する成熟した広告会社でも、新しい血を入れるために、時折外部からパートナーを招き入れるのはいいことだ。

採用すべきでない人

友だちを雇ってはいけない。私はこの間違いを三度おかし、三度ともクビにしなければならなかった。その後はもう彼らとは友だちではなくなった。

「クライアントの子女を雇ってはいけない」

クライアントの子女も雇ってはいけない。もし彼らをクビにすれば、クライアントまで失ってしまう。これも私自身犯したことのある間違いだ。

あなた自身の子ども、あるいはパートナーの子どもたちも雇ってはいけない。彼らにいかに能力があろうとも、野心的な人間は身びいきの横行する集団に居着こうとはしないものだ。私自身はこのミスを犯すことはなかった。息子は不動産業界におり、自分の成功は親の七光りではないことに確たる自信を持っている。

別の業界で功なり名を遂げた人間を雇い入れるのは、よくよく考えた方がいい。わが社では雑誌編集者、弁護士、経済学者を雇ったことがあるが、そのうちの誰も広告に関心を持つことはなかった。

そして、クライアントは絶対に雇ってはならない。クライアントとして成功する能力と、広告会社で成功するのに必要な能力はまったく異なるものだ。この間違いも二度犯したことがある。

社内の駆け引きに奔走する輩

広告会社が温室のような生温い雰囲気になると、学閥など心理的な抗争が勃発しかねない。ミルトン・ビオ・エイジェンシーではこうした駆け引きがあまりに悪質になり、会社自体を閉めざるを得なかった。こういう事態を鎮圧するには7通りの方法がある。

① 最悪の駆け引き屋をクビにする。これは、彼らからライバルに対する中傷メモのブラインドコピーがどの程度頻繁に回ってくるかで目星がつく。
② 誰かがオフィスに来て、ライバルのことを無能なロクデナシだと糾弾したら、当のライバルをオフィスに呼んで、その面前で同じことを繰り返させる。
③ 文書による諍いには断固として立ち向かえ。喧嘩は顔を突き合わせて直接解決させる。
④ 社内で昼食会を催す。これによって敵同士を味方に変えることができる。
⑤ 横取りを阻止する。
⑥ えこひいきしない。
⑦ 社内の駆け引きをしない。ラテン語のことわざにあるように、あなた自身が「分割せよ、そして支配せよ」というような悪しき行為を実践しているようでは、あなたの会社はじきにはかなく消え去るだろう。

規律は役に立つ

社員には必ず定時出社を義務づける。たとえそれに対してボーナスを払わなければならないとしてもだ。電話には速やかに出る。常にクライアントの秘密厳守を心がける。エレベーターやレストランで思慮なくおしゃべりしたり、安易に外部の植字工を使う、掲示板に発表前の広告を貼るなどは、クライアントに甚大な被害を与えかねない。

スタッフにプロとしての基準を守るよう、絶え間なくプレッシャーをかけること。二流の仕事でよしとするなどは自殺行為だ。何よりも、締切を守らせること。たとえ徹夜仕事や休日出勤になろうとも。スコットランドのことわざに曰く、働きすぎて死んだ人間はいない。人は退屈や病気のせいで死ぬのだ。たまの徹夜仕事ほど、士気を高めるものはない――あなた自身も一緒に徹夜すればの話だが。

＊ベントン上院議員は広告会社ベントン・アンド・ボウルズを去った後にシカゴ大学で教鞭をとることになったが、政治的駆け引きは大学での方がずっと深刻だった。

船長たるもの、嵐の最中に船橋を去るようなことをしてはならない。

聖アウグスティヌスはプレッシャーについてこんな風に言っている。

「誰でもプレッシャーに追いつめられることはある。そうした事態は世界中で起きる。戦争しかり、包囲攻撃しかり、国家的不安しかり。そんな状況下でぼやき、文句や不平を鳴らす輩はどこにでもいる。そういう臆病者には、堂々たる光輝がない。しかし世の中にはそれとは別種の人間もいる。同じプレッシャーの下にあっても、彼らは文句ひとつ言わない。自分が軋轢によって磨かれることを知っているからだ。プレッシャーこそが人間を磨き、気高くするのだ」

私自身、ときにプレッシャーを耐え難く感じることは認めざるを得ない。考えたところでにっちもさっちもいかない物事に、いたずらに時間を空費するような過ちを犯してきた。1年のはじめに、今年のうちに達成したい目標を明確に書き、1年の終わりにそれがどの程度達成できたかを評価するのはいいアイデアだ。マッキンゼーはこの規則をパートナーたちに課し、リストの中でいくつの目標を達成できたかによって報酬を決めている。

リーダーシップ

私はクライアント、つまり大企業を経営する人間を観察するという得難い機会に恵まれている。彼らの多くは、問題解決や意思決定の手腕に優れている。しかし人並み優れた「リーダー」と言える者は少ない。中には部下を鼓舞するどころか「骨抜きにする」天才と言えそうな者までいる。

偉大なリーダーシップは、どんな企業の業績においても衝撃的な効果を上げる。私は幸運にも、人を鼓舞する才に長けた3人の指導者に出会うことができた。まず、パリのマジェスティック・ホテルの料理長で私のボスだったムッシュ・ピタール、それからジョージ・ギャラップ、そして英国機密諜報部のサー・ウィリアム・スティーブンソンだ。

リーダーシップに関してはさまざまな研究がなされている。だが、リーダーシップが成果を上げるかどうかは状況次第というのが、社会学者の一致した見解だ。たとえば、産業界でずば抜けたリーダーだった人間が、商務長官としてワシントン入りしてみるとまったく期待はずれのこともある。新興企業で効果的なリーダーシップが、成熟した大企業で通用することはまずないと言っていい。

リーダーシップと学業成績の間には、ほぼ何の相関関係もなさそうだ。そうわかってほっとした。私は大学を卒業していないからだ。学業でよい成績を上げるモチベーションと、優れたリーダーになるモチベーションは違うのだ。

企業には、自社の慣例に合わない取締役を受け入れない傾向がある。たとえばゼネラル・モーターズ（GM）のチャーリー・ケタリングのような一匹狼を取り立てる企業がどのくらいあるだろうか？　あるいは38歳、履歴書には「失業中の農夫、前歴はコック、大学中退」と書いた男を雇う広告会社がどのくらいあるだろうか？（オグルヴィ・アンド・メイザーで仕事を始めた年の私のことだ）。

重役の中でも、とくに傑出したリーダーは、性格のどこかに尋常ではない強烈な要素を持っている傾向がある。彼らはイノベーションに抵抗する代わりに、自らがイノベーションの象徴になる――イノベーションのない企業は成長しない。

偉大なリーダーのほとんどが、体の中から自信を発散している。ケチなしみったれなどではない。責任を誰かに押しつけるようなこともない。たとえ敗北を喫しても、自らを励まし立ち直る。アメリカン・エキスプレスのハワード・クラー

売る広告

クが1960年代のサラダオイル信用詐欺事件から立ち直ったように。ハワードの不屈のリーダーシップの下、アメリカン・エキスプレスの株価は14倍にも跳ね上がった。

偉大なリーダーは自分の仕事に狂ったように打ち込む。万人に愛されたいなどという、人を骨抜きにするような望みを持たない。人が支持しない決断を下すガッツがある。役立たずをクビにするガッツもだ。グラッドストーン首相は「首相に何より必要な才能は、人をぶった切る腕前だ」と言った。ホテル・マジェスティックの料理長が、ブリオッシュを全部同じ形に膨らませられないというだけの理由で、菓子職人をクビにするのを見たことがある。こんな非情な仕打ちを見た他のコックたちはみな、自分たちは世界一の厨房で働いていると感じたものだ。

企業の労組や自国の有権者など、大勢の人々を巧みに率いるリーダーもいる。だが、そういうリーダーは、得てして少人数のグループを率いるのは苦手だ。

優れたリーダーには「決断力」がある。彼らは率先して困難に立ち向かう。たいへんな変人もいる。ロイド・ジョージ首相は性的にはメチャクチャだった。南北戦争に勝利したグラント将軍は大酒飲みだった。1863年11月26日のニューヨーク・ヘラルド紙には、リンカーン大統領がこう言ったと伝えられている。「誰かグラント将軍の飲んでいるウィスキーのブランドを教えてくれないだろうか。他の将軍たちにも同じものを一樽送ってやりたいんだ」

ウィンストン・チャーチルも底なしの大酒飲みだった。しかも気まぐれで短気ときている。部下には思いやりがなく、恐るべきエゴイストでもあった。しかし、彼の参謀総長はチャーチルについてこんな風に書いている。

「チャーチルと共に働いた日々を振り返れば、わが人生の中で最も苦しく困難な時期として思い起こすことになるだろう。それでも私は、あのような人と共に仕事をする機会を与えられたこと、そして超人というものが稀にはこの世に存在するという事実に目を開かれたことを、神に感謝する」

優れたリーダーが「恐怖」を道具として使うとは思わない。人は楽しい雰囲気の中でこそ最もよい仕事ができる。「人生の喜び」のないところには、沸き立つような興奮やイノベーションは望めない。聖パウロのコリント人への第一の手紙の13章を、BBDOのチャーリー・ブラウワーがこんな風にもじったので、ここで拝借しよう。「たとえアメリカ財務省のために金を集めることに生涯を費やしても、自ら楽しむことがなかったとすれば、その人は大いなる馬鹿であり、すさまじい間抜けである」

私が知っている偉大なリーダーたちは、不思議と「複雑な」人々だ。マサチューセッツ工科大学の元総長ハワード・ジョンソンは、そうした複雑さを「精神的エネルギーの巧まざる発露であり、それこそがリーダーシップの謎の要素」だと説明する。マッキンゼーのマーヴィン・バウワー、プエルトリコのテッド・モスコーソ、モルガン銀行のヘンリー・アレクサンダーにも、こんな謎のエネルギーがあった。

従う者たちの心理的欲求を満たしてこそ、最も成果を上げるリーダーだと言える。たとえば、民主主義の伝統の中で育ち、独立独歩を強く求めるアメリカ人の間で優れたリーダーとなる人がいる。しかし、民主的なリーダーシップというアメリカのやり方は、ヨーロッパでは必ずしも受けがよくない。ヨーロッパの経営幹部は、アメリカ人に比べて依存心が強く、より独裁的なリーダーシップを求める心理的傾向があるからだ。アメリカの広告会社が海外支社を持つ場合、現地の

「精神的エネルギーの巧まざる発露」が、このリーダーたちの特徴だった。上から、マッキンゼーのマーヴィン・バウワー、プエルトリコのテッド・モスコーソ、モルガン銀行のヘンリー・アレクサンダー。

人間をリーダーに据えた方がよいという理由は数々あるが、これがそのひとつであることは間違いない。

　リーダーが補佐役にまったく任務を委ねないというのは、会社にとって問題だ。リーダーシップを発揮する人の数が多ければ多いほど、企業は強くなるものだからだ。

　よい部下になるにも技術が必要だ。決戦を控えたある夜、ウィンストン・チャーチルの先祖マルボロ１世公爵は、戦場を偵察していた。彼と従者たちは馬に乗っていた。ある地点で、公爵は手袋を片方落とした。すると参謀総長のキャドガンは馬を下り、その手袋を拾って公爵に渡した。それを見た従者たちは、「キャドガンはなんと礼儀正しいのだろう」と思った。その夜遅く、マルボロ公爵は最終命令を下した。「キャドガン、余が手袋を落とした場所に砲兵隊を配備せよ」。「すでにそのように命じてあります」とキャドガンは答えた。彼は公爵の意図を読み、命令を予期していたのだ。キャドガンのような部下がいれば、リーダーでいることは簡単だ。しかし私は、誰が上司になっても手のつけようのない部下を何人も知っている。

　私の知る偉大なリーダーのほとんどは、スピーチで人を動かすことに長けている。もし人を動かすスピーチを書けないならば、ゴーストライターを使うこと。その場合、優秀なライターを選ぶことが肝心だ。ルーズベルト大統領には詩人のアーチボルド・マクレイシュ、劇作家のロバート・シャーウッド、ローゼンマン判事といったゴーストライターたちがいた。だからこそ彼のスピーチは、それ以降のどの大統領よりも人の心を動かしたのだ。Ｊ・Ｆ・ケネディを除いては、ではあるが。ケネディも優れたゴーストライターを使っていた。

　私の知るビジネスリーダーの中で、スピーチが上手い人はほとんどいない。誰が原稿を書いても、話し方がおそろしく下手なのだ。しかし、スピーチの技術は習得可能だ。大物政治家のほとんどは、専門家を雇ってスピーチの技術を学ぶくらいのことはしている。**

　リーダーシップについて最高の明言を残したのは、モンゴメリー陸軍元帥だ。こんな言葉だ。

　「リーダーは、周囲に伝染するほどの楽観主義者であり、困難に直面しても耐え抜く決意の持ち主でなければならない。また、結果について確信が持てないときでも、輝くばかりの自信を放っていなければならない」

　「リーダーとして合格かどうかを試す最終試験は、会議を終わって席を立つとき、皆が高揚し、自信に満ちているかどうかである」

アルコール依存症

　信頼すべき報告によれば、アメリカのビジネス界では100人に７人がアルコール依存症だということだ。ということは、あなたの会社にも少なくともこれくらいの割合でアルコール依存症がいると考えるのが妥当だ。ここでアルコール依存症と言うのは、酒を飲むことによって家庭生活や会社での仕事が深刻に阻害されている人間だ。クビ寸前、結婚生活は破綻、肝硬変で死にかけている輩のことだ。

　アルコール依存症の中には、会社ではピカ一の人間もいるかもしれない。問題はいかにそういう人間を見つけ出すかだ。たいていは秘書や同僚が、秘密が洩れないようにガードしている。アルコール依存症の妻を秘密裏に招いて、夫と鉢合

＊＊『Speech Dynamics』（ドロシー・サーノフ／ダブルディ社）を参照。

わせさせる。そしてまず、ここにいる誰もが、彼のことを心から思っていることを告げよう。そして、彼の飲酒癖についてどれほど心配しているかわからせ、妻子にも逃げられる寸前であること、もし言う通りにしなければ、クビにしようと思っていることを教えてやろう。そしてまさにその日に、アルコール依存症治療センターに入院する予約を取るのだ。

アルコール依存症患者のほとんどが、治療に同意する。依存を脱却するのに1週間、リハビリにはそれからさらに4週間かかる。退院すると、最低1年間は毎日アルコール依存者更生会のミーティングに参加しなければならない。これで約60パーセントは依存症から立ち直る。男女を問わず、これによって立派な人々が救われるのを目にしてきた。この件についてもっと詳しいことを知りたければ、最寄りのアルコール依存者更生会支部に相談してほしい。

文書化した社是

今日のマッキンゼーの礎を築いたマーヴィン・バウワーは、すべからく会社というものには社是と目標がなければならないと信じている。そこで私も草稿を書いて、マーヴィンに送ってコメントをもらった。最初のページには目標を7つ記し、その一番目は「毎年収益を増加させること」とした。するとマーヴィンにこき下ろされた。サービス業者が、クライアントへのサービスよりも自社の利益に重きを置くようでは、早晩潰れて当然だと言うのだ。仕方がないので、利益はリストの7番目に格下げした。

広告会社の経営指針として、社是を文書化するなど子どもっぽいと思われるだろうか？　私に言えるのは、複雑な企業を正しい方向に導くうえで、これがかけがえのないものだとわかったということだけだ。

利益その他について

自分が金儲けの天才だとは思わないが、パートナーのシェルビー・ペイジから1つ2つ学んだことはある。シェルビーはオグルヴィ・アンド・メイザー発足当初からわが社の財務を統括している。平均的に言って広告会社の利益は、税引後では1パーセントにも満たない。不正にサービスをケチれば、儲けは増えるだろうが、クライアントは逃げてしまうだろう。過剰にサービスすれば、クライアントからは有り難がられるだろうが、会社は潰れる。

> 「過剰にサービスすれば、クライアントからは有り難がられるだろうが、会社は潰れる」

会社の規模と利益は比例するわけではない。1981年、オグルヴィ・アンド・メイザーは、2倍の取引額のあった会社よりも利益が多かった。広告会社は、まるで大学が新学部を創設するように、新たなサービスを加えている。すでに妥当でなくなったサービスを中止するのは悪いことではない。船を最高に効率よく走らせ続けるには、船底についたフジツボは常にこすり落としておかなければならない。

最大手の広告会社12社のうち、7社が株式を公開している。スタンダード・アンド・プアーズ500社の平均37パーセント上昇に対して、7社の平均株価は過去10年間で439パーセント上昇した。

証券アナリストの多くは、いまだに広告会社への投資はメリットが少ないと信じている。しかし世界で最も成功した投資家のひとりウォーレン・バフェットは違う。彼はこんな風に言ったそうだ。「最高の商売とは、他者を成長させてそこから取り分をいただき、自らはほとんど元手を必要としないものだ。たとえば国

際的な最大手広告会社のように」

　新聞で広告についての記事を読んでいると、広告会社のビジネスとは何とも不安定なものだという印象を受けるだろう。その理由は、新聞がある広告会社から別の広告会社へとアカウントが移動したという記事しか載せないからだ。しかし、アメリカで年間に広告会社を変えたという例は、全体から見ればたったの4パーセントだ。

　1972年に最大手だった広告会社25社は、たった1社の例外を除けば、11年経った今もトップ25社にランクインしている。トップテンのうちの8社の経営陣は5代目から6代目になっている。創業者がいまだに取締役会に居座っているのはオグルヴィ・アンド・メイザーだけだ。

いかに報酬を得るか

　報酬を得るにあたっては、従来のようなコミッション制か、より新しいフィー制にするか、どちらかを選ばなければならない。フィー制にはコミッション制よりよい点が4つある。

①クライアントは受けたサービスの分だけ、それ以上でもそれ以下でもない料金を払えばいい。

②広告ごとに、個々に支払いが発生する。コミッション制のように、利益の上がらない広告が利益の上がっている広告に便乗して得をするといった理不尽が生じない。

③予想外の広告予算削減があっても赤字にならず、臨時社員をクビにしなくて済む。

④クライアントに広告を増やすようアドバイスしても、動機を疑われなくて済む。

　私はフィー制を導入した草分けだが、妥当な利益が出さえすれば、今はもう支払いの方法にはこだわらない。1981年には、アメリカの広告会社の平均的な利益率は、請求額の0.83パーセントだった。これぽっちを理不尽な額と言うのだろうか？　クライアントが広告会社に対する支払いをケチれば、価格は安くなるだろうが、その分広告の質も落ちるのだ。

利益をどうするか

　まずは52パーセントの法人税を払わなければならない。残りを配当として支払うと、株主はそこからさらに所得税40パーセントを支払わなければならない。配当を使えば、消費税を支払わねばならない。つまり政府はあなたの稼ぎ出した利益の、実に73パーセントを持っていくのである。

　広告会社によっては、自社の専門外のベンチャービジネスに利益を投資したところもある——保険会社、旅行代理店、小売りチェーン、魚の缶詰製造業、映画会社、小さな石油会社などにまで。そういう広告会社すべてが大損を出したのは驚くにあたらない（私自身はそうした誘惑は退けた）。

　今流行っているのは、自社の利益の一部で他の広告会社を買収することだ。だが、どうかご用心を！　何かしらトラブルでもなければ広告会社が売りに出されるとは考えられない。会社の重要人物たちとは5年契約を結んでおくことだ。彼

「何かしらトラブルでもなければ広告会社が売りに出されるとは考えられない」

***コミッションでは、クライアントから媒体（新聞、雑誌、テレビ、ラジオなど）に支払われる広告予算総額のうちの何パーセントかが手数料として支払われるのに対し、フィーは、個々の広告制作にかかる費用をもとに請求額が算出される。

らが会社を辞めた途端、クライアントも即座に逃げ去るかもしれないからだ。そうは言っても、彼らのやり方はあなたのやり方とは大違いで、ひどい衝突が起きかねない。
　利益を投資するのに、もうちょっと気の利いた方法はないだろうか？　私は3つ知っている。
① 別の地域、もしくは外国に支社を開設する。こうすれば他人が犯した過ちを引き継がずに済むし、自らの信条をいささかも汚すことはない。これの不都合な点は、新規設立コストを資本に組み入れられないので、一株当たりの利益率が減ることだ。
② 今オフィスを借りているビルをまるごと買ってしまう。ヤング・アンド・ルビカムが2年前ニューヨークで実行した。
③ まさかの場合に備えて蓄えておくのもいい。こんなことをすればウォール街では目に余る間抜けだと思われるだろうが、状況が厳しくなれば、間抜けの方が冒険心に満ちたライバルより長く生き延びるかもしれない。

　新しい戦略としては、他所の広告会社を買収はするが口も手も出さず、彼らのやりたいようにやらせてやる。新たなビジネスを獲得するうえで、敢えて競合したってかまわない。最大手広告会社のひとつは、独立経営の子会社を種々雑多に集めた持ち株会社と見分けがつかないほどになってしまった。

財産

　広告人で最も財を成したのは、ロード・アンド・トーマス（現在のフーティ・コーン・アンド・ベルディング・コミュニケーションズ）のアルバート・ラスカー、次いでテッド・ベイツ、ジム・マセス、レイ・ミシューン、そしてクリフ・フィッツジェラルドだ。彼らの平均財産はおそらく2000万ドルほどだろう。
　デイヴィッド・ウィリアムズ、テッド・アダムス、アル・シーマン、ヘイゲン・ベイルズのように、インターパブリック社に自社を売却して財を成した人もいる。こちらはたぶん各々が600万ドルくらいだと思う。あのあっぱれなビル・マーステラーは、ヤング・アンド・ルビカムに自社を売却しておそらくそれ以上の財を成しただろう。エスティ社のシニアパートナーたちがベイツ社に自社を売却したときも、コンプトンのシニアパートナーたちがサーチ・アンド・サーチに売却したときも同様だ。
　ヤング・アンド・ルビカムのエド・ネイは現役でただ一人、会社を売却もせず、株式上場もせずに富を築いた。富がいくら莫大でも、その1ペニーに至るまで、ネイには所有する権利がある。

5つのアドバイス

① **1人で出来る仕事を決して2人の人間にやらせてはならない。**ジョージ・ワシントンはこう言った。「一心不乱に取り組めば1人で十分な仕事を、2人でやれば結果は劣り、3人以上ならほとんど遂行不可能になる」
② **部下を自分のオフィスに呼びつけてはならない。**怯えさせてしまうだけだ。逆に、彼らのオフィスに自分から出向くこと。予告なしにだ。会社の中を歩き回らない上司など世捨て人も同然だ。
③ **行動を起こさせたいなら、「口頭」で伝えること。**会議で自分の意見に賛同してもらいたいなら、まずその会議に出席せよ。フランスのことわざにもあ

る。「いない奴がいつも悪者」

④**クライアントの商品ではなく、競合他社の商品を使うのは失敬だ。**シアーズ・ローバックのアカウントを任されたときから、私は自分の服はすべてシアーズで買うようになった。妻には文句を言われたが、翌年の服飾関連業者の年次総会では、アメリカのベストドレッサー賞に選ばれた。アメリカン・エキスプレス以外のクレジットカードを使うなど思いも寄らないし、コーヒーは常にマックスウェル・ハウス・コーヒー、顔を洗うには絶対にダブだ。今やオグルヴィ・アンド・メイザーは2000を超える商品を広告しているので、私の個人的な持ち物はいささかややこしくなってきている。

⑤**苦情の手紙を書くというような贅沢な真似を、決して自分に許してはならない。**初めて船で太平洋を横断したとき、私はクイーン・メリー号のサービスは最低だしインテリアは下品だという苦情の手紙を旅行代理店に送りつけた。それから3カ月後、クイーン・メリー号を所有する船会社キュナード・ライン社のアカウントが、もう一押しで手に入るというときに、たまたま私の苦情の手紙が彼らの目に入ってしまった。キュナードがようやく私に対する怒りを解き、わが社がアカウントを任されるまでに、その後20年を要した。

右　ロールスロイスのアカウントを得たとき、私はクライアントの商品を使うというルールに従った。当時他にロールスロイスを持っていたのは、ルドヤード・キプリング、ヘンリー・フォード1世、アーネスト・ヘミングウェイ、ウッドロー・ウィルソン、チャーリー・チャップリン、バーデン・パウエル、それからレーニンだ。私はこのロールスロイスに22年間乗り続けた。

5 クライアントを獲得する秘訣

上 大きなアカウントは突然ずかずかと入ってくる（クレア・バーンズ・Jr「ホワイトカラー動物園」より）

次ページ クライアントを獲得するには、よい広告を作れ。

さて、また自慢がましくて恐縮だが、私よりも腕のいいコピーライターはいるし、私より優れた経営者も大勢おられるが、どれほど多くの新規ビジネスを開拓したかという勝負になれば、私に肩を並べられる人はそう多くはないだろう。

『ある広告人の告白』で、私は最もクライアントに欲しい企業をリストアップするところからスタートしたと述べた。ゼネラルフーズ、リーバ・ブラザース、ブリストル・マイヤーズ、キャンベルスープ・カンパニー、そしてシェルだ。時間はかかったが、やがてそのすべてを手に入れた。そのうえ、アメリカン・エキスプレス、シアーズ・ローバック、IBM、モルガン・ギャランティー、メリル・リンチの他、3つの国の政府までも顧客にした。中にはすでにわが社を去ったクライアントもいるが、オグルヴィ・アンド・メイザーにおけるそうしたクライアント全体の合計取扱高は優に30億ドルを超える——まあ、今のところはだ。

私は常に「一流のビジネスだけを、一流のやり方で」という、J・P・モルガンと同じポリシーを貫いてきた。とはいえ、発足当初は家賃を払うために手当たり次第何でもやらない訳にはいかなかった。特許を取ったヘアブラシ、亀、イギリス製のバイクもだ。

しかしまた、ギネス、ハサウェイ・シャツ、シュウェップス、そしてロールスロイスという4つのアカウントを得たおかげで、彼らのために洗練された広告を作るチャンスに恵まれ、それによってわが社に注目が集まるという幸運もあった。

新しいクライアントを獲得するのに最も簡単な方法は、「よい広告を作る」ことだ。7年間に渡って、わが社はアカウントを獲得する競争では負け知らずだった。そのためにやったことと言えば、これまでに作ったキャンペーンを見せることだけだった。ときにはそれすらせずに済むこともあった。ある午後、約束もないのにひとりの男がオフィスにずかずかと入って来て、IBMのアカウントをくれた。彼はわが社がどんな仕事をするかを知っていたのだ。

あり得ないほど成功が続くので、私はすっかり舞い上がってしまった。南アフリカの大富豪でロスマンズたばこの創立者、アントン・ルパート博士が、これからロスマンズをアメリカで売り出すつもりで、その際はわが社に広告を任せたいと言ってくれたとき、私があまりにも傲岸不遜な態度で断ったので、博士はこう言った。「オグルヴィさん、ぜひいつかまたお目にかかりたいものですな——あなたが坂を転がり落ちていくときにね」。われわれが再び相見えたのはそれから25年後、世界自然保護基金の実行委員会の席上だった。まったく凄い人だ。

最近のメーカー各社は、広告会社選定のプロセスを訳もなく複雑化している。まず、広告会社10社以上に長たらしいアンケートを出す。それも、「貴社の印刷媒体制作部門には何人の社員がいますか？」などという間抜けな質問ばかりだ。

5章　クライアントを獲得する秘訣

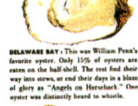

この質問に私はこう答えた。「まるっきり見当もつかない。その部門にはもう7年も足を向けたことがない。こんなことにどんな重要性があるのか？」

もうちょっと行儀よく、しかも適切に質問に答えれば、もう少し絞り込まれたリストに残り、使者団が視察にやって来る。そして広告手数料がいくらかを知りたがる。これには私はこう答える。「料金がいくらかということで広告会社を決めるのは、望遠鏡を逆さに眺めるようなものです。心配すべきは広告会社にいくら払うかではなくて、広告によっていかに売上げを伸ばすかじゃありませんか」

広告会社選びの担当者たちは、その広告会社がこれまで他社のためにどんなキャンペーンをしてきたかにはこれっぽっちも関心がなく、ただ「自社のために」何をしてくれるのかだけに興味を示す。そういうわけで彼らはあなたを会社に呼びつけて会社の問題を分析させ、CMを作らせ、完成したらテストにかける。テストのスコアが他社よりも高ければ、アカウントが獲得できる。

広告会社によっては、新規顧客獲得のためのプレゼンに50万ドルもかける。そのアカウントを獲得して20年間保たせれば、十分利益が出ると目論んでいるわけだ。そんな賭けに出る余裕のない広告会社は、不利な立場に立たされる。

こんなに長たらしく金のかかるプロセスを経れば、最も優れた広告会社を選び出せるかと言うと、必ずしもそうではない。何年にも渡って効果のある最高の広告を作る会社は、コンテストの準備に許された数週間の間に最高のキャンペーンを作り出せるようなツキのある会社ではないかもしれない。次の章で、広告会社を選ぶのにもっとよい方法をお話ししよう。

会議

会議でプレゼンを行うときは、クライアントチームを一方の側に、あなたの会社のチームをもう一方の側にという風に、まるで敵味方のように並べるのはやめよう。全員を一緒くたにして座らせること。

ミーティングの前には必ずリハーサルすること。だが用意した原稿を読み上げてはいけない。原稿を読むと、ひとつの考え方に凝り固まってしまい、内容が会議中に持ち上がってくる話とは関係なくなってしまいかねない。

何よりも「人の話を聞く」こと。クライアント候補の話を聞けば聞くほど、本当にそのアカウントが欲しいのかどうか判断しやすくなる。電気機器メーカー、マグナボックスの前社長は、広告について2時間もの長広舌をぶった。広告のことなど何一つ知りもしないくせにだ。私は紅茶を一杯差し上げて、お帰り願った。

クライアント候補が気づく前に、自社の弱点を告白してしまう。こうすると、後で自信たっぷりに強みを説明したときに、より信用される。

事例説明やリサーチの数字ばかり並べ立てない。クライアント候補が居眠りする。他社の市場シェアを伸ばしたという理由で広告会社を選ぶ客はいない。

新規ビジネスのプレゼンを行った翌日には、なぜわが社を選ぶべきかを3ページに要約して、クライアント候補に送ろう。彼が正しい結論を出すのに役立つ。

自力でアカウントを獲得する力がないなら、他の広告会社を買収してアカウントを「買う」ことも可能だ。だが、これは逆効果にもなり得る。アドルフ・トイゴがこのやり方でレナン・アンド・ニューウェルの売上を5倍にしたが、買収した広告会社すべてを一体として団結させることはできなかった。その結果、同じ会社でありながら仲違いが絶えず、とうとう倒産の憂き目に遭った。

信用リスク

　信用リスクには気をつけなければならない。クライアント候補が倒産しても必ず生き残れるほど、広告会社の利益率は大きくない。私は疑わしいと思ったら、現在広告を請負っている広告会社の社長に聞いてみることにしている。

　新規ビジネスを紹介しようと言う社外の輩には、絶対にコミッションを払ってはならない。そんな紹介で広告会社を選ぶクライアントなど、持つに値しない。それにこういう話には決まって裏がある。わが社を創立して6週間目のこと、どうしても仕事が欲しかった私は、知り合いのある若者に、彼が調達できる掃除機メーカーのアカウントを私にくれれば、わが社の株式の10パーセントを上げようと持ちかけた。この頼みを彼が引き受けていたら、彼の持ち株は1900万ドルにもなるところだった。危機一髪だった。

　その後何年かして、私も少しは知恵が回るようになった頃、広報コンサルタントのベン・ソネンバーグが、もしグレイハウンドバスのアカウントを取ったら、株を何パーセントくれるかと聞いてきた。ゼロだと言うと、バカ扱いされた。

「その社の価値観が自分とはまったく相容れないと思ったらクライアントにしないこと」

　その社の価値観が自分とはまったく相容れないと思ったらクライアントにしないこと。だからレブロンのチャールズ・レブソン、シェンリーのルー・ローゼンスティールとの取引は断った。

　今のところ広告にはまったくと言ってもいいほど予算を割けないが、将来は大物クライアントになりそうなベンチャー企業は要注意だ。そんなアカウントとも言えないような企業にサービスで仕事をすると高くつくうえに、ほとんどはモノにはならない。もちろん、例外はある。あるとき、聞いたこともないちっぽけな事務機器メーカーだというので断ってしまった。失敗した。ゼロックスだった。

　　　　　＊　＊　＊　＊　＊

　各広告会社間の違いは、自分で信じたがっているよりは小さい。ほとんどの広告会社には、クライアントの売上げを伸ばした広告がいくつかはある。またほとんどの媒体部門やリサーチ部門は優秀だ。インフレのおかげで、ほぼ全社が売上げを伸ばしている。では、違いはどこにあるのか？

　新規ビジネスを取れるか取れないかを決定づけるのは、広告会社のボスのキャラクターだ。ファックス・コーンのスタイルに魅せられて、多くのクライアントがフーティ・コーン・アンド・ベルディング・コミュニケーションズ社を選んでいる。逆に、広告会社の社長が、クライアント候補に不愉快な人物だと思われているせいで、アカウントを取れない例も多い。私のパーソナリティのせいで取れなかったアカウントもいくつかはあるが、私のおかげで取れたものもある。

　　　　　＊　＊　＊　＊　＊

　こちらから辞めてやったアカウントの数は、クビになった数の5倍はある。辞めた理由はいつも同じだ。クライアントの態度が、わが社のスタッフの志気をくじく場合だ。士気が落ちることは、広告会社にとって許し難いダメージを与える。

多国籍企業のアカウントを得るには

　海外市場でも広告を打っているアカウントを獲得した場合、世界中の広告を任される可能性が高い。私はこれを、新規ビジネス獲得の「ドミノ効果」と呼んでいる。J・ウォルター・トンプソンやマッキャン・エリクソン、ヤング・アンド・ルビカムは、GM、コカ・コーラ、エッソ、ゼネラル・フーズといった多国籍企業のニーズに応えて、海外に支社を構えてきた。私がアメリカでシェル石油のア

売る広告

カウントを得たとき、当時シェルの社長だったマックス・バーンズに、カナダのアカウントも頼まれたことがある。私は答えた。「はい。でもうちはカナダに支社がないんです」。「作れよ」。かくてわが社は世界40カ国にネットワークを広げることになった。

こうした場合、ライバルはその国の広告会社だ。彼らは自国の代表であると言い張り、政府に、われわれのような海外からの侵入者から保護してくれるよう訴える。われわれが他国の文化を押しつけていると糾弾もする。自前の文化が乏しい国に限ってそうだ。そうした訴えが聞き入れられることもある。カナダ政府は自国の広告会社しか採用しない。ナイジェリアでは海外の広告会社が放逐された。

実際のところ、アメリカの広告会社の海外支社のほとんどが、たとえアメリカ文化を紹介しようと思うほどの蛮勇があったとしても、どんな風に発信すればいいかが皆目わかっていない現地の人間によって運営されている。

* * * * *

昔は、新しく広告会社を興すとき、クライアントを何社か引き連れて、今勤めている広告会社を辞めたりした。テッド・ベイツはこうして、担当していたベントン・アンド・ボウルズのアカウントを持って自社を興した。しかしこの戦略は、今や法の判断によって阻まれている。ジョーンズという男が経営する広告会社は繁盛していたが、彼はアルコール依存症で、プレゼンの最中にもしょっちゅう寝込む。共同経営者たちは彼にお願いだから辞めてくれと泣きついた。もうこれ以上我慢できなくなったとき、共同経営者たちは通りの向かいに別の会社を興した——ジョーンズのクライアント何社かを引き連れてだ。ジョーンズはこれを謀略だと訴え、勝訴した。共同経営者たちは大損害を被り、結局会社を閉めた。

1981年、ニュージーランドのある広告会社は、スタッフ17人とアカウント9

多国籍企業のアカウントを持つと、広告会社も国際的な市場に進出することになる。わが社が世界中にネットワークを築くことになったのは、シェルのおかげだ。シェルのこの広告は、オグルヴィ・アンド・メイザーのフランクフルト支社のもの。

社を引き連れて社を去った業務執行取締役とクリエイティブ・ディレクターに対して訴訟を起こして勝訴した。心優しき読者の皆さん、どうかお気をつけて。

ツキに恵まれれば、どんどん大きくなるアカウントを手に入れることもある。1962年に私がアメリカン・エキスプレスをクライアントにしたときの広告費は100万ドルに過ぎなかった。それが今では7000万ドルだ。

広告会社の社員たちが社長に望むのは、ともかく新規ビジネスを獲得してほしいということだ。これが何年も実現できないと、社長はどんなアカウントでもいいから掴まえたくなるが、それはいけない。試練にあったパンアメリカン航空は、29年間も素晴らしい仕事をしてきたJ・ウォルター・トンプソンを見限り、カール・アリーに乗り換えた。7年後、業績が下がり続けると、今度はN・W・アイヤーに代えた。3年後にはドイル・デーン・バーンバックに。それから半年後にはウェルズ・リッチ・グリーンへ。しかしこんな移り気はごく稀だ。アメリカン・テレフォン・カンパニー、ゼネラル・モーターズ、エクソンは70年に渡って同じ広告会社を使っている。デュポン、ゼネラル・エレクトリック（GE）、P&G、スコット・ペーパーズは50年間広告会社を代えていない。

あなたの会社がマーケティングの世界でどう思われているかはぜひ知っておかなければならない。自分の耳を信じてはいけない。あなたの耳に届くのはいい評判だけだからだ。もし金銭的に余裕があるなら、リサーチ機関に頼んで公平に調査してもらうといい。調査結果で弱いところがわかれば、改めることもできる。だが、それには思ったより時間がかかるのを覚悟しておくこと。評判という奴は、常に現実より遅れてやってくる。

バラエティに富んだ業界のアカウントをずらりと揃えたければ、まるで違った種類の広告を作れるようでなければならない。パッケージ商品だけに調子が合った広告しか作れないようでは、企業広告からはお呼びはかからない。感情に訴えかけるような広告ばかり作るところに、電動工具メーカーがアカウントを任せようとは思わない。守備範囲が広いほど、得られるアカウントの幅も広がる。

そうなると、今度は幅広い才能を持ったスタッフも連れて来なければならない。広告会社はオーケストラのようなものだ。カトリックの合唱曲でもシンセサイザー曲でも同じように巧みに弾きこなせなければならないのだ。

大手広告会社 VS. 小さな広告会社

小さな広告会社が大きなアカウントを獲得するのは非常に難しい。小さな会社には、大きなアカウントの仕事に必要な現地支社、リサーチ、セールスプロモーション、ダイレクトメール、広報といった、広範囲の専門部門がない。クライアント側に匹敵する担当者グループを送り込むこともできない。大きなクライアントを失うのが不安なあまり、独自の判断ができなくなる。独自の判断こそ、広告会社がクライアントに提供できる最も重要な価値のひとつなのにだ。

しかしこれにはまた逆の面もあって、会社が大きくなればなるほど、お役所主義的になるという弊害もある。個人的リーダーシップがピラミッド型組織に取って代わられる。社長はもう、エレベーターの中で社員に会っても誰が誰やら見分けがつかない。オグルヴィ・アンド・メイザーも、もっと小さかった頃の方が快適な職場だった。だが大きなアカウントを扱おうと思えば、会社を大きくするしか方法はなかったのだ。

ともあれ、大きなアカウントよりも小さなアカウントの方が数は多いから、小

売る広告

さな広告会社が絶滅に瀕しているわけではない。限られた資源を駆使して、小さな広告会社は往々にして大手を凌ぐ仕事をしている。クリエイティビティは会社の大小には関係ない。小さいことはいいことだ、というのも可能だ。

医者の不養生

　自社広告を打たない広告会社が多いが、これはいったいどういうわけだろう。おそらくパートナーたちの間で意見がまとまらないのだ。「クリエイティビティ」面での評判を上げたいという者あり、マーケティングのスキルでクライアント候補をあっと言わせたいという者あり、新規ビジネスの糸口が大急ぎでほしいという者あり……。自社広告を書き始める前に、ともかく何が目的かを決めることだ。

　自社のためのキャンペーンには、おそらくダイレクトメールが一番効果的だろう。金をかき集めることができれば、広告スペースも買うといい。しかし一貫してやり続けるつもりでなければ始めてはいけない。ヤング・アンド・ルビカムはフォーチュン誌に毎号、40年間も広告を載せ続けている。

　放っておくと、コピーライターは他のコピーライターをあっと言わせてやろう

右　広告会社の多くは、自社広告を打たない。しかし、ヤング・アンド・ルビカムはフォーチュン誌に毎号、40年間も広告を載せ続けている。これはシリーズ中の5つ目で、広告会社の広告の中ではこれまで最高の出来だ。レイモンド・ルビカムがコピーを書き、ボーン・フラナリーがアート・ディレクターを務めた。
（広告訳：インパクト。ウェブスター辞典の定義：ひとつの物体が別の物体に、瞬間的に一度ぶつかること。ヤング・アンド・ルビカムの定義：広告を見る人の無関心な心をいきなりわしづかみにし、わくわくした気分でセールスメッセージを受け止めてもらうこと）

IMPACT

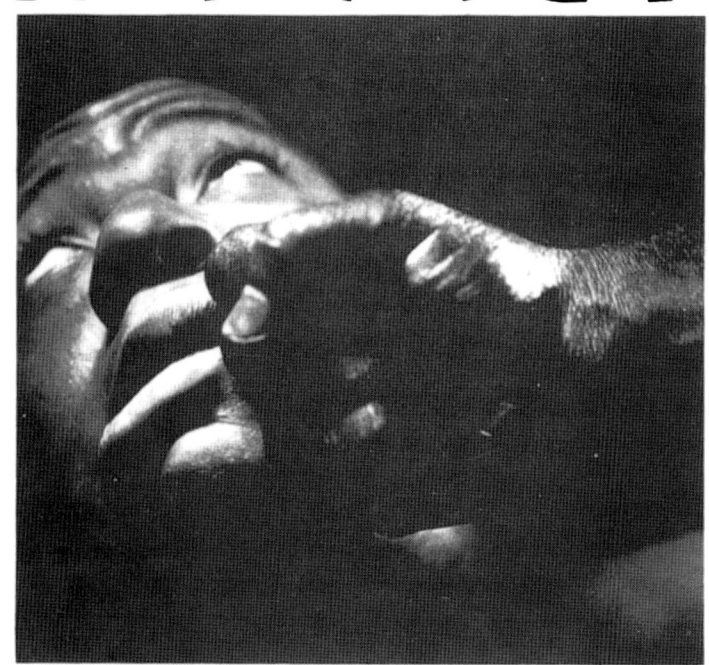

ACCORDING TO WEBSTER: The single instantaneous striking of a body in motion against another body.
ACCORDING TO YOUNG & RUBICAM: That quality in an advertisement which strikes suddenly against the reader's indifference and enlivens his mind to receive a sales message.

YOUNG & RUBICAM, INCORPORATED · ADVERTISING

NEW YORK · CHICAGO · DETROIT · SAN FRANCISCO · HOLLYWOOD · MONTREAL · TORONTO · MEXICO CITY · LONDON

とするし、アートディレクターは他のアートディレクターにすごいと言われるレイアウトをしたがる。しかし流行りのレイアウトや奇抜なコピーは、財務や製造やセールス畑から叩き上げで出世してきたクライアント候補には受けない。自社広告を書くコピーライターは、トップレベルの実業家並みの思考力がなければならない。それに辛抱強さも必要だ。私が初めてパートナーたちに自社広告を承認させるまでには、22年もかかった。

私の書いた自社広告の目的は、わが社が「広告についてより多くを知っている」というイメージを打ち出すことだった。知識があっても「クリエイティブ」かどうかはわからない。しかし、少なくとも独創的だった。他にこんな広告を打てる会社はひとつもなかった。そうするのに必要な知識がなかったのだ。私の広告は有益な情報を「約束する」だけでなく、有益な情報を「提供」したわけだ。多くの国々で効果を上げた。

しかし、油断禁物。あなたのクライアントもあなたの会社の広告を見る。ずば抜けたアイデアを生む天才だと吹聴すれば、じゃあどうしてわが社にそのずば抜けたアイデアとやらを出さないのかね、と言われかねない。

下　この自社広告でオグルヴィ・アンド・メイザーは、多岐に渡って専門的ノウハウがあることをクライアント候補に知らしめた。

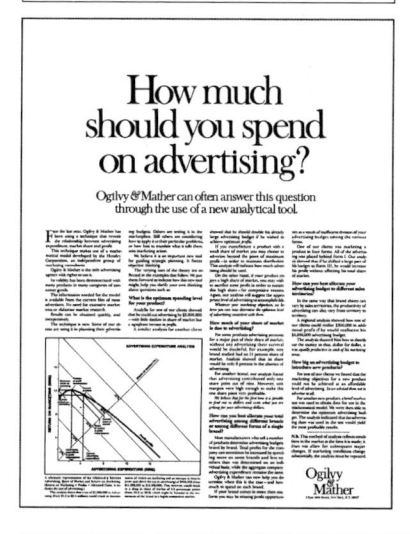

6 広告会社を探している
クライアントへの公開状

前略
　御社が新たに広告会社を探そうとお決めになったなら、簡単な方法をご提案させていただきたいと存じます。どうか御社の下っ端を委員会に仕立て上げ、広告会社を選ぼうとはなさいませんように。たいてい間違いをしでかします。ぜひともご自身でお選びになってください。
　まずは雑誌をぱらぱらめくってみてください。そして「うらやましい」と思う広告を切り取って、どの広告会社が作ったのか調べます。また、三夜に渡ってテレビを見続け、こんなのができたらいいなと思うCMをリストアップし、どの広告会社が作ったのかを調べます。
　さて、お手元には広告会社のリストができました。その中でどの広告会社が競合他社を扱っていて御社は使うことができないかをチェックします。ここまでくるとリストは短くなります。それぞれの社長とクリエイティブ・ディレクターに会い、あなたとの相性を確認します。幸せな結婚は実を結びますが、不幸な結婚では実りがありません。
　実務レベルの担当者たちとはお会いになりませんように。もしかしたらウマが合うと思われるかもしれませんが、だからと言って彼らの力量はわかりません。もしかしたら不愉快にお感じになるかもしれません。最も才能のある人間は得てしてそうなのです。かつてわが社のあるクライアント候補が、わが社の非常に優秀なコピーライターが長髪だったというだけの理由で、オグルヴィ・アンド・メイザーを使うせっかくのチャンスをフイにしました。
　広告会社それぞれに、これまで作った中で最も優れた印刷媒体広告とテレビCMを6点ずつ見たいと言いましょう。あなたが一番心を惹かれるキャンペーンを作った会社を選ぶことです。
　広告会社の料金を尋ねます。もし15パーセントだと言われたら、ぜひ16パーセント払うと言ってください。たった1パーセント高いとしても御社はビクともしませんが、広告会社にとっては通常の利益を倍増させることになり、御社へのサービスはぐっと向上します。どうなさるとしても、決して広告会社の手数料を値切ってはいけません。ある大企業は、広告会社との取引条件交渉をするのに、購買部と話し合えと言って聞きませんでした。まるでオフィス家具の売買でもす

6章　広告会社を探しているクライアントへの公開状

> FOR THE PEOPLE OF CANADA
> ON THE CENTENARY OF CANADA'S NATIONHOOD
> FROM THE PEOPLE OF
> THE UNITED STATES OF AMERICA
>
> "THE GREAT RING OF CANADA," a gift from the people of the United States to the people of Canada, was unveiled at Montreal on May 25, 1967, by the President of the United States.
> It symbolizes Canada: ten Provinces, two Territories together forming one great Nation.
> Designed by Donald Pollard in collaboration with Alexander Seidel, the piece stands 40 inches high—28 inches in diameter.
> The great ring is formed of twelve emerald-cut crystal plaques. They are engraved with the coats of arms and official flowers of the ten Provinces and two Territories of Canada.
> The smaller ring of clear, cut crystal holds four plaques engraved with the Arms of Canada and the formal Maple Leaf of the Canadian flag. Around the smaller ring itself is Canada's motto: "A MARI USQUE AD MARE"—from sea to sea, taken from Psalm 72:8.
> The rhodium-plated steel base is inscribed with the dedication: "for the people of Canada on the centenary of Canada's nationhood from the people of the United States of America."
> Designed and made by Steuben Glass.
>
> **STEUBEN GLASS**

犬を飼っているのに自分で吠えてはいけない。アーサー・ホートンがスデューベンの広告を依頼してきたとき、彼がこう言った。「われわれは世界一のガラスを作る。あなたには世界一の広告を作ってもらいたい」。実に見事な分業制ではないか。

「どんな愚か者でも
ダメな広告は書けますが、
天才でもなければ
よい広告に手を入れずにおくことは
難しいものです」

るかのように。弁護士や会計士との取引ならばこんなことはないはずです。

ぜひとも5年契約を結びましょう。広告会社は喜び、もし御社の競合他社がより大きな予算をちらつかせて彼らを引き抜こうとしても、御社のアカウントを手放したりはしないという保険になるはずです。

* * * * *

さあ、これで広告会社は決まりました。では、彼らの力量を最大限に引き出すにはどうすればいいでしょう？　クライアントが手に入れるのは自らに相応しい広告です。呪わしいようなクライアントもあれば、素晴らしいひらめきを与えてくれるクライアントもあります。

犬を飼っているのに自分で吠えるようなことをしてはいけません。どんな愚か者でもダメな広告は書けますが、天才でもなければよい広告に手を入れずにおくことは難しいものです。今しがたシアーズ・ローバックの会長のチャーリー・ケルスタッドに新しいキャンペーンを見せてきたばかりですが、そこへ経理担当重役がやって来て、私の書いたコピーを見るとポケットから万年筆を取り出しました。しかしケルスタッドはぴしゃりと言いました。「そのペンをしまいたまえ」。

年に一度は広告会社に御社の公式な業績報告書を送りましょう。こうすることによって、もし見過ごしてしまえば関係者の誰もが悲劇に終わるトラブルを、早い段階で見つけることができます。

世界最大の企業のひとつに、広告を5段階でチェックしてメチャクチャにいじくり回してしまう会社があります。それぞれのレベルに拒否権がありますが、最終的にゴーサインを出せるのはCEOだけです。広告会社の作ったものをチェックするのはせいぜい2段階までにしましょう。

67

売る広告

どんなに優秀なコピーライターでも、異常なほど気難しいものです。彼らの仕事を却下しなければならないときは、どうかやんわりとお願いします。よい仕事をしたときには、天にも昇るほど褒めてやってください。彼らは金の卵を産む鶏なのです。卵を産み続けるよう励まし、やる気を与えましょう。私がこれまで仕事をした中で、もっともやる気をかき立ててくれたクライアントは、プエルトリコ政府の経済長官、テッド・モスコーソです。わが社を広告会社として指名したその日、彼は私にこう言いました。「広告を始める前に、プエルトリコにいったいどうなって欲しいのかを決めなければならない。ラテンアメリカとアメリカ合衆国をつなぐ架け橋か？ 古きよきスペイン文化が息づくオアシスか？ 現代的な工業団地か？」。われわれは夜を徹して話し合いました。後になって、たとえばサンフアンで音楽フェスティバルを始めるというように、私が何か彼の想像力

これは、プエルトリコのためのシリーズ広告のひとつ。このキャンペーンを始めたのは、私のやる気を誰よりもかき立ててくれるクライアント、プエルトリコ政府のテッド・モスコーソだ。

を刺激することを言うたびに、彼は小さな手帳にそれをメモしました。そしてそれはその後常に実行されました。テッドの上役だったムニョス・マリン知事は、アメリカ大統領になっても十分成功したでしょう。彼らの党が選挙で敗北を喫したとき、共和党政府はわが社を見限り、選挙キャンペーンを仕切った広告会社に広告を任せました。私の生涯で、あれほど悔し涙に暮れたことはありません。

競合について

広告会社は、一業種から一社しか扱ってはならないという暗黙のルールがあります。たとえばわが社がブロッグスの靴クリームの広告を担当していれば、モッグスの靴クリームの広告は引き受けられない。このルールを破ると、烈火の如き嫉妬にかられ、広告会社をお払い箱にするクライアントもあります。

そんなことは単純だとお思いになるでしょうが、実はそこら中に地雷が埋まっています。たとえば靴クリームのアカウントを持っていた場合、別のクライアントが靴クリームのビジネスに進出することになったら、どうすればいいのでしょう？ あるいはわが社のウィーン支社が靴クリームのアカウントを任されていて、クアラルンプール支社が別の靴クリーム会社の広告の打診を受けたとしたら、どうすべきでしょう？

クライアントによっては競合の定義を拡大解釈し、自社の売上を「間接的に」でも減らす可能性のあるものまで含めるところもあります。たとえばわが社が靴クリームの広告をしていて、サンダル、それも靴クリームのいらない木製のサンダルのアカウントを打診されたらどうでしょう？ こうした競合問題に、広告会社は頭を抱えてしまいます。マッキンゼーのマーヴィン・バウワーはこう言っています。

「情報漏洩を避けるために、企業が自社のアカウントを担当する広告会社に競合他社の広告を請負うことを禁じるポリシーを堅持するとしても、その根拠は決して盤石とは言い難い。現実問題として、競合する二社のアカウント担当者が、互いの情報をほぼ完璧に交換したとしても、どちらのクライアントの利益も阻害されることにはならないだろう。もちろん、私事に立ち入る責任あるサービス会社がそんなことをするはずはない。それどころか、たとえ偶然にであっても、互いの情報が漏れないようにありとあらゆる努力をしている。それでもなお、長年に渡って極秘情報が耳に入る立場にいた者として言わせてもらえば、たとえ直接競合する間柄でも、個々の企業の歴史、体質、ビジネスのやり方、社員の姿勢、経営理念、流儀は通常あまりにも違いすぎるので、情報交換があったところでどちらにも何の害も及ぼすことはないはずだ」

私なら、自社の広告を担当する広告会社が競合他社を引き受けたとしても、クビにするのはためらうでしょう。別の広告会社に移ったとしたら、今までのようなよい広告は作ってもらえないかもしれないのです。プライドを保つという贅沢は、高くつきかねません。

デイヴィッド・オグルヴィ

追伸　もし御社のアカウントがあまりに小さくてよい広告会社は鼻も引っかけないということであれば、引退した経験豊富なコピーライターを雇いましょう。彼は喜々として昔の仕事に戻り、ありがたく報酬を受け取るでしょう。

7 印刷媒体広告で成功する方法

「神は細部に宿る」

　広告会社の人間は、新聞や雑誌の広告を作るよりも、テレビCMを作る方がはるかに面白いと思っている。映像プロデューサーは、たとえささやかな才能しか持ち合わせていなくても凄腕であるかのように見せかけることができる。冬にはゴージャスなリゾート地にロケに行く。かたや印刷媒体担当の同僚は、一人ぼっちで寒々と居残りだ。

　この間読んだ記事では、食品会社の上級役員がこんな魂の叫びを漏らしていた。

　「テレビがあまりに強力なメディアなので、今や見苦しくない程度の食品の広告を印刷媒体で作るコツを知っているベテランを見つけるのに、あちこちの広告会社をしらみつぶしに探しまわらなければならない。そういうベテランでもなければ、食品広告というもののイロハも知らないまま、最初の一歩からもう一度発明しようとする。それではいったいどこへ行き着くかわかったものではない。

　こんなバカなことはない。女性の目を惹きつけ、メッセージがすっかり彼女の腑に落ちるまで掴んで離さない広告を作るための絶対確実な公式はすでにちゃんとあるのだ。この公式さえわかっていれば、ただのブランド・マネジャー補佐でさえも、効果のある食品広告を作る材料をかき集めることができる。信じ難いかもしれないが、名人が作った広告なら、女性たちはそれを切り取ってキッチンの引き出しにしまい込む。このことを広告会社に言ってやってほしい。奴らは食品広告の基礎など聞いたこともないのだ。公式を教えて、奴らの貧弱なクリエイティブ魂をしなびさせてやってもらいたい」

　印刷媒体でのノウハウ不足は、たばこ会社などテレビでCMを流すことを禁じられている業者にとっては死活問題である。しかしまた、労を惜しまずそうしたノウハウを身につけようというコピーライターやアート・ディレクターにはまたとないチャンスを与えてくれる。

　本章では、私自身が印刷媒体について学んできたことを紹介しよう。それには、前にもどこかに書いたことを繰り返さないわけにはいかない。そうした知識は今も十分に効果的なのだ。さまざまなヘッドライン、図版、レイアウト、コピーなどに対する消費者の反応がいかに一貫して変わることがないかを知るたびに、私は驚き続けている。これは時代が変わっても、国が変わっても不変なのだ。

　私が身につけた知識の源は、ギャラップ・アンド・ロビンソンで手がけた要因分析やダイレクト・レスポンス・テストの結果、それから自分で観察したことである。

7章　印刷媒体広告で成功する方法

ヘッドライン

　ヘッドラインを読む人は、ボディ・コピーを読む人の平均5倍。つまり、ヘッドラインだけである程度の売り込みをしなければ、90パーセントの金を無駄にしてしまうということだ。

　最も効果的なヘッドラインは、たとえば、より白く洗い上がるとか、1ガロンあたりの走行距離が上がるとか、ニキビが治るとか、虫歯になりにくいというように、読者の利益に訴えるものだ。雑誌をめくってみて、どんな種類でもいいから利益を約束するヘッドラインのある広告を数えてみてほしい。

　ニュース性のあるヘッドラインは常に効果的だ。ニュースは、たとえば新商品の告知でもいいし、従来品が改良されたということでもいい。あるいは、キャンベル・スープをオンザロックで飲むというような、従来品の新しい使い方でも構わない。ニュース性のある広告は、ニュースのない広告に比べて平均22パーセント多くの人の記憶に残る。

　幸いにも語るべきニュースが見つかったら、それをボディ・コピーの中に埋没させてはいけない。10人中9人は読まないからだ。ニュースはヘッドラインに

ニュース性のある広告は平均22パーセント多くの人の記憶に残る。新商品の告知である必要はない。この広告のように、従来品の新しい使い方でもかまわない。

売る広告

Darling, I'm having the most extraordinary experience...

I'm head over heels in DOVE!

No, darling—DOVE. D—like in *delicious*.

I told you, sweet. I'm in the tub. Taking a bath. A DOVE bath—my very first.

And what a positively gorgeous time I'm having! It's just as if I'd never *really* bathed before!

No, dear, it isn't a *soap*. Soap was never like this! So wickedly *creamy*. That man on TV said that DOVE is one-quarter cleansing cream—that it *creams* my skin while I bathe—and now I really *believe* him.

Why, DOVE even *smells* creamy. Such a lovely, lush, *expensive* smell.

Remember "The Great Ziegfeld," dear? How Anna Held bathed in milk? And Cleopatra—one hundred mares or something *milked* every day for her bath?

Well, darling, I'm all over *cream*. Just imagine, cream tip to toe. Arms. Legs. *All* of me!

And *clean!* Simply *smothered* in suds. Oodles of suds! Oceans of. I don't know what I ever did to *deserve* DOVE!

And you know how soap leaves your skin so *dry?* That nasty stretched feeling? Well, DOVE makes me feel all velvet and silk, all *soft and smooth*. Just the most pampered, most spoiled, *girliest* girl in the world.

Darling, I'm *purring*.

And did I tell you DOVE is sort of *me*-shaped? That it's curved to fit my hand, so it doesn't keep slithering away in the tub? Soap is soap, but a bath with DOVE is *heaven!*

And just think, darling—tomorrow night, I can do it again.

NOTE TO EAVESDROPPERS

You can buy the remarkable new bath and toilet bar called DOVE today. DOVE is a completely new formula. DOVE makes rich lather in hardest water. DOVE leaves *no* bathtub ring. Lever Brothers guarantee that DOVE is better for *your* face, *your* hands, all of *you*, than regular toilet soap. If you don't agree, we'll return every penny you paid.

DOVE creams your skin while you bathe

左　この広告に私は「ダーリン」という言葉を使った。心理学者が何百という言葉をテストしたところ、「ダーリン」という言葉の感情的インパクトが一番強いことがわかったからだ。お風呂で電話を使うのが危険だとは知らなかった。

「10語のヘッドラインを使うと、それより短いヘッドラインよりも商品がよく売れる」

大きくはっきりと示すこと。それから、「驚くべき」「紹介」「今」「突然」というような、確実に効果があることがわかっている言葉をバカにしてはいけない。

　友だちを作るには、とか、人に影響を与えるには、というような、読む人の役に立つ情報があるヘッドラインは、平均以上に読者の関心を惹く。

　ヘッドラインには商品名を織り込むこと。商品名がないと、80パーセントの読者（つまりボディ・コピーを読まない人）には何の広告かわからない。

　もし限られた少数の人だけが買う商品の広告をするなら、「ぜんそく」「夜尿症」「35歳以上の女性」というように、ヘッドラインの中にその言葉を織り込み、そういう人たちの注目を喚起する。

　スターチのリサーチによれば、ヘッドラインが10語以上になると、それより短いヘッドラインよりも読まれる率が下がるという結果が出た。一方、小売り広告の調査では、10語のヘッドラインを使うと、それより短いヘッドラインよりも商品がよく売れるとの結果も出ている。結論。もしヘッドラインを長くする「必

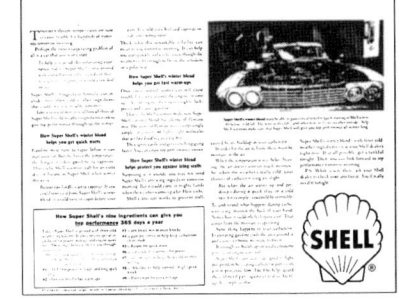

上　地方紙に掲載する場合、ヘッドラインにその街の名前を入れるとより効果が上がる。人は「自分の住んでいるところ」で何が起きているかに、何よりも関心がある。

右　平均的には、長いヘッドラインは短いものよりも商品を売る力がある。このたった一語のヘッドラインは、その法則の例外だ。

売る広告

上 一般的なことよりも、具体性を持たせた方が信憑性がある。だから私は「シアーズの利益は5パーセント以下です」と具体的に書いた。

次ページ 役に立つ情報は、商品のことだけを書いたコピーよりも、平均75パーセント多くの人に読まれる。この広告は、リンソがいかにシミを取るかを書いたものだ。洗剤の広告として、リサーチが始まって以来最も多くの人に読まれ、記憶されたが、実は「戦略から外れていた」のでそもそも世に出すべきではなかったかもしれない。「リンソを使えばより白く」という決まり文句の効能を言っていないからだ。この写真にはさまざまな種類のシミが写っている。血は私のだ。クライアントのために文字通り「血を流した」コピーライターは私だけだ。

要がある」のなら、かまわず長くする。短くしたいならそれもまたよし。かの有名な「Lemon（欠陥車）」というヘッドラインは、アメリカでフォルクスワーゲンが成功を収めるのに大いに貢献した。

一般的なことを書くよりも、具体性を持たせた方が効果が上がる。リサーチしてみると、平均的な買い物客は、シアーズ・ローバックが売上の37パーセントを自分の利益にしていると思っているということがわかった。そこで私はヘッドラインに「シアーズの利益は5パーセントです」と書いた。こんな風に具体的にすると、「シアーズの利益率はあなたが思っているよりも低い」と言うような曖昧な言い方をするよりも、よほど説得力がある。

ヘッドラインを引用符でくくると、思い出してもらえる率が平均28パーセント高まる。

地方紙に掲載する場合、ヘッドラインにその街の名前を入れるとより効果が上がる。人が何よりも興味を持つのは「自分の住んでいるところ」で起きていることだ。

心理学者がスクリーンに何百もの言葉をフラッシュさせ、それを見たときの感情反応を電気機器を使って測定した。高い値を出したのが「ダーリン」という言葉だった。そこでこれをダブのヘッドラインに使った。

コピーライターによっては、言葉に二重の意味を持たせたり、語呂合わせや難解な表現を使った「巧妙な」ヘッドラインを書く人もいる。だがこれは逆効果だ。普通の新聞では、あなたのヘッドラインは350もの他のヘッドラインと競い合わなければならない。読者は広告のジャングルをものすごい勢いで駆け抜ける。ヘッドラインは言いたいことをピシッと短く的確に述べなければならない。

「何がなんだかわからない」ヘッドラインもある。商品が何かも、何をするものかも書かれていない。こういうヘッドラインは平均より20パーセントも思い出してもらえる率が低い。

7章　印刷媒体広告で成功する方法

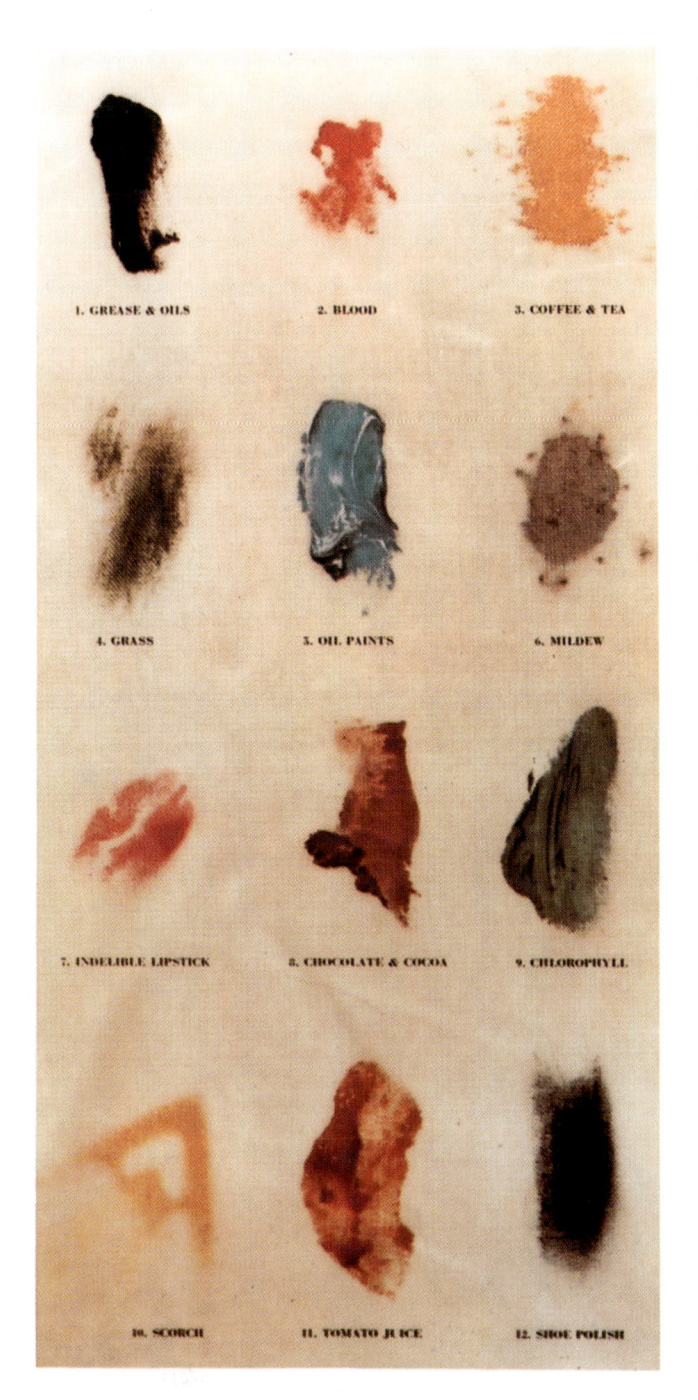

How to take out
STAINS

USE RINSO AND FOLLOW THESE EASY DIRECTIONS

If you have ever used Rinso in your washer, you've probably noticed that it gets clothes exceptionally *white*. This is due to the SOLIUM in Rinso.

What many women *don't* know is that Rinso also works like a charm on most common *stains* — if you know how to go about it. Here are some simple, tested hints from the scientists at Lever Brothers Company. Be *sure* fabric is colorfast and washable before following these directions.

1. GREASE & OIL. Use warm Rinso suds. Put plenty of Rinso on stained part, rub between hands.

2. BLOOD. Soak in cold water until stains turn light brown, then wash in warm Rinso suds.

3. COFFEE & TEA. To remove fresh stains, pour boiling water on stain from 2- or 3-foot height, then wash in warm Rinso suds. If any stain remains, dry in sun or use bleach. Do not bleach silk or wool.

4. GRASS. Use hot water and Rinso, rubbing well. If stains remain, use bleach. Once again, do not bleach silk or wool.

5. OIL PAINT, VARNISH, ENAMEL. Remove fresh stains from washable materials by washing with plenty of Rinso suds. If stain has dried, soften it first by rubbing in Spry, lard or vaseline.

6. MILDEW. Rinso suds will remove very fresh mildew stains from washable materials. Drying in sun helps bleach spots. If stain remains, use bleach except on silk or wool.

7. INDELIBLE LIPSTICK. Work vaseline or lard into stain. Then sponge with cleaning fluid. Remove any ring which may remain by laundering in Rinso suds. On rayon and colored materials, use 1 part alcohol to 2 parts water. Then launder with Rinso.

8. CHOCOLATE & COCOA. First scrape off excess with dull knife, then launder in warm Rinso suds.

9. CHLOROPHYLL. Wash with warm Rinso suds. If stain remains, use bleach except on silk or wool.

10. SCORCH. Use Rinso suds to remove slight stains from washable materials. Dry in the sun a day or two.

11. TOMATO JUICE, CATSUP. Sponge thoroughly with cold water, then work glycerine into stain, let stand half hour. Then wash in Rinso suds.

12. SHOE POLISH. Sponge thoroughly with plenty of Rinso suds.

SAVE 20%

You usually pay about 20% less for Rinso than for detergents because it now costs Lever Brothers less to make Rinso. This saving goes to you. Rinso is guaranteed. of course. To obtain free reprints of this page, write Lever Brothers Company, P.O. Box 44, New York 46, N.Y.

売る広告

　ヘッドラインこそが、他の何よりも広告の成否を決めるのだから、ヘッドラインのない広告を出すなどは馬鹿の極みである。まるで「頭を切り落とされて歩いている化け物」だ。
　ヘッドラインの書き方についてもっと詳しく知りたいなら、ジョン・ケープルズの『ザ・コピーライティング』を一読することをお勧めする。

私のお気に入りのヘッドライン
　ハゲ治療用羊毛脂のヘッドライン：ハゲ頭の羊を見たことがありますか？
　痔の治療薬のヘッドライン：1ドル払って痔を治しますか？　1ドルを惜しんで痔主でいますか？

図版
　1枚の写真は千語の言葉を尽くすのと同じ値打ちがあると言う。マルボロのカウボーイの写真、あるいはエリオット・アーウィットが撮ったプエルトリコやフランスの広告写真がいい例だ。
　以下に図版を最大に活かす15の方法を挙げてみよう。
　①図版のテーマを何にするかは極めて重要だ。たとえ腕っこきのカメラマンがいたところで、卓越したアイデアがなければどうしようもない。
　②一番効果的なのは、見る人の好奇心をかき立てる図版だ。人が写真を見て「えっ、何だこれは？」と思う。そしてコピーを読んでなるほどと思うというわ

下　ヘッドラインは「そこにはいないその人を、そのとき誰もが讃えた──胸がしめつけられるような瞬間、プエルトリコ、昨年のカザルス・フェスティバルでの出来事」

Tribute to the man who wasn't there — a poignant moment at last year's Festival Casals in Puerto Rico

PABLO CASALS was ill. His place in center-stage was empty. And somehow you couldn't forget it.
　The festival ended the way that it should. The final performance was given by the absent Casals. It was his recording of an old Catalan ballad—*the Song of the Birds*. The ovation was thunderous.
　Casals has said, "Each day I am reborn. Each day I must begin again." Such is the simple courage that has restored the Master to his music. Once again he is ready to take his place among a distinguished group of musicians—for the *second* Festival Casals in San Juan. This 1958 festival will run from April 22 through May 8. The program will feature works by Mozart, Beethoven and Brahms. Principal performers will include Victoria de los Angeles, Mieczyslaw Horszowski, Eugene Istomin, Jesús María Sanromá, Alexander Schneider, Rudolf Serkin, Isaac Stern, Walter Trampler—and the Budapest String Quartet.
　Who can doubt that this year's festival will be even more brilliant than the last?
　The great man himself will be there.

For details, write Festival Casals, P. O. Box 2672, San Juan, Puerto Rico, or to 666 Fifth Avenue, New York. Announcement by the Commonwealth of Puerto Rico, 666 Fifth Avenue, New York 19.

7章　印刷媒体広告で成功する方法

上と右　かつてコックだった私（上）は、主婦層もこのリンソの写真（右）に興味を持つと考えた。だが間違いだった。

けだ。ハロルド・ランドルフはこんな不思議要素を「ストーリー・アピール」と呼び、写真にこの要素を入れれば入れるほど、多くの人が広告を見ることを実践して見せた。

③語るべきストーリーがないなら、商品のパッケージを図版の主題にすると効果が上がることも多い。

④商品を使った「結果」を図版で示すのも効果的だ。人は使用前、使用後の写真に心惹かれるらしい。販売結果がわかっている70のキャンペーンをギャラップが調査したところ、使用前、使用後を取り入れたキャンペーンの中で販売成績を上げなかったものはひとつもなかった。

⑤私がマディソン・アベニューで仕事を始めた頃は、広告のほとんどに手書きのイラストが使われていた。その後、写真を使ったほうがより多くの人を惹きつけ、信憑性が増し、さらに記憶に残る率も高いことがわかった。私が「イギリスへいらっしゃい」という広告を引き継いだとき、前の広告会社が使っていたイラストの代わりに写真を使ったところ、見てくれる人の数も、イギ

売る広告

Un nouveau parfum est né

上　語るべきストーリーがないなら、商品のパッケージをイラストの主題にすること。この写真はアーヴィン・ペンが、パリのFCBインパクトのフィリップ・サールバーグのために撮ったもの。

リスへの観光客も3倍になった。ダイレクト・レスポンスのクライアントは、写真の方がイラストよりもクーポンの取得率が高く、またデパートでもより商品が売れることに気づいた。しかし、新聞によっては写真の画質があまりに悪く、イラストを使ったほうがまだしも実物に近いということもある。トム・マッキャンの靴の広告では、写真よりもスクラッチボードのイラストの方がセールスに効果があることがわかった。

⑥印刷媒体広告でも、テレビCMですでに知られたキャラクターを使うと、はるかに記憶に残りやすい。

⑦イラストはできるだけシンプルに、1人の人間だけに興味を集中させるようにすること。群衆は人の関心を引かない。

⑧人の顔を実寸以上に拡大しないこと。拒否感を催させるらしい。

⑨歴史的なテーマはたいていの人にとって退屈だ。

⑩自分がそのテーマに興味があるからといって、消費者も興味を持つとはかぎらない。私は以前コックだったので、誰もがコックに興味があると思っていた――コックを広告に使うまでは。その広告のターゲット・オーディエンスである主婦層からの反応は惨めなものだった。キャンベルスープにいる友人も、主婦はコックには興味を持たないことがわかったと教えてくれた。

⑪昔、私のきょうだいのフランシスが、ロンドンのデイリー・ミラー紙にいるロンドンっ子エディターに、お宅の読者に一番受けるのはどんな写真かと尋ねた。エディターの答えは「べらぼうにかわいい赤ん坊や動物、それから色っぽい絵だね」。これは今も真実だ。

7章　印刷媒体広告で成功する方法

上　オグルヴィ・アンド・メイザーのミラノ支社が作ったこの広告のように、人は使用前、使用後の写真に心惹かれる。左側の植物はベイソルを使っていないもの、右側はペイソルを使ったものだ。

右　アイパッチがストーリー・アピールに魔法の要素を加えている。モデルはランゲル男爵だが、カメラの前で体を揺らす癖があったので、撮影のときには鉄パイプにくくりつけなければならなかった。

⑫ギャラップ博士の下で働いていた当時気づいたのだが、映画ファンは異性の俳優よりも同性の俳優に対してより関心を持つ傾向がある。ファンは映画スターに「自己投影」したいのだ。同じことが広告にも言える。女性の写真を使った広告は、男性の関心を惹かない。

⑬カラー広告はモノクロよりもコストは50パーセント増だが、より記憶に残ることは確実だ。それだけのコストをかけても安いものだ。

⑭この詩をここでどうしても引用したい。イラストについて貴重なアドバイスをくれるものだ。

「クライアントが不平を言い、ため息を漏らすときは
会社のロゴを2倍のサイズにすべし
それでもまだ手に負えないなら
工場の写真を出すべし
これ以上打つ手がないときにだけ

クライアントの顔を使うべし」
⑮料理に使う商品の広告では、素材そのものよりも、できあがった料理の写真の方が多くの人目を惹く。

要注意事項

以前パートナーだったダグラス・ハインズが、広告の図版は誤解されやすいことを証明した。予備実験で、たばこの広告に豪華なホテルのロビーの写真を使ったところ、ある女性はそれがガン病棟だと思ったのだ。

ボディ・コピー

「ボディ・コピーなんか誰も読まない」。本当だろうか？ これは次の２つ次第だ。ひとつは、広告される商品にどのくらい大勢の人が興味を持っているか。たとえば多くの女性は食品のコピーは読むが、たばこの広告はほとんど読まない。もうひとつは、どのくらいの人が図版やヘッドラインによってあなたの広告に引き込まれるかだ。

雑誌広告の場合、ボディ・コピーを読むのは平均して５パーセント程度だ。たいした人数ではないと思われるだろうが、たとえばリーダーズ・ダイジェスト誌の購読者数の５パーセントと言えば、合計150万人にのぼる。

といっても、読者をまるでスタジアムに集まった観客のように見なしてはいけない。彼らは「ひとりで」あなたのコピーを読むのだ。あなたはクライアントになり代わって、読者一人ひとりに手紙を書くつもりで書くこと。ひとりの人間として、もうひとりの人間に対して、二人称単数で書くのだ。

ヴィクトリア女王は、まるで集会で演説するかのように自分に話しかけるグラッドストーン首相にはご不満で、同じひとりの人間として話しかけてくれるディズレーリ首相がお好きだった。コピーを書くときは、ディズレーリ首相に倣おう。

これは考えるほど簡単ではない。コピーライターだったこともある作家、オルダス・ハックスリーはこう言っている。「効果的な広告を１本書くよりも、まあまあのソネットを10編書く方がまだ易しい」

「人を退屈させておいて、モノを買わせることはできない」

人を退屈させておいて、モノを買わせることはできない。興味を持ってもらって初めて買ってもらうことができる。

ひとつの文章は短く、パラグラフも短く、難解な言葉は使わない。「ダブのおかげでこれまでの石けんは『陳腐に』なってしまいました」という広告を書いたことがあるが、大半の主婦は「陳腐」という言葉の意味を知らないことがわかり、「時代遅れ」と書き変えなければならなかった。ハサウェイのコピーに「言語に絶する」という言葉を使ったときには、記者が電話をかけてきて、これはいったいどういう意味かと訊いた。実は私自身もさっぱりわからなかった。最近では電話の横に辞書を置いておくようにしている。

コピーライターたちがどうしても難解な言葉を使いたいと言い張るとき、私はこう言う。「バスに乗ってアイオワに行き、そこの農場に１週間泊まって、農家の人たちと喋ろ。それから汽車でニューヨークに戻り、普通客車の他の乗客たちと話せ。それでもまだその難解な言葉を使いたければ、好きにしろ」

コピーは、作者不明のこの詩のように、ごく普通の人が日々喋っている言葉で書かなければならない。

「カーネーションミルクはアメリカ一だ

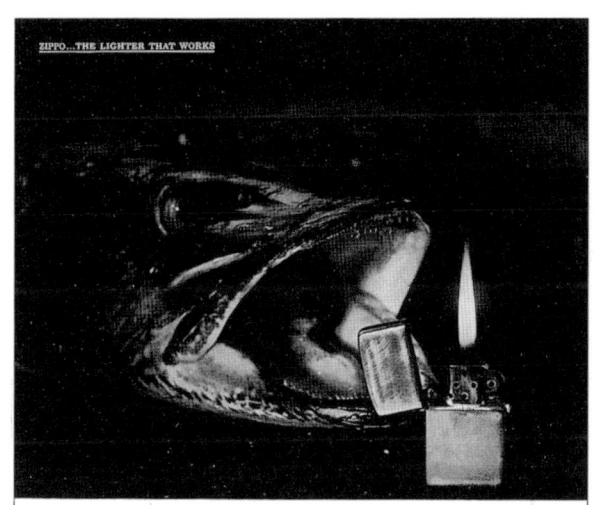

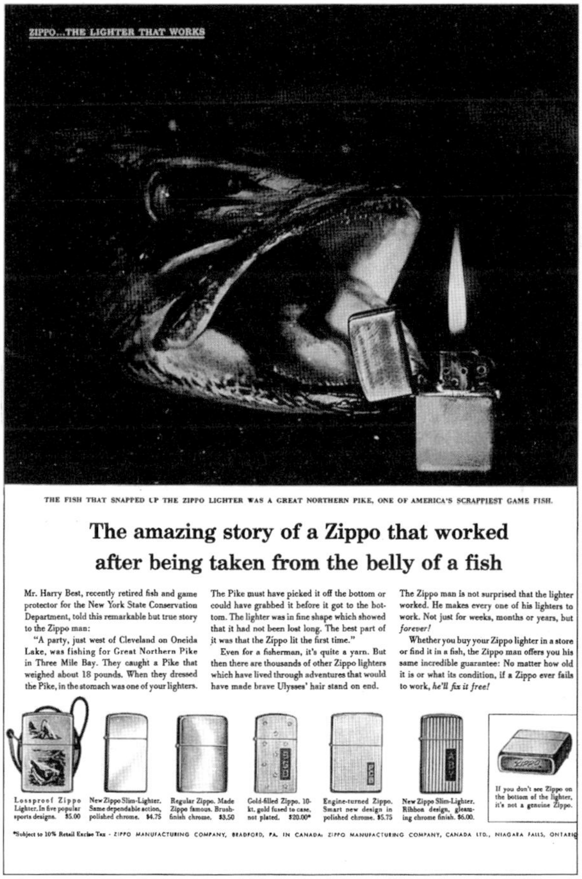

上 記事風のレイアウト、そして物語形式であることに注目。どちらもプラス要素だ。この広告は「もし火がつかなかったら、タダで修理します」と約束した。すると毎朝、何百というボロボロに壊れたジッポライターが郵便で送られてきた。そしてひとつ残らず、その日のうちに完璧に修理して返却された。もちろんタダで。

右上 アメリカ音楽学校のために、ジョン・ケープルズが書いたこの有名なダイレクト・メール広告は、ストーリー・アピールを最も効果的に使っている。

この缶持ってそこらへ座ろ
乳搾りいらね、干し草も刈らね
ぷしゅっと穴開けりゃ　ほれ、ぴゅっと出るぞ」

エッセイを書こうとしてはならない。その商品が読者にとって何をするかを、具体的に述べること。

コピーを物語形式で書いてみよう。たとえばこんなヘッドラインの広告のようにだ。「ジッポのすごい話。魚の腹の中から出てきた後もまだ火が点いた」。最も有名な広告のひとつに、ジョン・ケープルズが国際通信学校の広告で書いたものがある。こんなヘッドラインだ。「私がピアノの前に座るとみんなが笑った──でも、私が弾き始めると……」

比喩は使わない方が無難だ。ギャラップの調査によれば、比喩は誤解されることが多いからだ。美顔クリームのコピーで「植物に水が必要なように、あなたのお肌にも潤いが必要です」と言ったところで、読んだ人はその２つを結びつけることができない。レンブラントの絵を見せて「このレンブラントの肖像は傑作です。そしてこの商品も」と言おうものなら、読んだ人は、ああレンブラントの広告か、と思ってしまう。

「この商品は世界一」などという誇張はしないこと。ギャラップはこういうものを「誇大広告」と呼んだ。こんなことを言っても誰も納得しない。

コピーに誰かの推薦を入れると信憑性が高まる。どこの誰とも知れないコピー

売る広告

ライターが絶賛するよりも、同じ消費者のうちの誰かがよいと推薦する方が、読む人は納得する。史上最高のコピーライターのひとり、ジェームズ・ウェブ・ヤングは言う。「どんなタイプのクライアントも悩みは同じ。それは、どうすれば信じてもらえるかということに尽きる。通販業者は、これを解決するのに推薦文以上に強力な武器はないということを知っている。だが、普通のクライアントはこの手をほとんど使っていない」

ときには広告全体を推薦文の形にするのもいい。車のオースティンの広告を初めて書いたときには、オースティンに乗って節約し、息子をボストンの名門グロトン校に入れた匿名の外交官からの手紙という形にした。スノッブと倹約の上手いバランスを狙ったわけだ。残念なことに、この匿名の外交官というのは私自身ではないかと察した勘のいい「タイム」の編集者が、グロトン校の校長に取材を申し込んでしまったので、うちの息子は別の学校に入れざるを得なかった。

有名人の推薦文があると、思い出してもらえる率は高いが、見た人は有名人だけを覚えていて、何の広告だったか忘れてしまうので、私は使わなくなった。それに、有名人はお金をもらって仕事として推薦しているだけだと思われてしまう。しかも普通はその通りなのだ。一方で、専門家のお墨つきは説得力がある——たとえば元泥棒が、チャブの金庫だけはどうしても破ることができなかった、と

下　このスイスの広告は、きれいだが何も伝えていない。もし調理前の食材ではなく完成した料理を載せていれば、多くの主婦が惹きつけられたはずだし、ヘッドラインがあればもっと読みやすかったはずだ。また、曖昧な一般論を示す代わりに、何か具体的なことが書かれていれば、もっと説得力があっただろう。

次ページ上　このオースティンの車の広告のように、広告全体を推薦文のように構成してもよい。匿名の外交官というのが私自身であることがグロトン校の校長にばれ、うちの息子は別の学校に入れざるを得なかった。

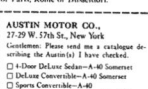

7章　印刷媒体広告で成功する方法

いうような推薦は利く。

　たいていのコピーライターは、値下げや特価セールなど退屈だと思っているが、消費者にとってはそんなことはない。値下げや特価セールを使うと、平均以上に人の記憶に残る。

　どんなときも広告に商品価格を入れるように心がけよう。宝飾店のウィンドウにネックレスが飾られているのを見ても、もし値札がついていなければ買おうとは思わない。わざわざ店に入って行って聞くだけの度胸もない。広告でも同じことだ。価格が記載されていなければ、ページをめくられてしまう。ハサウェイの社長だったエラートン・ジェッテが引退して画商になったとき、美術業界のしきたりを破って、絵の広告に売値を掲載した。しかし残念ながらメーカーはこの手は滅多に使えない。小売業者に決まった値段を押しつけることができないからだ。

　価格がないことによって広告の販売力は弱まってしまう。パッケージ商品ならさしたる問題にはならないが、車や冷蔵庫などの高額商品では大問題だ。

　私は、コピーにはすべからく広告会社の名前を入れるべきだと思う。だがアメリカでは、広告スペースを買うのは広告会社ではなく、あくまでクライアントであるという考え方から、実行されたことはない。これは先見の明に欠けると言わざるを得ない。

　私の経験では、広告に広告会社の名前が入ると、よりよいものを作るようになる。リーダーズ・ダイジェスト誌が私に広告を依頼してきたときには、私自身の名前を入れろと指示されたので、いやが上にも腕によりをかけたものだ（41ペ

上　専門家のお墨つきは非常に効果的だ。これはオグルヴィ・アンド・メイザーが制作し、シンガポールで出した広告。
（ヘッドライン訳：元金庫破りの告白。チャブの金庫だけはどうしても破れなかった）

売る広告

ージ参照)。何しろ、誰が書いたかがそこら中に知れてしまうのだから。
　今やドイツやフランスでは、広告に広告会社の名前を記載するのが当たり前になっている。パリのFCBインパクト社では、コピーライターの署名まで入れている。たいへんよろしい。

コピーは短い方がいいか、長い方がいいか

　私の経験から言わせてもらえば、非常に多くの商品で、長いコピーの方が短いものよりもセールス効果が上がる。私が長いコピーで失敗したのはたった二度、ひとつは安いたばこ、もうひとつは高価なウイスキーだった。次に成功例を9つ挙げてみよう。

①故ルイス・エンゲルが書いたメリル・リンチの広告は6450語に及んだ。これが「ニューヨーク・タイムズ」に一度掲載されただけで、1万件もの反響があった。クーポンひとつついていなかったのにだ。

②クロード・ホプキンスはシュリッツビールの広告で、5ページに渡って文章だけを書いた。すると数カ月のうちに、業界売上げ5位だったシュリッツビールが第1位に躍り出た。

③私はグッドラックマーガリンのコピーを700語で書いて、売上げに貢献した。

④私が初めて書いたプエルトリコの広告は600語だった(ビアズレー・ラムル

下　この見開き2ページの広告は、世界自然保護基金のために「ニューヨーク・タイムズ」に掲載された。3232語ある。
次ページ　この広告は6450語もある。1ページの広告でこれだけの語数を費やした例は他にない。最後のところに「パンフレットを差し上げます」と提示し、これが「ニューヨーク・タイムズ」に掲載されると、1万件もの申し込みがあった。メリル・リンチの故ルイス・エンゲルが書いたものだ。

What everybody ought to know . . .

About This Stock And Bond Business

Some plain talk about a simple business that often sounds complicated.

WHY WE ARE PUBLISHING THIS INFORMATION

A little while ago we were talking with the editor of a big national magazine, a well-informed man. He said that he had never done business with a broker because he was afraid he wouldn't understand the "lingo they talk."

Since we are brokers, you can imagine that was something of a shock . . . made us think.

The financial business *does* use a lot of specialized words, but there really isn't anything complicated or mysterious about what those words *mean*. Because we've used them so long and so frequently, we've just assumed that everybody understood them.

That has been our mistake. And a big mistake. For if people don't understand what stocks and bonds are, they aren't likely to invest their money in them.

"So what?" you ask. Well, here's "what".

If people do not invest their funds in securities, American business and American government will not have the capital they need for growth — for new products, new plants, new jobs. That capital can come from just one place: People. Not just a few people with great fortunes — there aren't many of them any more—but from millions of people.

Or look at it from the social point of view. People who don't understand investments are easy prey for a wide variety of "get-rich-quick" artists.

Or look at it from the purely personal point of view. A lot of people might like to invest their surplus savings where they could earn a fair return on them. But if they are unfamiliar with securities, they aren't likely to invest their money in them.

For all these reasons, it is important that people should know as much as they can about this stock and bond business.

But where do you start?

Well, it would seem that a good place to start would be with the "lingo" that our friend the editor complained about. And we might as well go back to the most common words in the business. You may find a lot of this explanation pretty elementary. But the next fellow may not be wholly clear about the exact difference between a stock and a bond. So we'll start right there, in the belief that you'll be obliging enough to skip what you already know.

MERRILL LYNCH,
PIERCE, FENNER & BEANE

What Are Stocks?

The stock of a company represents the ownership of that company. If you own a share of stock in a company — let's call it the Typical Manufacturing Company — you own a piece of that company — a part of its plant, its production, a part of everything in that company. If the Typical Company has 1,000 shares of stock and you own 10 shares, you own one hundredth of the company, or 1% of it.

Some companies have only a few shares of stock and a few owners, while others — the big corporations like U. S. Steel and General Motors — have millions of shares of stock and hundreds of thousands of stockholders or owners.

Why Should Anybody Buy Stocks?

For the same reason that he might go into any other business for himself. To make money.

If you own 1% of the Typical Company, you own 1% of whatever it earns. Normally, some of those earnings or profits will be paid out to you and the other stockholders as dividends — so much on each share. The rest of the earnings will be put back into the business to do more work, make more earnings, more dividends.

How Big Are Dividends?

That depends on the company and how much it earns. Some companies pay out a substantial portion of their earnings as dividends. Other companies, particularly those that are expanding, may plow a greater proportion of earnings back into the business. Some companies pay no dividends. Of all the companies whose stocks are bought and sold on the New York Stock Exchange, about 90% are paying dividends. (That was the record last year.) The average dividend paid by these companies is a little better than 5% of what the stocks are selling at. Thus, if you bought one share of stock in each you could figure on making 5% on your money in a year. Some pay more. Some pay less.

Most companies try to pay dividends regularly. (The Pennsylvania Railroad has paid a dividend every year for more than a century.)

A company's board of directors decides what dividends will be paid and when. These directors are your representatives. You and the other stockholders elect them, each for a definite term. Ordinarily, you get one vote for every share of stock you own. The directors are the real heads of a company. The president and other officers are responsible to the directors for their management of the company.

What Do Stocks Cost?

The price of a stock, like the price of food or clothing, depends on how much other buyers are willing to pay for it, how cheaply those who own it are willing to sell. When a company first offers or "floats" its stock so that it can raise the money it needs to begin business, a specific price is set on that stock. But once the stock is traded in the market, its price is ***not fixed or pegged by anybody or any agency.*** It is determined by free and open bidding — by supply and demand.

That's why stock prices rise and fall constantly — sometimes rapidly. Some people who buy Typical Company stock do so not because they want to get the dividends that are paid on it but because they think the price of Typical stock will rise and that they will be able to sell it later at a profit. This is risky business for anyone who cannot afford to lose money, because the price of Typical stock may drop. Nobody ever knows for sure what's going to happen to the price of any stock.

What Are Preferred Stocks?

In addition to its common stock, some companies also have preferred stock, usually offered at $100 a share. This stock generally bears a set dividend rate, say of $4. Holders of preferred stock get those dividends before common stockholders get anything — that's one reason why it is called "preferred"—but if the company has a good year, preferred stockholders don't, as a rule, get anything more than the specified $4 dividend per share.

The stock is also called "preferred" because if the company is liquidated, holders of such stock get a first claim on whatever assets may be left after creditors' claims are satisfied. (Assets are property, such as plants or goods, that can be converted into money.)

Although preferred stocks differ widely in the *exact* terms of the preferred treatment which they provide owners, they always offer *some* preferences. Hence, the prices of preferred stock usually do not fluctuate as much as the prices of common stock over a given period.

Although preferred stockholders, like common stockholders, are part owners of the company, they often have no voice in management, no vote in electing directors.

What Are Bonds?

Bonds are a kind of promissory note. People who buy a company's bonds lend their money to that company, and the company agrees to pay them back at a set date, known as the maturity date. For the use of the money, the company generally agrees to pay a set rate of interest of, say, 3% per year. Bonds are usually backed by a mortgage on the company's property or by the general credit of the company.

Unlike stockholders, bondholders are *not* part owners of the company. They are *creditors* of the company.

Of course, as creditors their claims must be satisfied if the company goes broke, before stockholders — the owners — can divide so much as a dime's worth of the company's assets — if any.

Because bonds have this prior claim, they are regarded as the safest kind of security. That's why they appeal to conservative investors—widows, retired people, anyone who is willing to take a smaller return on his money, provided it's a surer one.

In times of economic uncertainty, bonds are always comparatively more attractive than stocks. Their prices do not fluctuate as much as stock prices, because they bear a fixed rate of interest and the element of risk is not as immediate a factor in the price.

Of course, the price of any bond is apt to be depressed, especially if there is any suspicion that the company is having a hard time.

In addition to corporate bonds, there are state, city, and government bonds. On state and city bonds, the revenue from taxes is frequently pledged as security for repayment. Back of U. S. Government bonds — the highest-grade investment there is — lies the integrity of the nation. Just that and nothing more, because nothing else is needed and nothing could add greater security. The integrity of the country is the standard of investment values.

State and city bonds are attractive to many investors, because the federal government does not tax the income from these bonds, as it does the income from company stocks and bonds or most U. S. Government bonds.

Bonds are usually issued in $1,000 units (sometimes $500), but as a matter of tradition they are usually quoted as though the price were a percentage of the face value. Thus, if a corporate bond is said to sell at 98½, it actually sells at $985.

Government bonds are quoted in 1/32nds. Thus a quote of 100.16 means 100 16/32 or in actual dollars, $1,005.

What Are Common Stocks Worth?

That depends on what people are willing to pay for them. And what they are willing to pay for a particular stock is largely determined by one factor — earnings. That includes what the company *has* earned (its past record), what it *is* earning (its present state of health), and what it *might* earn (its prospects for the future).

So you see it's not just a matter of figures. It's a matter of facts . . . knowledge . . . judgment. How aggressive is the company? How good is its management? How popular are its products? What part of earnings will have to be paid out as preferred stock dividends or bond interest? After all, these must be paid first, and what is available for common stockholders depends on how much is left.

Then you have to look outside the company and consider the whole industry in which it operates. Is its future bright? (The buggy industry once offered many good investments.) And what about competitors? Are they in better shape than your company? Might they take the market away from Typical Manufacturing?

Finally, you have to consider general business factors. For instance, will rising costs of labor and raw materials pinch your company?

These are just some of the questions to which the intelligent investor wants answers so that he can form a reliable opinion of what his stock is likely to be worth — *tomorrow*.

Investment values constantly change. That's why this firm has always urged stockholders to "Investigate — then Invest", and to keep on investigating afterwards.

Why Do Stock Prices Change?

At any given time, you may not agree with the price at which a particular stock is selling. You may think it is too high or too low.

There is a simple reason for that: What a stock is "worth" is a matter of personal opinion. But what it actually sells at is the sum total of a lot of individual judgments about it. The *price* of a security is nothing more than the collective expression of all the opinions of all the people who are buying or selling it.

If a number of people conclude at about the same time that a particular stock is overpriced, they may decide to sell it, and the price will probably fall. Or they may think it is selling at bargain prices and decide to buy it. Their combined orders may cause the price to rise.

That's why stock prices sometimes fluctuate sharply. Instead of changing by an eighth or a quarter of a point — which means an eighth or a quarter of a dollar — the price may change by several dollars, either up or down, in a short time.

Whenever there is a sharp price movement in either direction, it may pick up momentum and continue for a little while. That's because such a price movement is likely to attract other buyers or sellers.

For instance, if the price of Typical Manufacturing were suddenly to advance from $25 to $27 a share, others might notice the advance and quickly conclude that it was a good buy. So they might decide to buy it too, and that would lift the price still higher, perhaps to $28 or $29. At that point, some of those who originally bought Typical stock at, say, $25 might decide to take their profit of $3 or $4 a share and sell out. Then the price might start down again.

What Are Bull and Bear Markets?

Sometimes a great many people will decide more or less at the same time, perhaps just on the basis of the general business outlook, that it is a good idea to buy stocks—all kinds of stocks. Such general buying action raises the average price of all stocks. If the price rise is big enough and lasts long enough, we have what is called a bull market.

A bear market is just the opposite. The average price of all stocks drops because of widespread selling. To be bullish or bearish simply means to believe that stocks are going up or down.

Incidentally, it is a simple business to keep track of whether the market as a whole is moving up or down, because almost every major newspaper in the country publishes daily the average price of some group of key stocks and reports whether that average is moving up or down. The Dow Jones Averages are the best known of these indexes.

When Should You Buy or Sell Stocks?

Deciding when to buy or sell is often just as important as deciding what to buy or sell. This matter of timing is particularly important to the speculator.

But first, what is a speculator? And what useful purpose does he serve?

A speculator is a man who buys securities, expecting the price to rise so that he will make a profit on his purchase, usually in a short period of time. Or he may sell securities expecting the price to drop. The important point is that he doesn't buy securities as investments — for the sake of the dividends that they pay.

The speculator performs a valuable service in the stock market because he is willing to take risks — and risk, the risk of a sudden price change, is an inevitable part of any free market, whether it be a market for securities or foodstuffs or any other commodity.

Suppose you own stock in Typical Manufacturing, and suppose you want to sell that stock because you think the earnings outlook is bad. You might not be able to sell at anything like a fair price if it were not for a speculator and his willingness to assume the risk that you want to dispose of.

But no one should speculate unless he can afford to take risks. We've said that repeatedly in public advertisements and in counseling our customers. Nevertheless we are realistic enough to recognize the fact that there's enough desire for gain in even the most conservative investor so that he naturally wants to buy as low as he can and sell as high as he can. He doesn't want to lose an unnecessary dollar by an ill-timed purchase or sale. That's why we are always urging stockholders to make close and continuous study of the markets, for it is only through such study that one can reduce the risks in deciding *when* to buy or sell.

That point is especially important with respect to the *sale* of stock. If you own a stock which has risen to such a high price that you wouldn't consider buying it, it is only good sense that you at least consider selling it.

Too many people make the mistake of buying stocks, then putting them away and forgetting about them. That's bad business. If you want to invest successfully, you've got to pay attention to your securities and be always alert to new investment opportunities. What may have been a good buy last year or even last month may not be a good buy next year or next month.

Like everything else in this world, "securities are perishable."

How Are Stocks Traded?

There are thousands of different stocks and bonds — they are both called securities—but the ones that are bought and sold most frequently are those that are traded on the floor of the New York Stock Exchange. The securities of more than 1,100 major companies are "listed" on that Exchange, which means that they have been accepted for trading there.

All buying and selling on the Exchange is done between the hours of 10 A.M. and 3 P.M., New York time, Monday through Friday, and 10 A.M. to noon on Saturdays except in the summer.

What is the New York Stock Exchange? Physically, it is a large area, about two-thirds the size of a football field, in the Stock Exchange building at the corner of Wall and Broad Streets in New York City. Functionally, it is an organization consisting of 1,375 members who have bought memberships (commonly called "seats") on the Exchange.

Many of these members represent brokerage firms whose primary business is carrying out the orders of other people, the public generally, for the purchase or sale of securities. They are paid commissions for executing these orders for their customers. To provide service for investors throughout the country, these firms maintain many branch offices. All told, there are 609 member firms of the Stock Exchange that operate 936 branch offices in 370 cities. *This* firm alone has 98 offices in 96 cities.

What Is the Stock Exchange?

The Exchange is a voluntary association, as it has been since it was established 157 years ago, and it functions as an open auction market.

Before the Exchange agrees to list the securities of any company, it must be assured that the company is a substantial concern, that its securities are legally issued, that those securities are widely owned, and that the company agrees to issue regularly adequate public statements of its financial health.

Only member brokers can execute orders to buy or sell listed securities on the Exchange. If you give an order to someone who is not part of a New York Stock Exchange broker's organization, he turns that order over to a member broker. In such circumstance, you may be charged a small commission or service fee over and above the commission to the member broker.

What About Unlisted Stocks?

The New York Stock Exchange or "Big Board" is the biggest formal market for stocks and bonds, but there are thousands of security issues which aren't traded on that Exchange. Many are traded on the 24 other exchanges, such as the New York Curb Exchange, the Chicago Stock Exchange, or the Los Angeles Stock Exchange.

Still other stocks and bonds aren't listed on any exchange. These securities are called unlisted or off board securities; they are traded in what is popularly called the over-the-counter market. Government and municipal bonds are mainly traded in that market. So are the stocks of most banks and insurance companies, as well as the securities of many big corporations such as Time, Inc., Texas Eastern Transmission Corp., and the Weyerhaeuser Timber Co. By and large, however, unlisted securities are those of small companies that are apt to be better known locally than nationally.

They are bought and sold not only by many brokers who are members of the New York Stock Exchange but also by thousands of local security dealers.

Suppose a man in New York owns some stock in an Ohio machinery company and he wants to sell it. He doesn't know what it's worth because there is no regular market for that stock, and its price may not be published in the newspaper, as New York Stock Exchange prices are in many papers.

He goes to his broker, and the broker may ask for a price quotation by phone or wire from other brokers or security dealers who trade entirely in unlisted securities. He may find that the best bid for the stock is $23, while the lowest that anybody else is willing to sell it for is $25. If the stock is traded very frequently, the difference between bid and offer prices may be less. If it is almost unknown, the broker may have a hard time finding a market at any price. In this transaction, the broker acts as an agent and is paid a commission. However, in many over-the-counter transactions, the broker or dealer will buy the security himself, or he will sell such a security out of the supply of such stocks that he owns. In such trades, the dealer acts as a principal instead of as an agent, and the customer and the dealer agree on what is a fair ***net price,*** which includes a return to the dealer in place of a commission. In the end, the dealer may gain or lose on such transactions.

Merrill Lynch handles over-the-counter transactions either as a principal or an agent *as the customer chooses*. If a transaction is handled on a ***commission*** basis, it is the policy of this firm to charge commission rates that are even lower than those that now prevail on New York Stock Exchange transactions. If we handle such transactions on a ***net*** basis, we believe our price will be as low (if you're buying) or as high (if you're selling) as any you are likely to find. Further, we will trade only those stocks on a ***net price*** basis whose quality has been approved by our Research Division.

Who May Buy Stocks and Bonds?

Anybody — or perhaps we should say any honest and responsible citizen. For their own protection, brokers have to be sure about the responsibility of their customers because they accept oral orders to buy or sell. You'll find it a relatively simple matter to establish your reliability with a broker and to open an account.

Many potential investors haven't bought stocks and bonds simply because they don't know how to go about it. Some may have hesitated simply because they don't know a broker. They may even have thought of him as a somewhat unapproachable individual. He isn't. You can walk into any brokerage office in America without leave.

Finally, a lot of people probably have the idea that brokers only do business with people who invest thousands or tens of thousands of dollars at a time. Well, in our 98 offices we're proud to do business with people who talk in hundreds of dollars as well as people who deal in four and five figures. Last year, we found that 41% of our customers had incomes of less than $5,000 a year. At the other end of the scale were some who counted their income in hundreds of thousands. So you see, regardless of how big a customer you are, you'll always be welcome in any Merrill Lynch office.

But not everybody should buy stocks and bonds. We have consistently said that nobody should invest in the stock market unless he has savings sufficient to meet an emergency. And he should have insurance to protect his family. Then if he has surplus funds, he can probably invest them in stocks or bonds to his advantage.

You can tell your broker just as little or as much as you want to about your money problems, but whatever you tell him will be held in strict confidence.

Frankly, we hope you will want to tell us enough so that we can help you work out an investment program that will best fit your needs.

Does that mean that we will tell you how to invest your money? This is a point we want to make absolutely clear, for it involves a fundamental Merrill Lynch principle. Certainly, we'll try to help you if you want us to — if you *ask* for our advice and counsel. But we will not give you ***unasked*** advice; we will not foist our opinions or our recommendations upon you. What you buy or sell is your own business. We don't want to be accused of trying to make up your mind for you.

This firm spends about a million dollars a year in preparing and distributing to investors factual information about securities.

We'll give you all the facts and figures we have on any stock or bond you are interested in. There'll be no charge for them. We *want* you to have them — before you buy and *after* you buy. If you ask us, we'll even tell you how we think those facts and figures add up in terms of your own investment needs.

But in the end, the *decision is yours.* That's what we mean when we say

"Investigate . . . then Invest."

How to Buy and Sell Securities

How Do You Do Business with a Broker?

Here is what actually happens when a customer — let's call him Kenneth Smith — comes into our office, at 70 Pine Street to place an order for a hundred shares of Typical Manufacturing Company.

Mr. Smith goes directly to the desk of the man who regularly handles his business. (We'll call him John Ross.) Ross is registered with the New York Stock Exchange, which means that he is qualified as a man of good character and has passed an examination on the operation of the securities business. He is an employee of ours, with the title in our firm of "account executive." He's a man who thoroughly knows his business.

Smith might ask Ross for information about Typical Manufacturing from our Securities Research Division, and discuss the findings with him. But in this instance Smith has already checked on the company and knows that he wants to buy 100 shares of common stock. So he gets right down to business.

"What's Typical selling at now?" he asks.

If Typical Manufacturing were one of the major companies, Smith wouldn't have to ask, for he could look at the big electric quotation board which automatically shows the price at which the last previous sale was made. It also shows the high and low prices for the day and the closing price on the preceding day. The quote board in our 70 Pine Street office provides that information on 209 leading stocks, but Typical isn't among them.

"Sorry, I don't know the quote", says Ross, "but I'll let you know in a minute". Ross knows he can get that quote by a quick phone call, and the account executives in any of our 96 out-of-town offices can give equally good service by using the leased teletype wires that connect direct to our New York headquarters.

While Smith waits, he looks at the Trans Lux screen on which the ticker tape is projected to see if any sales of Typical are being reported right then. When a stock is sold on the Exchange floor, that transaction is reported on the tape. The price is shown and the number of shares involved in the sale. Because there are so many transactions, it is necessary to use a kind of shorthand, and the various stocks are referred to by initials or combinations of letters, such as C for Chrysler Corporation, CP for Canadian Pacific, and CGW for Chicago Great Western.

"Typical is quoted at 25 bid, 25¼ asked", says Ross in a minute or so. By that he means that $25 a share is the highest price that anyone is then willing to pay for it and that $25.25 is the lowest at which anyone is willing to sell it.

"Shall I place your order at the market?" he asks. A ***market order*** is one for immediate execution at the best price that prevails when the order reaches the floor of the Exchange, regardless of how the price may have changed — up or down a fraction of a point, sometimes more — in the interval between the time the order is placed and the time it can be filled.

Smith agrees. His order is immediately phoned over to one of our booths on the floor of the Exchange. There one of our floor brokers goes to the trading post at which Typical is bought or sold. There are 18 such posts on the floor of the Exchange, and at each of them a certain number of stocks are regularly traded.

At the trading post, our broker asks what the market is. Other brokers with orders to buy or sell Typical Manufacturing make their bids or offers in an audible voice. Secret transactions are not permitted on the Exchange floor.

Our broker immediately fills Smith's order at the lowest price at which the stock is offered, and Ross is advised by phone that the order has been filled.

The whole operation may have taken only two or three minutes. Smith may still be in the office. If he is, Ross will tell him that the purchase has been completed. If he is gone, Ross will telephone him.

As a matter of fact, most of our customers are apt to place their orders and handle all their business on the phone. Others do it wholly by mail. *It isn't necessary for a customer to come into the office at all to place an order.*

A customer can, if he wants, set the price that he is willing to pay. This is called a *limit order*. Smith might tell us, for instance, to buy Typical only if it could be bought at 24½. Further, he might say that any such order is good for a day, a week, a month, or indefinitely. Then if Typical is offered at 24½ within the time that Smith has set, his order to buy is executed, unless there are other similar orders on file that have precedence. Of course, the price of Typical might move right on up to 26 or 27. In such case, Smith would have lost his chance to buy at 25 or thereabouts. That's why any decision to buy that turns exclusively on the probable gain of a fraction of a point is apt not to be a good decision for most investors.

Limit orders can also be used in reverse — in selling stock. Thus, if Smith *owned* Typical, he might tell us to sell his stock for him, if we could, at 26.

How Big Does an Order Have to Be?

One hundred shares — a "round lot" — is the usual unit of trading on the New York Stock Exchange. But that doesn't mean that a customer can only buy or sell a hundred shares at a time. Many people want to buy only 5 or 10 or 25 shares at a time. These are called odd lots.

Suppose Smith wanted to buy only 10 shares of Typical. When we get that order we would fill it through an odd-lot dealer whose business it is to buy or sell in less than 100-share units. Such odd-lot dealers do business only with other brokers on the Stock Exchange floor, not with the public.

For rendering their service they charge one-eighth of a point or 12½c for every share of stock that they buy or sell to fill odd-lot orders for the customers of other brokers.

Apart from that extra eighth, odd-lot dealers don't charge any more for the stock that they sell than the price prevailing in the general market. On a 10-share order for Typical, Smith would pay that price which prevailed on the *next round-lot sale* after our broker gives Smith's order to the odd-lot dealer. Suppose the next sale was at 25. Smith would pay 25 per share, plus ⅛ for the odd-lot dealer, or 25⅛. If Smith were selling the stock, he would sell at 25, less ⅛ for the odd-lot dealer, or 24⅞.

What Does It Cost to Buy or Sell Stocks?

All transactions on the Stock Exchange are handled by member firms at reasonable commissions. The rates vary with the size of the order, being a little less proportionally on big orders than on small ones. At the present time, however, commissions on stock transactions average only 0.85 of 1%. On bonds the average commission is even less.

New York State and the federal government also levy transfer taxes on security sales or transfers, but these involve only a few pennies a share.

When Smith gets our bill the next day, it will state exactly what he bought, what price was paid, what commission is due, what postage or a tax, if any, is incurred, and what total amount is due. We do not make any charge for special services, such as research or information or carrying an inactive account or safe-keeping of securities, etc.

After Smith pays his bill — probably by check — he can obtain his stock certificate which shows that so many shares of Typical Manufacturing Co. have been registered in his name and that he is entitled to all rights, privileges, and dividends due stockholders in that company. But Smith, like an increasing number of our customers, may find it more convenient to leave the certificate in safe-keeping with us. That way he has protection against losing the certificate, and it is right here whenever the time comes that he wants to sell the stock. He will thus be relieved of the responsibility of personally delivering it at such time.

"WHAT'S THIS? . . . WHAT'S THAT?"

This isn't the *complete* story of how to buy stocks and bonds, of course. That would take volumes.

All we have tried to do here is set down answers to some of the most common questions that are asked us. And we have excluded a lot of things many people are curious about but that bear little relation to a program of prudent investment for *most* people.

For instance, there's "short selling", which simply means reversing the normal procedure — selling a stock first in the belief that it is overpriced, then buying it back at what you hope is a lower price.

Or maybe you'd like to know about buying "on margin", which means buying partly on credit.

In the main, these procedures are not important to the investor. But we'll be glad to tell you anything more you want to know.

Other market terms such as "rights", "ex-dividend", "stock splits", "debentures", "noncumulative preferred", "stop orders", and dozens of others we've had to omit simply for lack of space, but an understanding of them isn't likely to be important to most investors, except in occasional cases.

Again, for lack of space, we have not defined a whole host of financial terms that you are likely to encounter when you begin investigating various companies.

These terms are defined in a booklet, "How to Invest", which we have just published. A basic guidebook for all security owners, this new publication develops in greater detail the story of how this stock and bond business works. It reviews the basic principles of sound investing, such as the analysis of market trends, the diversification of holdings, and the management of a portfolio. We will be glad to send you a copy.

Copies of this advertisement in pamphlet form are available on request. No charge, no obligation. Just write or phone . . .

MERRILL LYNCH, PIERCE, FENNER & BEANE

Underwriters and Distributors of Investment Securities
Brokers in Securities and Commodities

10 Post Office Square
BOSTON 9

Telephone: HUbbard 2-5700

売る広告

Viyella robe by State o' Maine; breakfast-set by Wedgwood.

See The Conquering Hero Comes—in a Viyella® Robe!

Sound the trumpets, beat the drums, see the conquering hero comes—dressed to the nines in a Viyella robe, and armed with Sunday breakfast for his deserving bride. The superb thing about a Viyella bathrobe is that you can *wash* it. If it shrinks, we replace. Lamby-soft Viyella (rhymes with hi-fella) wears for *years*. A customer who bought a Viyella shirt eleven years ago tells us that he has had it washed and cleaned more than sixty times. "The colors are just as bright and distinct as when it was new . . . the only casualty throughout the years has been the loss of two buttons." Viyella robes (like the one our hero is wearing) come in authentic tartans, tattersalls, checks, stripes and plain colors. They weigh only 21 ounces and can be packed in your brief case next time you travel. $28.50 at fine stores everywhere. For the name of your nearest retailer write William Hollins & Company, Inc., 347 Madison Avenue, New York 17, New York. MU 4-7330.

7章　印刷媒体広告で成功する方法

の署名が入っているが、書いたのは私だ）。1万4000人がクーポンを送ってきたうえに、プエルトリコに工場を建てた人も大勢いた。

⑤一連のシェルの新聞広告は800語だった。26パーセントの男性がその半分以上を読み、7年間下がり続けていたシェルの市場シェアはプラスに転じた。

⑥私のパートナー、フランシス・X・ホートンは、U・S・トラストの広告に4750語を費やした。大成功だった。

⑦オグルヴィ・アンド・メイザー自体の広告に、私は2500語を費やした。これは新規ビジネスをたくさんもたらしてくれた。

⑧世界自然保護基金の広告では、3232語書いた。

⑨モルガン銀行の広告には800語を費やしたが、同行にとって大いに役立った。

他にも長いコピーがレジ際で威力を発揮した例をいくらでも挙げることができる。とくにメルセデス・ベンツ。全世界いたるところで効果を挙げた。

これを証明するリサーチ結果はないが、私が思うに、長いコピーを見ると、人は、実際そのコピーを読むかどうかにかかわらず「何かしら大事なことを言いたいに違いない」という印象を受けるのだろう。

小売業者の広告結果をリサーチしたチャールズ・エドワード博士は「より多くの事実を述べるほど、より売上げが伸びる」という結論に達した。商品に関する適切な事実が広告中にたくさん含まれていればいるほど、その広告が成功するチャンスも確実に広がるのだ。

ダイレクト・レスポンスのクライアントは、短いコピーでは売れないことをよく知っている。スプリットラン・テスト（訳注：一部の要素だけを変更した広告

前ページと下　数年の間、私は雑誌広告すべてにこのレイアウトを使った。写真は大きく、ヘッドラインは9語まで、コピーは240語だ。売上げを上げるのにグラフィックが最も大きな役割を担う場合に適している。

右下　私の二番目の完璧なレイアウト。写真は横長で縦は短く、ヘッドラインは25語まで、サブヘッドは28語まで、文字幅の小見出しを4つか5つ、ボディ・コピーは600語だ。グラフィックよりコピーの方が重要な場合に適している。

を同じ環境下の媒体に載せ、最も効果の高い方法を発見するテスト）では、長いコピーが常に短いコピーの成績を上回っていた。

とはいえ、忘れてはならないのは、長いコピーを読んでほしければ、まずは上手く書かなければならないということだ。とくに、最初のパラグラフで相手の心をわし掴みにしなければならない。たとえばこんなリゾート地の広告──「誰もが休暇の楽しみを心待ちにしています」といったわかりきった安っぽいコメントから始めるようでは、多くの人の目を惹くことはできない。

ハーバード大学のある教授はいつも、学生たちが思わず息を飲むような一言から講義を始める。「チェーザレ・ボルジアが義弟を殺したのは、その妹を愛していたからです。彼女は彼らの父親、つまりローマ法王の愛人でもありました」

腕のいいコピーライターになるには

先輩たちや、自分より上手い人を真似ることで広告の技術を身につけるのはよいことだ。最も創造力に富むアート・ディレクターのひとり、ヘルムート・クローンはこう言っている。

「最近うちのコピーライターに、自分のオリジナリティを大事にすることと、できるかぎりよい広告を作ることとどっちが大事だと思うかと訊いてみた。答えは『オリジナリティを大事にする』だった。しかし私はこれには大反対だ。現代では目新しい考え方かもしれないが、私はこう提案したい。もっとマシな答えを自分で見つけることができるようになるまでは、人の真似をしろ、と。私自身、5年間はボブ・ゲイジの真似をした。行間の余白まで真似したものだ。ボブも初めはポール・ランドを真似し、ランドも当初チヒョルトというドイツ人のタイポグラファーの真似をしていた」

私も人を真似することから始めた。ロンドンの広告会社で働いていた頃は、アメリカで最も優れた広告を真似たものだ。自分らしいオリジナルなものを書き始めたのは、後になってからのことだ。

レイアウト

広告界はときにアートディレクター病という突発的伝染病にかかる。この病気にかかると、声を潜めて「クールグレイの活字列」などと言うようになる。その言い草は、まるで広告においてはコピーなど単なるデザインの一要素だと言わんばかりだ。彼らは「動き」「バランス」その他得体の知れないデザイン原則がいかに重要かを無我夢中で力説する。そういう輩に、私は KISS と言ってやる──「Keep It Simple, Stupid（シンプルにしとけ、愚か者め）」の頭文字だ。

オグルヴィ・アンド・メイザーの設立当初、私はすべての雑誌広告でまったく同じシンプルなレイアウトを使った。後に競合他社に、わが社がクライアントのすべてに独自のスタイルを押しつけていると非難されるようになったので、もうひとつ別のレイアウトを創作した。それによって同じスペースにもっとコピーが入れられるようになった（P86、87の広告参照）。このふたつを超えるレイアウトを考え出してみてほしい。

広告を見る人は、まず図版に目を惹かれ、次にヘッドラインに目をやり、それからコピーを読む。だから、各要素もこの順番に──一番上に図版、その下にヘッドライン、一番下にコピーという風に配置する。これは、普通人がものを見るときの、上から下へという動きに合致している。ヘッドラインを図版の上に入れ

てしまうと、見る人にこの習慣に反した行動を促すことになる。

　ヘッドラインを図版の下に配置すれば、図版の上に配置したときより、読んでもらえる率が平均10パーセント高まる。たいした差ではないと思われるかもしれないが、たとえば2000万人の読者の10パーセントと言えば、200万人に相当するという事実を考えてみてほしい。笑い飛ばせるような数ではない。それなのに雑誌に掲載されている広告を見ると、実に59パーセントがヘッドラインの方を上にしている。中にはヘッドラインをコピーのさらに下、一番下に配置するような間抜けもいる！

　図版の下のキャプションを読む人は、ボディ・コピーを読む人よりも多い。だから、図版の下には必ずキャプションを入れること。さらにキャプションには必ずブランド名と効能を含めること。

　広告人は無意識のうちに、広告は広告らしく見えなければならないと思い込ん

右　異なるセールスポイントをたくさん伝えなければならないときは、「コールアウト」（付記、吹き出し）を使おう。平均以上に覚えてもらえる。

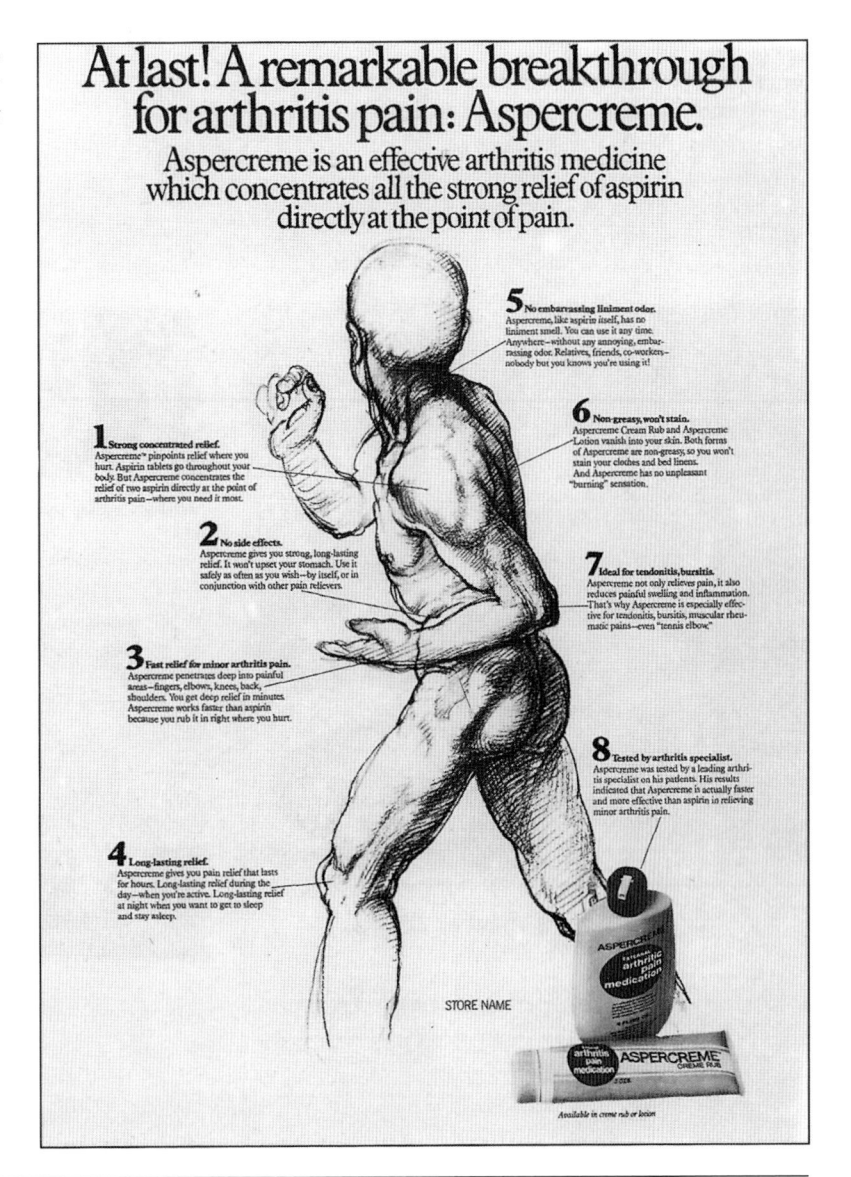

売る広告

でいる。昔ながらの見た目をそのまま受け継いでいるから、見た瞬間「ああ、これは単なる広告だ。飛ばそう！」と思われてしまう。

広告は広告らしく見えなければいけないという決まりなどない。たとえば、まるで社説面のように見せかければ、もっと多くの人が読んでくれる。普通の新聞記事を読む人の数は、広告を読む人のざっと約6倍だ。20人に1人以上の人に読まれる広告はごく稀にしかない。雑誌編集者は広告人よりもコミュニケーションが上手いと思わざるを得ない。

長年読者を惹きつけてきたニュース雑誌を見てみよう。たとえばアメリカなら「タイム」や「ニューズウィーク」、フランスの「レクスプレス」や「ル・ポワン」、ドイツの「デール・シュピーゲル」、イタリアの「レスプレッソ」、スペインの「カンビオ16」。どれも見た目の工夫は同じだ。

- 図版よりも記事を優先する。
- 記事のフォントはセリフ体（明朝体風）を使用。
- 記事は三段組、1行の文字数は35～45字。
- 写真にはすべてキャプションがついている。
- 記事の最初は装飾頭文字で始める。
- 文字はスミ1色で印刷。

では、同じ雑誌の広告を見てみよう。こんなことがわかる。

- コピーよりも図版が優先されている。
- コピーのフォントは読みにくいサンセリフ体（ひげのないゴチック体風）が多

左下 パリの広告会社FCBインパクトのピエール・ラモニエとフィリップ・サールバーグは、私の「記事スタイル」のテクニックを盗み、さらに改良した。彼らの作る広告は、とても広告のようには見えない。

右下の2点 ニュース雑誌はいずれも同じ体裁を使っている。図版よりも記事を優先する。記事は3段組、フォントはセリフ体（明朝体風）を使用。写真の下にはキャプションがついている。しかしこの広告はどれもその手法に従っていないので、読む人はほとんどいない。次に広告を作るときは、自分を雑誌の編集者だと思ってみよう。そうすればもっと多くの人に読んでもらえる。

い。読者は本や雑誌、新聞などでセリフ体を読み慣れている。

- コピーは一段組で1行の文字数は120字以上であることが多い――横幅が広すぎて読みにくい。
- ほとんどの写真にキャプションがない。キャプションがボディ・コピーの4倍の人に読まれることをアート・ディレクターが知らないからだ。
- 装飾頭文字がほとんど使われていない。これを使うとより多くの人に読まれることをアート・ディレクターが知らないからだ。
- コピーは黒地に白抜き文字になっていることがしょっちゅうだ。黒地に白抜きのクーポンまであった。これでは白いインクでもなければ、記入できないではないか。

雑誌編集者の真似をすれば、よりよい結果が得られるはずだ。もし雑誌側が、広告には「広告」と記載すべしと主張したら、大文字のイタリック体、しかも白抜きで印刷する。そうすれば誰にも読めない。

パリの広告会社FCBインパクトの作る雑誌広告は、常に他社のものより優れているが、そのどれもが「とても広告のようには見えない」。本人自身がインパクトそのものであるコピーライターのピエール・ラモニエ、そして長年専属のアート・ディレクターを務めてきたフィリップ・サールバーグには脱帽だ。彼らは私のテクニックを盗み、さらに改良したのだ。

昔ながらの広告スタイルをやめ、記事スタイルを取り入れれば、あなたのキャンペーンは、数々の野暮ったい広告の海に浮かぶ小粋で洗練された小島になるは

下 たとえばこのハンマーのように、商品自体が長く、しかもどうしても水平にした状態で見せなければならないときにだけ見開き2ページを使おう。必要もないのに見開きを使うというわがままをやめれば、広告回数を倍にすることができる。つまり倍の数の人に倍の頻度で広告を見てもらえることになる。

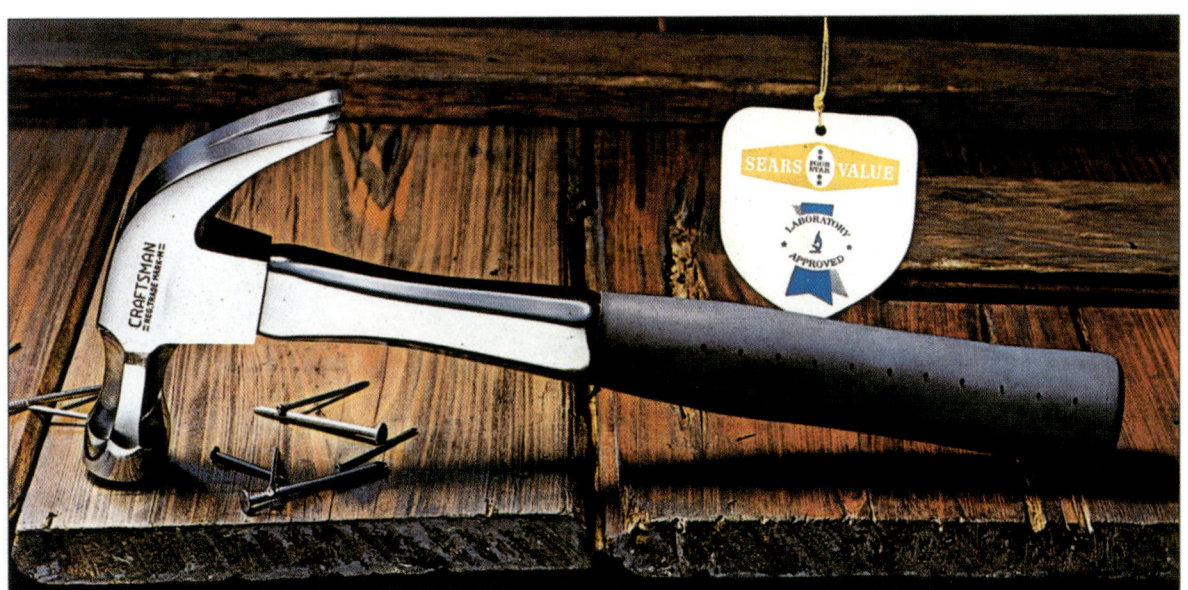

売る広告

ずだ。

* * * * *

　レイアウトを検討する会議では、広告をまるでポスターのように掲示板に貼って、4、5メートルも離れたところから見せるということがよく行われている。だからヘッドラインを72ポイントの活字にするのだが、これでは普通人が広告を読むときの、だいたい50センチほどの距離からでは大きすぎて読めない。

　見開き2ページの広告は、コストをかけるだけの価値があるだろうか？　1ページ広告の倍のコストがかかるのだが、読んでくれる人の数が倍増することはまずないし、クーポン取得率が倍になるわけでもない。

　ときには目的上どうしても見開き2ページにしなければならないことはある。商品自体が長すぎて、しかもどうしても水平にした状態で見せなければならないというような場合だ。しかし大半の見開き2ページ広告は、自分の広告を大きく、魅力的に見せたいというアート・ディレクターのわがままに過ぎない。もしも見開き2ページ広告をしないと誓えば、同じコストで2倍の広告を掲載することが

右　記事スタイルは新聞でも効果的だ。ギネス発売のこの広告は、新聞の一面のように見える。

次ページ左上　これはフランスの新聞「ル・モンド」の記事のように見えるが、実はイギリスからの免税マトン輸入に反対する、フランスの牧羊業者の広告だ。

次ページ右上　新聞の一面のように見えるこの体裁は、とくに新製品の発売告知に適している。

次ページ下　FCBインパクトの記事スタイルの特長が非常によく出ている例。これはミュム・シャンペンの広告。

7章　印刷媒体広告で成功する方法

売る広告

でき、それによって2倍の数の人に2倍の頻度で広告を見てもらえることになる。*

ポスター

　好むと好まざるとにかかわらず、ポスターはまだ存在する。というわけで、ポスターの効果を最大限にするデザインについては、まだほとんど知られていないという事実をお伝えしておくべきだろう。この点についての調査研究は、いまだにほとんどなされていないのだ。

　ポスターを作るなら、サヴィニャックが「ヴィジュアル・スキャンダル」と言ったような大傑作をものすべく、腕によりをかけることだ。スキャンダルが行きすぎれば、一目拝もうとする人々で交通渋滞が起きて大事故にならないともかぎらないが。

　ポスターでは商品のセールスポイントが、言葉だけでなく絵でもすぐにわかるようにしなければならない。可能なかぎり文字を大きくすること。遠目にもブランド名がわかるようにすること。強烈な原色を使うこと。ひとつのデザインに3

下　1930年代、イギリスで発表された一連のポスターの中の1枚。これによってギネスはイギリス人の生活の一部になった。これを超えるポスターは、世界中どこでもいまだに作られていない。
（広告訳：ギネス——パワーの源）

＊＊これも話を単純化しすぎる私の癖かもしれない。スターチの調査によれば、見開き広告は1ページ広告より「平均して」28パーセント読まれる率が高い。しかしエドウィン・バード・ウィルソンの指摘では、金融関係の広告の場合、見開き広告は1ページ広告より平均150パーセントも多く読まれるという点に注目すべしという。もともと「関心度の低い」商品の広告は、「関心の高い」商品よりも、大きなスペースに掲載することによる恩恵が高い。

7章　印刷媒体広告で成功する方法

つ以上の要素を詰め込まないこと。
　これ以上のことをもしご存知なら、私の方が教えてほしい。

地下鉄の広告
　地下鉄の広告を作ることになったときに覚えておいてほしいのは、ニューヨークの地下鉄の乗客は、平均して21分間あなたの広告を眺めるということだ。すなわち、長いメッセージを読むだけの時間が十分あるわけだ。地下鉄に乗る人の中で、何か読むものを持参している人はたったの15パーセント。残りの85パーセントは、あなたの広告を読むしか暇をつぶす術がない。

トレードマーク
　昔々、大半の人が文字を読めなかった頃には、企業は自分たちのブランドを主張するのにトレードマークを使っていた。ビール瓶に「虎」のマークがあれば、タイガービールだとわかるというわけだ。
　消費者はもう文盲ではないことに多くの企業は気づかず、ブランドを名乗るのにいまだにビジュアルシンボルを使い、広告に必ずそれを使えと言い張る。これでは、ただでさえ取り散らかったレイアウトにもうひとつガラクタを加えることになるうえに、「これは単なる広告ですよ」とわざわざ宣言しているようなもの

下　イギリスで作られたこのFCOユニヴァスの例のように、ポスターを「ヴィジュアル・スキャンダル」にするのは効果的だ。
（広告訳：ティーポットの取っ手だってくっつける。強力接着剤アラルダイト）

右 地下鉄の広告を、5、6語しか使わない広告看板のようにデザインするという愚をおかさないこと。ニューヨークの地下鉄の乗客は、平均21分間あなたの広告を眺める。そして85パーセントは、何も読むものを持っていない。だから私はこれに76語を費やしたわけだ。
（広告訳：各種支払いを簡単スムーズにするには。まだお支払いは現金ですか？　町中を駆けずり回ったり、行列に並ぶなんて時間の無駄ですよね。大金をなくすかもしれないし、泥棒に狙われるかもしれません。チェイス銀行に特別当座預金口座を開いて、お支払いを郵便でスマートに済ませましょう。小切手なら、お支払いを完了した証拠として永久に残ります。チェイス銀行なら、今すぐに口座が開けます。最低残高も不要。預金手数料もいただきません。チェイス・ナショナル銀行）

How to pay bills quickly, easily

If you still pay bills with <u>cash</u>, you waste hours running around town and standing in line. And you run the risk of losing large sums or meeting a thief. Be smart—open a Special Checking Account at <u>Chase</u>, and pay your bills by <u>mail</u>. A check is permanent proof of payment. You can start your <u>Chase</u> account today. No minimum balance required. No deposit charges.

The CHASE National Bank
(MEMBER FEDERAL DEPOSIT INSURANCE CORP.)

だ。かくて広告を読む人の数は減る。

　私のクライアントのひとつは、トレードマークが時代遅れだと言いくるめられ、一流を自任するある広告会社に7万5000ドルも払って新しいものを依頼した。そのお披露目の会で、私はそこの副社長のひとりに囁いた。「75ドルぽっちももらえれば、わが社のアート部門の新米だってもっとましなものを作ったでしょうに」。彼はこう答えた。「その通り。でも、そうなると議論に次ぐ議論で死にたくなるだろうな」

タイポグラフィ──「目は習慣の産物」

　タイポグラフィがよければコピーは読みやすくなり、悪ければ読む邪魔になる。
　広告会社はたいていヘッドラインを大文字で印刷している。これは間違いだ。スタンフォード大学のティンカー教授が、大文字では読むスピードが遅くなることを証明している。活字のベースラインよりも上部に突き出す活字（訳注：小文字のb、d、kなど）もなければ、下部に伸びる活字（訳注：小文字のj、yなど）もないので単語を認識する手がかりがなく、勢い文字をひとつずつ読むことになるのだ。
　目は習慣で作られるものだ。たいていの人は、小文字で書かれた本や雑誌、新聞を読み慣れている。逆に、次ページのABNの広告のように、全部大文字で書かれたヘッドラインの読みにくさを考えてみてほしい。
　また、図版にヘッドラインを重ね合わせると、読みにくくなる。
　もうひとつの間違いは、ヘッドラインの最後にピリオドを打つこと。ピリオドは別名終止符とも言われ、読むという行為を止めてしまう。新聞のヘッドラインの終わりには終止符がないことにお気づきだろうか。
　さらにもうひとつありがちな間違いは、コピーの組み幅が広すぎたり、逆に狭すぎたりして判読不可能にしてしまうことである。たいていの人は新聞の1行40字という字数に慣れている。
　どのフォントが最も読みやすいだろう？　たいていの人が読み慣れているのはセンチュリー系やカズロン、バスカーヴィル、ジェンソンだ。突飛なフォントを使うとそれだけ読みにくくなる。大事なのはフォントではなく、書かれている内容だ。
　横線のないこういうゴシック体のフォントは特に読みにくい。ジョン・アップ

7章　印刷媒体広告で成功する方法

ダイクはこう言っている。「文字についている横線にはちゃんと目的がある。これがあることによって、目が文字の形を捕えやすくなる。ゴシック体も、ほんのちょっとだけ使うのなら目の刺激になるが、まるまる1ページをそれだけで埋め尽くしてしまえば、人はげんなりして読む気がなくなってしまう。ロウを塗った紙が水をはじくのと同じで、薄っぺらでぼやけた印象を与える」

アート・ディレクターの中には、コピーとは好き勝手な形に自由にデザインするための天然資源か何かだと思っている者もいる。そんなコピーはとても読めたものではない。

ある雑誌の最近の号では、47の広告が黒地に白抜き文字で組まれていた。これでは読むのはほぼ不可能だ。

非常に長いコピーを印刷する場合、なるべく多くの人に読んでもらうための技術がいくつかある。

①ヘッドラインとボディ・コピーの間に、2行分のサブヘッド（小見出し）を入れる。こうすると、この後何が書いてあるんだろうという読み手の好奇心を刺激する。

②ボディ・コピーを装飾頭文字で始める。こうすることで平均13パーセント

右　大文字は非常に読みにくい。この広告を読もうと思ったが、諦めた。

売る広告

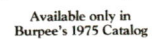

このページ：タイポグラフィによって読むことが不可能になった3例と、読みやすくなった1例。

7章　印刷媒体広告で成功する方法

下と右　この２つの広告のヘッドラインとコピーは、写真の上にかぶせる形ではなく、写真の下に配置されていたら、もっと読みやすかったはずだ。

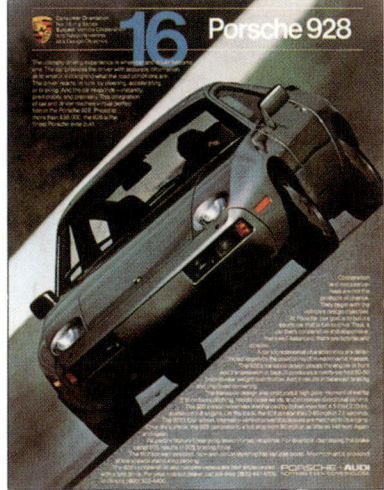

多くの人に読まれるようになる。
③冒頭のパラグラフを最高11語までに抑える。
④コピーの行数の幅が5～8センチほどになったら、見出しを入れる。その後も同様にする。見出しを入れることによって、先へ読み進む気を起こさせることができる。いくつかは疑問形にすることによって、次の部分への好奇心を刺激する。
⑤私が子どもの頃には、パラグラフの両端の長さをきちんと揃えるのが普通だった。だが今では孤立した行（長さの揃わない短い行）を入れることで、より多くの人に読まれることがわかっている。
⑥大事なパラグラフは太字もしくはイタリックにする。
⑦矢印、黒丸印、星印、囲みマークなどを使って、読む人をパラグラフへと誘導する。
⑧互いに関係のない事実をいくつも述べなければならないなら、邪魔な接続詞

売る広告

Vivre comme Dieu en France.

ANZEIGE

Oder:
Leben wie Gott
in Frankreich. Ein
deutscher Ausspruch, in
dem immer wieder die
Sehnsucht nach der Lebensart un-
seres französischen Nachbarn schwingt. Zeit
und Muße, ein herrliches Essen, ein gutes Glas Wein zu genießen. Zeit
und Muße, auch mal über die unwichtigen Dinge des Tages zu reden.
Kommen Sie. Essen und trinken Sie ein paar Tage oder Wochen wie Gott in Frankreich.
Im Herbst, wenn im nördlichsten Weingebiet, der Champagne, sich die sanften Hügel rot-gelb
färben. Und die Weinbauern die reifen Reben für den König oder Getränke ernten, Champagner.
Oder kommen Sie hin, wo die Weinbauern fruchtig, trockene Weine nach französischer Art machen und Lie-
ben. Wo diese herrlichen Weine nach der Rebsorte benannt werden und die Weinhauptstadt Colmar heißt: im Elsaß.
Die trockenen, kräftigen Weine haben alle einen reinen, klaren Geschmack. Zum Beispiel der Riesling, der
Sylvaner und der Gewürztraminer. Aber nun verraten wir eigentlich schon fast zuviel. Denn diese, nennen
wir sie ruhig Werbeanzeige für Weine aus Frankreich, ist die erste von vielen. In den noch kommenden Anzeigen,
die Sie im Laufe des Jahres in dieser Zeitschrift sehen können, schreiben wir über die unterschiedlichsten
Weingebiete. Über das Land, das Essen, aber vor allem über die Weine. Wie sie beschaffen sind.
Z.B. die aus dem Loire-Tal. Ob trocken oder süßer. Rot, weiß oder rosé. Ob leicht oder schwer.
Ob elegant oder rustikal. Wann man sie trinkt, wie man sie trinkt, und vor allem,
zu welchem Essen man sie trinkt. Übrigens, bei uns in Deutschland, in den Wein-
geschäften und den Weinabteilungen der Kaufhäuser finden Sie sehr viele fran-
zösische Weine. Von den preiswerten Landweinen (Vins de Pays) bis zu den edel-
sten Tropfen. Und damit Sie sich nicht noch besser auskennen, werden wir Ihnen auch
einiges über die Qualitätsstufen der Weine, z. B. der Weine aus Burgund, sagen. Und
etwas über die ausdrucksvolle und vielseitige Sprache der Weinetiketten. Über die
Menschen, die Landschaften, warum z.B. Weine des Gebietes Mâcon zu den wür-
zig und jungen Rot- und Weißweinen zählen, die Sie probieren sollten. Und warum es
richtig sein kann, einen jungen Rotwein, einen Beaujolais, mal kühler zu trinken. Das
schöne Bordelaiser Hinterland um Bergerac, an der Dordogne, sollten Sie unbedingt
kennenlernen. Es gibt hier verschiedene ausgezeichnete Tischweine. Am besten,
wenn Sie Bordeaux besuchen, das wohl größte Weinbaugebiet Frankreichs. Hier wurde
eine Kochkunst entwickelt, die zu den besten zählen und edlen Bordeaux-Weinen paßt.
Vollkommen anders wieder sind die Weine aus dem Rhône-Tal. Sandige, kiesel-
steinhaltige Böden und die sonnige Klima geben den Weinen ihre spezielle Kraft. Den feu-
rigen, würzigen Châteauneuf-du-Pape sollte sich kein Weinkenner entgehen lassen. Übri-
gens, über alles dieses Blatt, Sie wissen dann später, wo in Frankreich, ob im Norden, Süden,
Westen oder Osten, nun die einzelnen Weingebiete liegen. Ein kleines, aber nicht unwichtiges
Gebiet z.B. liegt hier: Gaillac. Eine reizvolle Landschaft mit schönen, kleinen Städten.
Die unerbittliche Sonne gibt den Weinen aus Languedoc-Roussillon und der Provence
ihren Duft, ihre Kraft und ihr besonderes Feuer. Kommen Sie in das Lieb-
lingsland der Weine. Lassen Sie sich verwöhnen. Von Sonne und Hier,
Natur. Von der guten Küche und den Weinen, auf der
von denen Sie sicher jetzt schon träumen. Sonnen-Insel
Korsika, gibt
Weine aus Frankreich. Erst kennen, es herrliche,
dann lieben. A votre volle, run-
santé. de Rosé-
und Rot-
Weine.

Nord LB '74

In einem Jahr, das durch außergewöhnliche gesamt- und kreditwirtschaftliche Entwicklungen belastet war, nahm die Bilanzsumme der Nord LB um 16,7% auf 28,8 Mrd DM zu. Das Volumen aller Aktivitäten der Bank erreichte mehr als 36 Mrd DM. Trotz veränderter Marktdaten brauchten die Geschäftspunkte der Geschäftstätigkeit nicht korrigiert zu werden, wie die unveränderte Bilanzstruktur zeigt. 1974 stellte die Nord LB wiederum ihr vielfältiges Leistungsangebot und know-how in den Dienst ihrer verbundenen Unternehmen im In- und Ausland, öffentlichen Hände und ihrer Sparkassen. Leitmaximen ihres Handelns als öffentlich-rechtliche Bank waren unverändert auch in der Phase weltweiter Rezession die Stärkung der Leistungskraft und Sicherung einer erfolgreichen Zukunft der ihr verbundenen Unternehmen im In- und Ausland, öffentlichen Hände und ihrer Sparkassen.

In a year which was marked by exceptional developments in credit management and in the economy as a whole, the balance sheet total of Nord LB increased by 16.7 per cent to DM 28,835 million. The volume of business handled by the bank rose to more than DM 36,425 million. In spite of changes in market conditions, no adjustments had to be made in the main elements of business activity, as shown by the unchanged structure of the balance sheet. In 1974 Nord LB continued to place a wide range of services and its considerable know-how at the disposal of its customers. As a public bank it has adhered to its principles, even during a worldwide recession, of increasing its capacity and ensuring a successful future for enterprises connected with it both at home and abroad, and for its local-authority customers and their saving banks.

Nord LB – Bilanz kurzgefaßt:

Aktiva	Bilanz zum 31.12.1974 in Mio DM		Passiva
Barreserve	643	Verbindlichkeiten gegenüber	
Wechsel	193	Kreditinstituten	4.117
Forderungen an		Verbindlichkeiten gegenüber	
Kreditinstitute	4.304	Kunden	3.757
Forderungen an		Spareinlagen	2.064
Kunden	15.511	Begebene	
Wertpapiere	1.913	Schuldverschreibungen	12.037
Durchlaufende Kredite	955	Durchlaufende Kredite	955
Beteiligungen	427	Eigene Mittel	753
Landes-Bausparkasse	2.562	Landes-Bausparkasse	2.477
Sonstige Aktivposten	2.327	Sonstige Passivposten	2.675
Summe der Aktiva	28.835	Summe der Passiva	28.835
Konzernbilanz	32.351	Geschäftsvolumen der Bank	36.425

Nord LB – summary of balance sheet:

assets	balance sheet at 31.12.1974 in million DM		liabilities
cash reserve	643	obligations to credit	
bills	193	institutions	4.117
claims on credit		obligations to	
institutions	4.304	customers	3.757
claims on customers	15.511	saving investments	2.064
securities	1.913	issued bonds	12.037
loans on trust basis	955	loans on trust basis	955
holdings	427	capital and reserves	753
regional building society		regional building society	
(Landes-Bausparkasse)	2.562	(Landes-Bausparkasse)	2.477
other assets	2.327	other liabilities	2.675
total assets	28.835	total liabilities	28.835
group balance sheet	32.351	total volume of business	36.425

Die ungekürzte Bilanz sowie die Gewinn- und Verlustrechnung, die den uneingeschränkten Bestätigungsvermerk tragen, werden im Bundesanzeiger veröffentlicht.

Norddeutsche Landesbank
Girozentrale
Hannover – Braunschweig

The Winstons aren't trying to save the world. Just a little piece of it.

There are Apaches on the reservation in Clear Fork, Arizona, who can remember the last, hopeless Apache uprising in 1900. But for Della Alakay, a seven-year-old Apache, the enemy is not the U.S. Cavalry.

She and her people are fighting another kind of war. This time the enemies are poverty, disease and despair. And for the first time in generations, there's a chance that the Apaches might win: thanks to the courageous efforts of her own people and other Americans like the Winstons.

Anne and Stan Winston and their two daughters live in a New York suburb 2,000 miles from the reservation. But it's another world. The Winstons live in a big, old house and complain about a big, new mortgage. Their girls have a closetful of clothes and "nothing to wear." They have bikes, skates, games, books, records and "nothing to do."

Della and her seven brothers and sisters have none of these problems. Her father spends as much time looking for work as he does working. Sanitary facilities are almost non-existent. Electricity has yet to reach them. Water is hauled by hand. Even the barest necessities are hard to come by.

Through Save The Children Federation, the Winstons are helping Della. The cost is $15.00 a month. It's not a lot of money, but certainly the Winstons could have thought of a lot of other things to do with it. Fortunately they thought of Della first.

To her, these funds make a remarkable difference. She no longer need feel embarrassed about not having shoes, a decent school dress, school supplies, or pocket money.

Some of the pressure, too, is off her parents, who can now begin thinking about making their home a little more livable. Also, and perhaps most important, part of the money is put into a fund from which the village can borrow to start self-help projects, including better housing and a water system.

Already there is a new feeling of hope among the villagers and confidence in their ability to help themselves. Even little Della has volunteered to give some time each week to keep her school playground clean.

That really is what Save The Children is all about. Although contributions are deductible as a charity, the aim is not merely to buy one child a few hot meals or a warm coat. Instead, your contribution is used to give people a little boost to start helping themselves.

Sponsors are desperately needed for other American Indian children as well as children in Appalachia, Korea, Vietnam, Latin America, Africa and Greece.

As a sponsor you will receive a photo and history of the child, progress reports and a chance to correspond.

The Winstons know they can't save the world for $15.00 a month. Only a small corner of it. But maybe that is the way to save the world. If there are enough people who care. How about you?

Save The Children Federation, founded in 1932, is registered with the U.S. State Department Advisory Committee on Voluntary Foreign Aid, and is a member of the International Union of Child Welfare. Financial statements and annual reports available on request.

National Sponsors (partial list):
Claude Arpels, Faith Baldwin, Hon. James A. Farley, Andy Griffith, Gene Kelly, Mrs. Eli Lilly, Paul Newman, Mrs. J. C. Penney, Norman Rockwell, Frank Sinatra

Save The Children Federation
NORWALK, CONNECTICUT 06852

I WISH TO CONTRIBUTE $180 ANNUALLY TO HELP A CHILD.
☐ WHERE THE NEED IS GREATEST ☐ LATIN AMERICA
☐ AMERICAN INDIAN ☐ APPALACHIA ☐ KOREA ☐ GREECE
☐ VIETNAM ☐ AFRICA
ENCLOSED IS MY FIRST PAYMENT
☐ $15.00 MONTHLY ☐ $45.00 QUARTERLY
☐ $90.00 SEMI-ANNUALLY ☐ $180.00 ANNUALLY
☐ I CAN'T SPONSOR A CHILD. ENCLOSED IS A CONTRIBUTION OF $_____
☐ PLEASE SEND ME MORE INFORMATION.
NAME _____
ADDRESS _____
CITY _____ STATE _____ ZIP _____
CONTRIBUTIONS ARE INCOME TAX DEDUCTIBLE   SRA 2/21/0

> **This is what happens when a fly lands on your food.**
>
> Flies can't eat solid food, so to soften it up they vomit on it. Then they stamp the vomit in until it's a liquid, usually stamping in a few germs for good measure. Then when it's good and runny they suck it all back again, probably dropping some excrement at the same time. And then, when they've finished eating, it's your turn.

上の2点 この広告を書いたのは、桁外れの力量を誇るチャールズ・サチだが、黒地に白抜きの文字で組まれている（左）。白地にスミ文字で印刷されていればもっと読みやすかったはずだ。まあ、ともかくどうぞ召し上がれ。
（コピーの訳：蠅が食べ物に止まったときに起きること。――蠅は固いものが食べられない。だからやわらかくするために、まず食べ物の上にゲロを吐く。それから、食べ物が液体になるまでぐちゃぐちゃに踏みつける。たいてい、ついでにバイ菌も混ぜ込む。いい感じに粘ってきたら、全部まとめて吸い上げる。ついでに、たぶんフンも少々落とす。蠅が食事を終えたら、次はあなたの番だ）

前ページ上の2点 アート・ディレクターの中には、コピーとは好き勝手な形に自由にデザインするための天然資源か何かだと思っている者もいる。このコピーは、段組みで印刷されていた方がはるかに読みやすかったのではないか？

前ページ下の2点 飢餓にある子どもたちのための資金調達を目的とするこの広告は、最初黒地に白抜き文字で組まれていたが、私が白地にスミ文字で印刷することを進言すると、当初の2倍の寄付金が集まった。

を使わず、単純に番号を打つ。今私がやっているのがそれだ。

⑨文字をどんな大きさにするか？

<small>これは5ポイント。小さすぎる。</small>

これは 14 ポイント。大きすぎる。

これは 11 ポイント。ちょうどいい。

⑩各パラグラフの間に行間（余白）を入れると、読む人の数は平均 12 パーセント増える。

タイポグラフィの重要性をことさらに強調しすぎるとお思いかもしれない。新発売の洗剤の広告フォントがカズロン体だったから買ってみたという奥さんの話など聞いたこともないだろう。しかし、誰にも読んでもらえない広告でモノが売れるだろうか？ 人が教会に来なければ、魂を救うことはできない。

建築家ミース・ヴァン・デル・ローエが言った通り「神は細部に宿り賜う」のだ。

売る広告

ミッチナー：Do you know me？

遥か遠い国々について、何冊も本を書いてきました。

でも、500万語もものを書いても、私の顔を知らない人はたくさんいます。

だから、とうとうアメリカン・エキスプレスカードを持つことにしました。

今や、「ハワイ」のガイドブックから抜けだしたような、

こんなおもてなしを受けています。

カードのお申し込みは、

この看板のあるお店でどうぞ。

アメリカン・エキスプレスカード。出かけるときは忘れずに。

8 売れるテレビCMの鉄則

テレビCMについて何か書こうとすると、必ずつきまとう問題がある。それは、本にテレビCMをそのまま載せるのは不可能だということだ。仕方がないから、ポイントだけわかるように絵コンテのいくつかを再現して、あとはみなさんの解読に期待しよう。

印刷媒体の広告についての章では、リサーチ結果だけでなく、私自身の長きに渡る経験からも話をさせてもらった。しかしテレビとなると、私自身の経験は比較的限られている。確かに、かつてカンヌ国際映画祭で受賞したことはあるが、あれは決してよいCMとは言えなかった。というわけで、本章についてはリサーチと、他の誰かが作ったCMをこれまで何千となく見てわかったことに頼って話を進めていこう。

私にとって最も貴重な情報源は、メイプス・アンド・ロス社に定期的に依頼している要因分析だ。彼らはブランドの好みの変化を測定している。CMを見てブランドの好みが変わった人は、そうでない人に比べて、その後その商品を3倍購入している。

リサーチ会社はまた、CMをどのくらい思い出してもらえるかについても測定している。この方法を好むクライアントも多い。しかし、テレビCMによっては、思い出してもらえる率は高くても、実際にブランドの好みを変える率は低いものもあり、思い出してもらうことと、その人が実際に商品を買うかどうかには相関関係はない。私はブランドの好みが変わるかどうかを見る方を信頼している。

まずは、ブランドの好みを変えさせる力が平均以上あるCM手法を10通りと、平均以下のものを3通りご紹介しよう。

平均以上の手法

①**ユーモア**。世間一般の通念では、人は、栄養があるからとか、手間が省けるとか、お買い得だからといった理由で商品を買うのであって、テレビで企業が面白いことを言うから買うわけではないとされてきた。近代広告の父、クロード・ホプキンスは、「人は道化師からモノを買いはしない」と喝破したものだ。

クロード・ホプキンスの時代には、おそらくその通りだっただろうし、最近になってもこれは真実だっただろう。だが、要因分析によってわかったごく最近の風潮では、ユーモアによってモノが売れるのだ。これを知って私自身もほっとした。私の了解をとろうとユーモラスなCMが持ち込まれるのだ

前ページ 有名人の推薦文は、ブランドの好みを変えさせる力が平均以下しかない。しかしアメリカン・エキスプレスは、1977年からこんなCMを流し、ずば抜けた成功を収めた。この一連のCMには、「Do you know me ?」という独特の謎の要素がある。

売る広告

男性：バッタみたいに小さい頃、僕は家出した。

…ビー玉と…ぱちんこと…ホーヴィスパンのサンドイッチを持って、僕は歩き出した。

立ち止まってサンドイッチを食べようとしていたら、郵便屋のおじさんが来た。

「ここはまだロンドンじゃないの？」、僕は訊いた。

おじさんは言った。「いや、まだだよ坊や。もし歩いてロンドンまで行くつもりなら…

ホーヴィスパンのサンドイッチがもっとたくさんいるなあ…

（沈黙）

…おじさんと一緒に、ママんとこへ帰ろう…

…スーツケースいっぱい、サンドイッチ作ってもらおうな！」

（3秒間 BGM）

男性2：ホーヴィスパンには、普通のパンより多くの小麦胚芽が含まれています。あなたの健康のために、今でも…

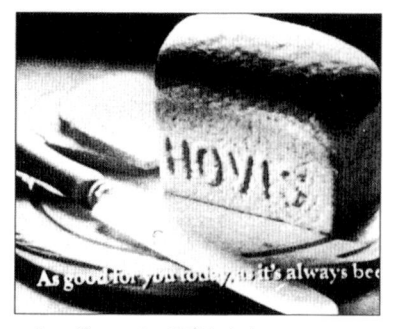

…ホーヴィスパンは変わらない。

上 この皺だらけの老いた農婦は、フランスの洗濯機のCMのヒロインだ。フランスでは4人に3人が彼女を知っている。このCMのおかげで、この商品の売上げは業界4位から2位に跳ね上がった。

前ページ イギリスの広告会社、コレット・ディキンソン・ピアスが製作したホーヴィスパンのノスタルジックな一連のCM。この素晴らしいシリーズは私のお気に入りだ。

が、仕方なくそれを却下するたびに自己嫌悪を感じていたからだ。

しかし、おかしなCMを作ろうとしても、本当に笑えるものを作れるのはごくごくわずかのライターだけだ。それだけの稀な才能がないかぎりは、やめておいた方がいい。

② **人生のひとコマ**。この種のCMでは、実生活に似せたセットで、1人の役者がもうひとりの役者と商品のいいところについて議論し、最後に疑い深い方が説得される——なるほど君の歯磨きを使うと、確かに子どもたちの歯が強くなるね、と。

こうした寸劇は次々と成功を重ねてきた。しかしコピーライターはこうしたものを忌み嫌う。あまりにも古くさいとか、長い間使い古されて手垢がついていると言うのだ。だが、こういう「人生のひとコマ」タイプのCMを、実際に商品の売上げを上げるばかりでなく、現実的で魅力的に作るのに成功している広告会社もある。

③ **推薦文**。推薦文タイプのCMで最も効果的なのは、本当にずっとそれを使い続けている愛用者が、カメラに撮られていることを知らずに、その商品の長所を証言するというものだ。インタビュアーがわざと商品の欠点を述べると、愛用者は弁護に立ち上がる。それも、もし単純にその商品についてどう思いますか？ と訊かれたとしたらそれほど強くは断言しないだろうというくらい、確信に満ちた弁護を繰り広げる。一例を挙げよう。

「シーンはシェルのガソリンスタンド。給油係に扮した役者がいる。

アナウンサー：この給油係は偽物です。実はシェルのディーラーではありません。お客様にスーパーシェルを給油しないよう説得できるかどうかやってみます。では、隠しカメラで見てみましょう。

シェルのディーラー：スーパーシェルは燃費が悪いですよ。

お客のロンゴ夫人：いいえ、これがいいの。1円節約すれば1円儲けたのと同じことでしょ。

シェルのディーラー：そんなことおっしゃっても、ガソリンのことなんて何もご存じないでしょう。

ロンゴ夫人：後ろにちっちゃな犬が乗ってるでしょう？ この子を買ったのは、ちっちゃくてあんまりエサを食べないからよ。今度はスーパーシェルで節約するの。

シェルのディーラー：そりゃ迷信ですよ！ め、い、し、ん！

ロンゴ夫人：わかってないわねえ。スーパーシェルがダントツなんだから。私がシェルの社長だったら、あんたなんかクビよ。

アナウンサー：私たちは彼をクビにはしません。おかげでスーパーシェルをこんなに褒めてもらったんですから」

証言してもらう愛用者を選ぶには、プロの役者と思われるような洗練された演技をする人は避けること。素人臭ければ臭いほど信用される。

あるフランスの広告会社は、洗濯機のCMに80歳の洗濯女を選んだ。皺だらけでビヤ樽のような体躯のこの老婆は、フランス人の4人に3人が知るところとなり、洗濯機の売上げを第4位から第2位に押し上げた。

CMに意外なキャラクターを使うと、ブランドの好みを変えさせる力がずば抜けて高まる。

④ **実演**。その商品の効能をデモンストレーションで示すと、説得力が平均以上

売る広告

画面外のナレーター：ご覧下さい！　信じられないような… 　スーパーグルー３の粘着力を。

（ストップウォッチが時を刻む音） 　画面外のナレーター：編集は一切していません。

説明書をお読みください。スーパーグルー３ならゴムでも…プラスチックでも…陶器でも…秒速でくっつきます。

8章　売れるテレビCMの鉄則

前ページ　このフランスのCMは、アナウンサーの靴の裏に「スーパーグルー3」を塗って、天井から逆さまに吊るし、効果を実証した。カンヌ・フェスティバルで第1位を獲得した。

下　キャラクターを使って、商品の信頼性を高めることに成功した例。

になる。

　デモンストレーションだからと言って、必ずしも退屈だとはかぎらない。インターナショナル・ペーパーは、段ボールの強度を示すために、渓谷に段ボールで作った橋を架けて、その上を重いトラックで走るというデモンストレーションをして見せた。

　オグルヴィ・アンド・メイザーのパリ支社では、クライアントの接着剤にどの位の強度があるかを示すために、レポーターの靴底にその接着剤を塗り、天井から逆さまに吊るして見せた。レポーターはそのままの姿勢で売り口上を述べた。

　競合する商品と比較したデモを使うなら、競合品の名前をあからさまに出す前によくよく考えた方がいい。ドイツではこれは違法だが、アメリカ政府

（道を走る馬車の音）

男：（画面外で）やっほー！

ティミー！　今日はこいつを届けに来たぞ…ペパリッジ・ファームの小麦パンだ。

昔ながらの焼きたてだ、合成保存料なんて使ってないぞ。

ほんものの挽き割り小麦と…

糖蜜に、ハチミツ。保存料なんて入ってない。

ペパリッジ・ファームの小麦パンを食べてごらん。昔ながらのパンだよ。

（馬車の効果音）

画面外からの声：だってペパリッジ・ファームは覚えているから。

107

は、消費者がきちんとした情報に基づいて選択するのに役立つとして、むしろ奨励している。オグルヴィ・アンド・メイザーの調べによれば、競合ブランドの名前を明らかにしたCMは、そうでないものに比べて信頼度は低く、紛らわしいと思われることがわかっている。視聴者は、CMの中で非難されたブランドの方がよいと思い込む傾向がある。

⑤**問題解決**。このテクニックは古く、テレビの黎明期から使われている。まず視聴者自身におなじみの問題を見せ、それから商品がいかにその問題を解決するかを示すものだ。

　問題解決タイプのCMの中で、これまで私が見た最高傑作は、インドのマドラスで撮影したトレイン・マッチのCMだ。まず、1人の男が、おそろしく蒸し暑いインド南部の気候の中で、「普通の」マッチを擦ろうとしている。火が点かず、彼は発狂せんばかりになる。そこにクールで美しい彼の妻がトレイン・マッチの箱を持って現れ、こっちを擦るとあっという間に火が点くというものだ。

⑥**喋りまくる人（トーキング・ヘッド）**。これは、立て板に水のように商品の美点を羅列する売り手のことをバカにして呼ぶ名前だ。広告界の人間はクリエイティブではないとして馬鹿にする。だが、いまだにこの手法を使うクライアントもいる。これには平均以上にブランドの好みを変えさせる力があるからだ。

　喋りまくる人の手法は、とくに新商品を紹介するのに適している。近年ドイツでは、100を超えるたばこの新ブランドが売り出されたが、その中でたった1つ成功したのが、この喋りまくる人を使ったCMだった。

　おそらく史上最も説得力のあった「喋りまくる人」のCMは、ジョン・ハウスマンのこれだろう。「スミス・バーニー証券は、昔ながらの方法で収益を上げています。みんなで一生懸命働くのです」

　かつて訪問販売のセールスマンだった私は、もし自分がテレビで2分間もらえたらどんな商品だって売ってみせる。この自信は墓場に行く瞬間まで断然持ち続けるだろう。誰かやらせてみようという方は？

⑦**キャラクター**。CMの中には、商品を売るのに長年「キャラクター」を使い続けるものもある。そうしたキャラクターは商品の生きたシンボルになる——ニューイングランドの愛想のないパン屋、タイタス・ムーディは、26年間もペパリッジ・ファーム・ブレッドの素晴らしさを褒め讃え続けているし、マックスウェル・ハウス・コーヒーのコーラも7年間コーラの売上げを上げている。

　商品と適切な関連があれば、こうしたキャラクターはブランドの好みを変えさせるのに平均以上の力がある。

⑧**理由づけ**。視聴者に、なぜその商品を買わなければならないのかの合理的な理由を説明するCMも、若干だが平均以上の力がある。

　マキシム・インスタント・コーヒーが売り出されたとき、CMは、マキシムが他のものよりもよいのはフリーズドライだからだと説いた。広告人の10人のうち9人が、消費者は商品がどう作られるかになど関心を持たないと言うだろう。そうかもしれないが、フリーズドライの製法は十分に目新しく興味深かったので、視聴者にそのコーヒーを試してみようと思わせるだけの力があった。

8章　売れるテレビCMの鉄則

「せっかく滅多にないニュース性があるのに、コピーライターの中にはそれを最大限活かそうとしなかったり、まるっきり見向きもしない者がいる。そういう輩は、油地獄で煮てやらなければならない」

⑨**ニュース性**。ニュース性のあるCMは平均を超える力を持つ。しかし、せっかく滅多にないニュース性があるのに、コピーライターの中にはそれを最大限活かそうとしなかったり、まるっきり見向きもしない者がいる。そういう輩は、油地獄で煮てやらなければならない。商品も人間と同じで、一番関心を集めるのは生まれたばかりのときなのだ。

昔からある商品なら、それを使う新しい方法を広告することでニュース性を作り出すことができる。たとえば、重曹を使って冷蔵庫の匂いを爽やかに保つことができるというように。

⑩**感情**。リサーチャーたちも、感情の効果を数値で表す方法をまだ見つけられないでいる。だが私は、ノスタルジーや魅力、あるいは感傷といったものを大いに含めたCMが恐ろしく効果的であると信じるようになった。イギリスのホーヴィスパン、あるいはオレゴンのブリッツ・ワインハードビールは、私がこれまで見た中でも最もインパクトの強いCMである（P104、114、115参照）。

感情は、とくに商品に独自の点が何も見つからないときに、「合理的な」アピールに勝るとも劣らない効果を上げ得る。だが、私のパートナーであるハル・ライニーは言う。「ここがやりにくいところなんだ。クライアントのほとんどは——それに、残念ながら広告会社の方も——商品の魅力を合理的にアピールする方がずっと重要だと思ってる。消費者の方はそんなことさほど気にしちゃいないのに。広告が成功し、掃き溜めの鶴のように目立つためには、広告する商品のメリットについて『客観的』でなければならない。しかし、チョコレート・バーやたばこ、炭酸飲料水やビールの『メリット』を、いったい正確には何だと言えばいいんだ？」

もうひとつ、ここで急いで付け加えておきたいのは、消費者の方も自分が感情によって決めたことを正当化するために「合理的な言い訳」を必要としているということだ。だからそういう言い訳を必ずひとつは入れておくこと。そして何よりも、もし感情を上手く表現できないなら、使わないこと。

平均以下の手法

①**有名人による推薦文**。これは消費者にブランドの好みを変えさせる上では平均以下である。視聴者は、そうした有名人がCMに雇われたのだろうと思うし、実際その通りなのだ。ヘアケア製品のファベルジェは、ファラ・フォーセットを3年間CMに起用するために200万ドルを払ったと伝えられているし、ボブ・ホープ、グレゴリー・ペック、キャンディス・バーゲン、ディーン・マーチンを使うにはそれぞれ100万ドルのギャラが必要だ。誰もがCMに使いたいのはアンカーマンのウォルター・クロンカイトだろうが、いくら金を積まれようと彼が出るはずはない。しかし、イギリスの大列車強盗事件への関与で有罪判決を受け、後に脱獄したロナルド・ビッグスなら、たった1万ドルぽっちのギャラでも喜んで出演するだろう。ロナルド・ビッグスは現在ブラジル在住だ。

視聴者はCMに出た有名人はたいてい覚えているが、商品の方は忘れてしまう。エレノア・ルーズベルトに3万5000ドルでマーガリンのCMに出演してもらったときは、私はまだそのことを知らなかった。後にエレノア夫人は、この件に関して視聴者からたくさん手紙をもらったが、その感想はまっ

下　ルーズベルト夫人に3万5000ドルでマーガリンのCMに出演してもらった。夫人の台詞はこうだ。「新しいグッドラック・マーガリンは本当に美味しいわ」。当時は、有名人を使うのは間違いであることをまだ知らなかったのだ。有名人ばかりが記憶され、商品は忘れられてしまう。

売る広告

それぞれに遺産相続人を乗せたリムジンの葬列から始まる。画面外から男性の声：私、マックスウェル・E・スネイヴァリーは、健全な精神と肉体の下に以下のように遺贈する。

明日などないかのように無駄遣いばかりした妻のローズには、100ドルとカレンダーを贈る。10セント玉に至るまで、私がやった金をすべて高級車と尻軽女に使い果たした息子のロドニーとビクターには…50ドルをすべて10セント玉で…

「金を使え、もっと使え」がモットーだった共同経営者のジュールスには、「やらん、何もやらん」。金の価値を決して学ばなかったその他の友人知人には——1ドルを。

最後に、いつも「1ペニーの倹約は1ペニーの儲け」と言っていた甥のハロルド。いつも「マックス叔父さん、絶対にフォルクスワーゲンがお得ですよ」と言っていたハロルドには…私の全財産1000億ドルを贈る。

上　今までで一番笑ったのは、ドイル・デーン・バックが書いたフォルクスワーゲンのCMだ。人は道化師からモノを買うことはないという理由で、私はCMに笑いを取り入れるのを否定してきた。しかし、リサーチによって、今ではユーモアも、他のテクニック同様売上げに効果があることがわかっている。

ふたつに分かれていたと語った。「半分は私が自分の評判を下げたと言って悲しむ手紙、もう半分は私が自分の評判を下げたと言って喜ぶ手紙でした」。とても胸を張れる思い出とは言えない。

②**アニメ**。これは子ども相手ならいざ知らず、大人へのセールスという点では平均以下だ。実写ほどには視聴者の心をつかまず、説得力も今ひとつだ。

ある柔軟剤のCMを2種類作った。一方は実写、もう一方はアニメだ。アニメの方は、低下し続ける売上げの改善に何ら効果がなかったが、実写の方は売上げを増加に転じさせた。

③**音楽入りスキット**。音楽と共に、瞬時に入れ替わっては消えるイメージを次々にパレードのように流すのが一時流行したが、もう廃れかけているらしい。面白いかもしれないが、売上げを上げるという点においては無力だ。

16のアドバイス

①**ブランド名の銘記**。リサーチによれば、CM は覚えているけれども商品名はまったく覚えていないという視聴者が、驚くほどの率で存在することがわかっている。あなたの CM を競合ブランドと結びつけてしまうということも恐ろしいほど頻繁に起きている。

　コピーライターの多くは、商品名を長々と連呼するなど下品だと思っている。しかし、視聴者を楽しませるよりも売上げを上げることの方に関心がある人のために、ブランド名を視聴者の心に刻み込む方法を2つご紹介しよう。

- CM の最初の 10 秒以内にブランド名を出す。340 秒間に 20 回もブランド名を連呼しつつ、見る者をまったく苛立たせないという素晴らしい CM もある。
- 名前で遊ぶ。スペリングを言ってみる。ベテランのみなさんなら、盲目のピアニスト、アレックス・テンプルトンが、伴奏する弦楽器のピチカートに合わせて、ワインの C. R. E. S. T. A. B. L. A. N. C. A. という名前を綴ったのを覚えておられるだろう。新製品の広告なら、テレビ CM でまずその名前を視聴者に教え込まなければならない。

②**パッケージを見せること**。パッケージを見せて終わる CM は、そうでない CM に比べて、ブランドの好みを変えさせる効果がより高い。

③**食品には動きを**。食品の CM なら、美味しそうに見えれば見えるほど売上げが高まる。とくに「動きのある食品」は美味しそうに見えることがわかっている。チョコレートソースならアイスクリームの上に、シロップならパンケーキの上にかけているところを見せること。

④**クローズアップ**。商品を CM のヒーローにするときには、クローズアップを使うとよい。チョコレートバーを大写しにすればするほど、見ている人の口の中にツバが湧いてくる。

⑤**あっと言わせるシーンで始める**。CM に許された時間はたった 30 秒だ。最初のコマを映像的にあっと言わせるシーンにすれば、視聴者を引き寄せるチャンスが高まる。

　そもそも退屈なシーンで始まる CM などに、視聴者は目もくれない。あなたには後から素敵なことが起きるのがわかっているが、視聴者にはわからない。しかも金輪際絶対に知ることもない。その時間は急いでトイレに行くからだ。

　消化器の CM なら、火事のシーンから始めるべし。

⑥**言うことが何もなければ、歌え**。売り口上を歌にした CM で成功しているものもいくつかある。しかし CM ソングはブランドの好みを変えさせる上では平均以下の力しかない。

　CM ソングは、まずは歌詞をまったく知らない人に聞かせてみてから使うこと。もし歌詞が聞きとれないようなら、オンエアしないこと。

　もしあなたがお店に入って行って冷蔵庫を見せてほしいと言うと、セールスマンがいきなり歌い出したとしたら？　それなのに、クライアントによっては CM ソングを流さないのは不当だと文句を言うところもあるのだ。

　BGM を使う人も多い——感情を手っとり早く表す方法だ。リサーチによれば、これはプラス要素ともマイナス要素ともつかない。害はないが、たいして効果もないということだ。偉大な伝道師が説教している間に、オルガニ

ストにBGMを弾かせるだろうか？　広告会社が、これからクライアントになってくれそうな企業に売り込みをしている最中にBGMを流すだろうか？

⑦**効果音**。BGMを流してもCMのセールス効果は上がらないが、たとえばフライパンの上でソーセージがジュージュー焼けるようなシズル音は、プラスの効果が期待できる。

　マックスウェル・コーヒーのCMは、パーコレーターでポコポコとコーヒーが沸く音を中心に構成された。これは十分な効果を上げ、5年間続いた。

⑧**画面外からの声か、画面内の声か？**　リサーチによれば、画面外からの声で視聴者の心をつかむ方が難しいことがわかっている。カメラの前で役者に喋らせる方がよい。

　あるメーカーが2種類のCMを作った。一方は画面外からの声を使い、もう一方はカメラの前で実際に喋るという点を除けば、両者はまったく同じものだ。2つをテストしたところ、カメラの前で実際に喋った方がセールス効果は高かった。

⑨**テロップ**。伝えたい効能をテロップにして画面に出し、かつ音声でも伝えれば効果を強めることができる。

　この際、テロップの文章を音声で語られる文章とそっくり同じにすること。ちょっとでも違うと、視聴者は戸惑ってしまう。

　広告会社の人間の多くはテロップの使用に抵抗を示す。これを使うことで売上げが上がるのだと言っても――実際にそうなのだ――馬鹿者どもは聞く耳を持たない。

⑩**凡庸な絵面を使わないこと**。あなたのCMに注目してほしければ、視聴者がこれまで見たこともないような絵面を見せること。夕暮れだの幸せな一家の夕食風景だのを見せたところで、たいした効果はない。

　アメリカの平均的な家庭は、1日に6時間テレビをつけ、年間3万ものCMに晒されている。そのほとんどは、鴨の背中を水が流れるように流れ落ち、記憶に留まりはしない。だからこそ、あなたのCMの絵面には何か突飛なもの、視聴者の心に突き刺さるような映像的な引っかかりを作らなければならない。そうした引っかかりの一例が、轟音と共にカメラに向かって突進する雄牛の群れだった。同時に字幕にはこんなタイトルが出る。「メリル・リンチはアメリカの未来に向かって雄牛のように強気に立ち向かいます」

⑪**シーンの変化**。ハル・ライニーは見る人の頭を混乱させることなく、多くのシーンを操ることができた。私にはそんなことはできないし、あなたにもきっと無理だと思う。一般的には、短いシーンをあまりにも多く使ったCMでは、ブランドの好みを変えさせる力は平均を下回る。

⑫**記憶を助ける工夫**。これは長年使い続けられてきた映像上の工夫のことだ。これによってブランド認識を高め、視聴者に商品の効能を思い出してもらえる。たとえば、紙のバリアを突き破って車が飛び出して来るシェルのCMだ。

⑬**商品を使っているところを見せる**。商品が実際に使われているところと、使った結果どうなるかを見せると効果がある。オムツなら、それを使うといかに赤ちゃんのお尻を乾いたままにしておけるかを見せる。潤滑油なら、5万マイル走った後でピストンがどうなっているかを見せる。

⑭**テレビではどんなことも可能**だ。技術者はあなたの望みのすべてを叶えてくれる。それに歯止めをかけるのは、あなたの想像力の限界だけだ。

⑮**誤解**。1979年、パデュー大学のジャコビー教授が行った「誤解」に関する研究では、代表的なテレビCM25件を調べたところ、そのすべてが誤解されていた。視聴者の40パーセントもの人が誤解しているものもあった。誤解している人が19パーセント以下のCMはひとつもなかった。

　テレビCMを誤解されたくなければ、徹底的にわかりやすくすることだ。私自身、自分の見ているCMの半分以上が理解できない。

⑯**大スキャンダル**。テレビ番組の製作費は1秒当たり4ドル、一方CMの製作費は1秒当たり2000ドルかかる。つまり、30秒のCMを作るには6万ドルかかる計算だ。

　これほど常識はずれに金が浪費されるのは、主として広告会社に責任がある。フーパー・ホワイトはこう言った。「コピーライターはCMに製作金額を書き込み、アート・ディレクターがそれをCMに引きずり込む」。P&Gのマイナー・レイモンドは、あるアート・ディレクターがCMの撮影セットのテーブルに文句をつけたと言っていた。どうせテーブルクロスで覆ってしまうからテーブルそのものは見えないと、クライアントは指摘した。「でも私にはそこに何があるかわかっているし、それはこの場にそぐわないんです」とアート・ディレクターは答えた。というわけで、別のテーブルを探すことになり、この遅れによってクライアントは5000ドルも余分に支払うことになった。*

　一番手っとり早くCMの制作コストを削減するには、絵コンテの役者を減らすことだ。1人役者を減らすごとに、350ドル〜1万ドルほど節約できる。この金額は、CMがどのくらいの期間放映されるかによる。

　コピーライターは、スタジオで撮影すれば半分の予算で済むところを、これはぜひバリ島で撮影すべきだと言い張る。実写のCMにわざわざコストの高いアニメを入れ込んだりもする。既存の音楽の中に適したものなどないと言うように、BGMにぜひオリジナル曲を作曲すべきだと主張する。最悪なのは、顔を知られていない役者の方が売上げには効果的だと言うのに、わざわざギャラの高い有名人を使いたがることだ。

　リサーチしたわけではないから断言はできないが、私は、CMにかける制作費と、それが売上げに果たす効果とは反比例するのではないかと思う。私のパートナーのアル・エイコフは、以前あるクライアントから、1万5000ドルかけて作ったCMを、10万ドルで作り直すように依頼された。結果、売上げは落ちた。

ラジオ──みそっかす扱いのメディア

　昔々のことだが、私はNBC編成局の草分けであるジョン・ロイヤルの下で、半年間ラジオについて調査をした。当時アメリカではどの家庭でも、ジャック・ベニー、エドガー・バーゲンとチャーリ・マッカーシー、フレッド・アレン、エイモス・アンド・アンディ、バーンズ・アンド・アレンなどにラジオのチャンネルを合わせていたものだ。中にはロイ・ラーセンのあの素晴らしい『マーチ・オブ・ザ・タイム』や、トスカニーニ指揮によるNBCシンフォニー・オーケストラの演奏を聴いた人もいるだろう。

---

*CMの撮影についてもっと詳しいことが知りたければ、マイケル・アーレンの『Thirty Seconds』(『CM30秒』サイマル出版会)を参照。

売る広告

しかし今はすべてテレビに押し流されてしまった。

今やほとんどの人にとって、ラジオは、単に持っていると心が休まる毛布であり、流れているとなんとなくほっとする雑音に過ぎない。

広告媒体としてのラジオは、もはやみそっかす扱いになった。アメリカでは全広告数のわずか6パーセントを占めるのみだ。ラジオでのCMの有効性を測定するリサーチもないので、どれほどの効果があるかは誰にもわからない。私が依頼したパイロット・スタディでは、次の4つの要素がプラスに働くのではないかという結果が出ている。

①CMの前半でブランド名を言う。
②ブランド名を何度も繰り返す。
③CMの前半で、リスナーに商品のメリットを保証する。
④それを何度も繰り返す。

私のパートナー、ハル・ライニーが書いたこのビールのCMは、CMに感情を使った最高の例だ。

①オトリー：祖父がハーニー郡にやって来たのは、1882年頃のこと…

②アナウンサー：ハワード・オトリーはオレゴン州南東部に暮らす牧場主です。
　オトリー：ハーニー郡は今でも牧場の地です——今も昔とほとんど変わっていません。

⑤暮らすにも、ビール作りにも、それが一番だと思っています。

⑥だからブリッツ・ワインハードビールは、今でも自然な原料だけを使って、昔ながらのやり方で作られているのです。

しかし100のCMのうち90が、このうちのひとつも実践していない。これは単に個人的な意見に過ぎないが、私の見るところでは、ラジオのCMでまずしなければならないことは、なんとかして人に「聴かせる」ことだ。人を驚かせよう。好奇心をかき立てよう。眠りから覚ましてやるのだ。ひとたび目覚めたら、ひとりの人間としてもうひとりの人間に話しかけるように話すこと。リスナーを巻き込み、うっとりさせ、笑わせよう。レッド・ホワイト・アンド・ブルー・ビールの売上げを60パーセントも上げたラジオCMシリーズのひとつの台本をご紹介しよう。

「アナウンサー：では、ハーモン・R・ウイットル氏からもうひとつ、インフレ対策についてのメッセージをお送りします。

ウイットル：われわれの国家予算を何より圧迫しているもののひとつは、海外援助計画だよ。毎年何十億ドル分もの飛行機やコンピュータやトラクターなんか

③父はこの牧場で生まれ、家族もずっとここで暮らしています。

④アナウンサー：ハワードの仕事は今でも自然のまま。

⑦あちこちを旅したことはないけれど…こんな素晴らしいところはもうそんなにないでしょう…今は。

⑧ブリッツ・カントリー…ナチュラル・カントリー…ナチュラル・ビール。

を外国に送ってる……そのうえ、そういうものの使い方を教えるための技術顧問料だって。これが馬鹿にならん。

そういう国にビールを送れば、もっとすぐに効果が出ると思うね。アメリカ生まれのレッド・ホワイト・アンド・ブルー・ビールをさ。

レッド・ホワイト・アンド・ブルー・ビールなら、飛行機やコンピュータに比べりゃ安上がりだ。だから今すぐ大いに節約できる。他のプレミアムビールよりも安いから、そこでも倹約だ。それにレッド・ホワイト・アンド・ブルー・ビールなら、コンピュータと違って簡単に覚えられる。だから、技術顧問料だって節約できる。

アメリカの国際的人気が下がらないか気になるのかい？　じゃあ、ちょっと考えてみてほしい。もし自分がああいう暑くて埃っぽい国に住んでたとしたら、何が一番欲しいか。コンピュータかね？　それともキンキンに冷えたレッド・ホワイト・アンド・ブルー・ビールかね？　こいつは本物のビールだよ。値段だって真っ当だ。

アナウンサー：ウイットル氏のご意見は必ずしも当局の見解を反映したものではありません。しかし、ミルウォーキーの RWB ブルーウィング・カンパニーの見解は反映しています」

ラジオは聴く頻度の高い媒体なので、同じ CM を流しているとリスナーはすぐに飽きてしまう。だから、必ずいくつかバリエーションを作ること。テレビ CM に比べれば、ラジオ CM の製作費などタダに等しい。

発展途上国の中には、現在でもテレビよりもラジオの方が多くの人に届く国もある。しかし、そうしたところでも、どんな CM が実際に売上げを上げるかは誰も知らない。そろそろ誰か研究を始めてもよい頃ではないだろうか？

9　企業広告のポイント

「世論が味方なら、不可能なことなどない」
　　　　　　　　——エイブラハム・リンカーン

　その昔、ある大企業の社長がカルティエの店で、妻にダイヤモンドのブレスレットを買った。「請求書は会社宛に送ってくれ」と言うと、にべもなくはねつけられた。カルティエはそんな会社のことなど聞いたこともなかったのだ。翌朝この社長は、広告会社に命じて企業広告を作らせた。
　アメリカ最大手100社のうち81社は、商品とははっきりと違う形で企業広告を行っていて、これに年間約5億ドルをかけている。しかしそのほとんどは、やらない方がまだましという代物だ。とは言え、きちんとした計画を立てて実践すれば、企業広告はやりがいのある投資だ。調査会社オピニオン・リサーチの調べによれば、ある企業についてよく知っている人は、知らない人に比べてその企業に5倍も好感を持つことがわかっている。
　企業広告はまた、社員の士気を高める効果もある。誰も聞いたこともないような会社の一員として働きたいなどと誰が思うだろう？　それに、あらゆるレベルで求人がしやすくなる。また私が思うに、株式公開買い付けをしようというときにも、相手側にとってより魅力的に見えるに違いない。資金は潤沢なのに、企業イメージが悪いせいで、最近何回も株式公開買いつけに失敗した会社を知っている。用心深い私としては、ここでその名前を申し上げるのは差し控えよう。
　企業広告は投資家にもよい印象を与えることができるだろうか？　もちろんだ。そしてこれこそが、ほぼすべての企業広告キャンペーンの語られざる目的なのだ。ノースウェスタン大学が731社の株価を調査したところ、企業広告が株価に平均2パーセントのプラス影響を与えていることがわかった。たいした違いではないとお考えかもしれないが、たとえば時価総額が400億ドルの企業であれば、2パーセントの上昇は8億ドルということになる。決してないがしろにできる額ではない。
　デュポンは47年間も企業広告を打ち続けている。GEは62年間、AT&Tは75年間、USスチールは46年間、コンテナ・コーポレーションは50年間もだ。しかし企業広告のほとんどは、短期間のうちに目標を達成できなかったという理由で、あまりにも早く打ち切られてしまう。
　企業広告を短期間打っただけでは、敵意に満ちた世論をひっくり返したり、株価を引き上げたりすることはできない。1941年、ナチスに石油を売ったとして糾弾されたテキサコは、メトロポリタン・オペラのラジオCMのスポンサーにな

売る広告

右 企業広告の必要性をまとめた広告。
(広告訳：「私は君を知らない。君の会社を知らない。君の会社の商品を知らない。君の会社が何を支持しているかを知らない。君の会社の顧客を知らない。君の会社の業績を知らない。君の会社の評判を知らない。さて──いったい君は何を売り込みに来たのかね？」
教訓：セールスマンが口を開く前に、セールスはすでに始まっている──業界誌の広告で。マグロウヒル・マガジンズ、ビジネス・プロフェッショナル・テクニカル)

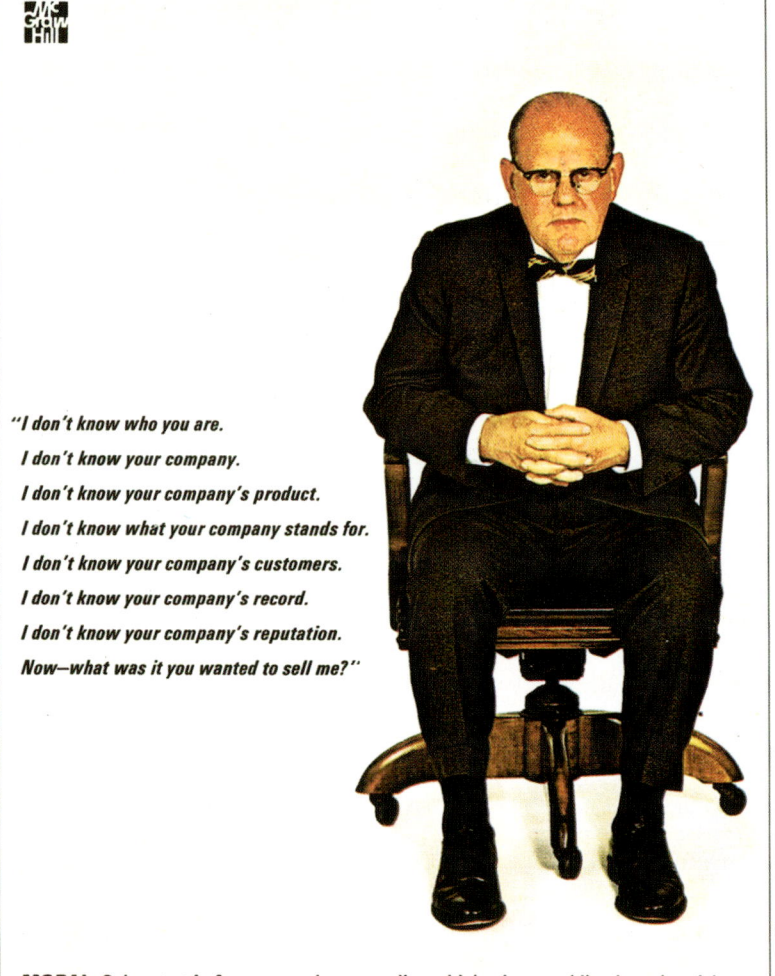

> "I don't know who you are.
> I don't know your company.
> I don't know your company's product.
> I don't know what your company stands for.
> I don't know your company's customers.
> I don't know your company's record.
> I don't know your company's reputation.
> Now—what was it you wanted to sell me?"
>
> MORAL: Sales start **before** your salesman calls—with business publication advertising.
>
> **McGRAW-HILL MAGAZINES**
> BUSINESS・PROFESSIONAL・TECHNICAL

ったが、こんな愛嬌ある解毒剤を用いても、悪評を振り払うには長い時間がかかった。

企業キャンペーンの多くが短命なのは、そもそもキャンペーンを始めるにあたって明確な目標を持っていないからであり、またきちんとリサーチしてその経過を追跡しないからだ。その中で燦然と輝く例外がデュポンだ。同社は長年に渡ってそれぞれのテレビCMの効果を評価し続けている。

たいていの場合企業キャンペーンの実施は、たった一人の人間にしか支持されない。その1人とは、CEOだ。CEOだけが、その長期的な価値を認めるだけの先見の明を持っている。マーケティング担当重役は、商品以外の広告に金を使うなど浅はかな無駄遣いだと考えるし、財務担当重役は、利益が下落し始めると必ず、なんとか広告予算を削れないものかと貪欲な目を向け始める。

9章　企業広告のポイント

右　シアーズは、値引き戦略の広告に巨大な広告予算の大部分を割いていたが、1961年、私は彼らに、どんなポリシーを持っているかを広めることによって企業イメージを高めるよう説得した。重役の中には、そんなことをしても直接商品を売ることにはつながらないので、くだらない無駄遣いだと思ったものもいたが、ケルスタット会長はもっと長期的な視野を持っていた。ジョー・カッシュマンがケルスタット会長の跡を継いだとき、こんなことを言った。「父は私がシアーズで働くことを恥じていたんだ。でも今ではわが社で働くことを恥じる者はひとりもいない。君のおかげだ」
（ヘッドライン＆サブヘッドライン訳：シアーズに返金を請求するには。ただ、お知らせください！　シアーズ・ローバックが「ご満足いただけなければ返金いたします」と言うとき、そこに「もしも」「それから」「もしくは」「しかし」はありません。シアーズがいかにこの有名な約束を守っているか。それはこういうことなのです。「ときには」ではなく「どんなときも」）

たいていの企業広告は、コピーが利己的で誇張だらけで尊大なので簡単に見分けがつく。こんなものはまったく読むに耐えないが、広告会社は果てしない時間を浪費して、信じられないほど愚劣なスローガンをでっち上げている。こんな美辞麗句を見るがいい。

- ダイヤモンド・シャムロック社（石油会社）「尽きることのない資源にあふれた企業」
- ハネウェル「なんでも自動化する企業」
- ボイズ・カスケード（建築資材製品販売）「注目に値する企業」
- ジョージア・パシフィック（紙資材）「成長する企業」
- ドラヴォ（造船）「卓越した冒険心」
- テキストロン（工業部門多角経営企業）「THE company」
- GM「人のために人が動かす」
- トヨタ「100の基本方式で皆様のニーズに応える」
- ファイヤーストーン「ファイヤーストーンがお客様のことを考え続ける限り、お客様もわが社のことを思い続けるでしょう」
- シーメンス「アイデアを人に」
- ITT「人を助けてこそ最高のアイデアと言える」
- GE「人類の進歩を支え続けて100年」
- ウェスタン・エレクトリック「われわれが作るのは人と人を近づける製品です」
- USスチール「あなたの問題は私たちの問題」
- クラウン・ゼラーバック（総合製紙・林業）「実現をお手伝いします」
- スペリー・ランド（機械および電気製品）「私たちには聞くことの大切さがわかっています」
- ロックウェル・インターナショナル「科学がビジネスになる場所」
- J・C・ペニー（総合小売り）「お探しのものを知っています」
- ケメトロン（化学工業他）「われわれこそ成功への礎」

陳腐な決まり文句ばかりだが、どれとどれを入れ替えてもまったく差し支えな

売る広告

You can see mink (from $199 to $799) at 241 of the 740 Sears stores and in the Sears catalog. Any Sears store will order mink for you—and you can always charge it. The natural mink cape above costs $575
PLUS 10% F.E.T.

How to buy mink at Sears for Christmas

IS THERE any woman in the world who wouldn't like this mink for Christmas?

Look again at the picture. This is a *natural* mink cape. It is made from as many as twenty-four matched skins. And lined in pure silk. You can see why it is called a *bubble* cape. Notice the set-back collar. It is extravagantly *deep*—and *luxurious*. In Paris, this style is called the *Blouson* effect.

This mink costs $575, plus the federal tax of ten percent. Any fur expert will tell you this represents fantastic value. He'll wonder how Sears does it.

The answer is knowing *how* to buy mink and *whom* to buy from.

Sears, Roebuck and Co. is one of the biggest sellers of mink in the United States. Its buyers purchase mink coats, jackets, stoles, capes and scarfs in *quantity* from a few selected suppliers.

These people respect Sears high standards. They know they are sure to get large and regular orders as long as they meet these standards. This helps them cut costs. They pass the savings on to Sears—and Sears passes them on to you.

This is the Sears way of doing business. It's why every department at Sears can offer you more value for your money—whether it is tires, diamond rings or denim pants. Or mink for Christmas.

Satisfaction guaranteed or your money back.

いことにお気づきだろうか——どれをどの企業が使ってもおかしくないものばかりだ。たいていこういう謳い文句は、誰も読まない広告の一番下に配置され、レイアウトを乱すことによってコピーを読む人の数を減らす。

ほとんどの企業広告が失敗する理由は、予算が足りないからだ。ブランド名を売り込むためには何百万ドルという広告費を惜しまない企業が、企業広告となると不思議と出し惜しみする。予算決めにあたって最も賢明な方法は「達成すべきことを分析する」ことだ。「特定の人々の間で特定の目的を達成するにはいくらかかるだろうか？」ということだ。

もうひとつありがちな間違いは、キャンペーンを雑誌と新聞だけに限定して展開することだ。ここにテレビを加えれば、浸透率が大幅に高まることが追跡調査によって確認されている。

ここでCEOの方々にご忠告。もし御社のCMに自らご出演なさるとすれば、いたるところに顔を知られてしまい、誘拐屋にとっては格好の餌食になるでしょう。さらに本当のことを申し上げれば、どうがんばってもプロのアナウンサーのように台詞を喋ることはお出来になりますまい。

アルファベットマカロニのスープ

何をどう間違っても、社名をアルファベットにしようなどとはお考えにならないことだ。IBM、ITT、CBS、NBCくらいなら誰でも知っているが、次の企業が全部わかる方がどれくらいいるだろうか？　AC、ADP、AFIA、AIG、AM、AMP、BBC（ブラウン・ボヴェリと英国放送協会）、CBI、CF、CAN、CPT、CEX、DHL、FMC、GA、GE、GM、GMAC、GMC、GTE、HCA、IM、INA、IU、JVC、MCI、NIB、NCP、NCR、NDS、NEC、NLT、NT、OPIC（OPECと混同しないように）、TIE、TRW、UBS。どうだろう。だがこの37社は、こんな社名で広告に登場しているのだ。顧客にイニシャルの社名を覚えてもらうには、長い年月と多大な経費を必要とする。なんたる無駄金だ。

広告は立法に影響を与えることができるか？

鉄道王ウィリアム・H・ヴァンダービルトはかつてこう言った。「一般大衆などどうだっていい」。一方、エイブラハム・リンカーンの考え方は正反対だった。「世論が味方なら、不可能なことなどない。世論を敵に回せば、何ひとつ成功しない」

天下国家の問題についての情報を、人はどこで入手するのだろう？　多くはテレビから、それもニュースよりも、たとえばロバート・ブレイクやジェーン・フォンダというようなお茶の間のヒーローの意見を傾聴することが多い。ジェーン・フォンダはテレビでこんなことを言っていた。

「みんなで勇気を出して、石油の黒い影に立ち向かいましょう。でないと今に石油はあなたの机の上にも溢れてくる、選挙資金にも染み込み、耳を塞ぎ、心を黒く塗りつぶしてしまいます。今私たちの叫びに耳を傾けなければ、怒りの葡萄を収穫することになってしまうんです」

これくらい雄弁にメッセージを伝える広告を書いてみたまえ。

最近、企業は、たとえばエネルギー、国営化、輸入などの問題について世論に影響を与えるために広告を使うようになった。しかしここで問題なのが、企業の言うことを信じようという人があまりに少ないということだ。メディア・インス

前ページ　これもシアーズのイメージ作りの例。まさかシアーズでミンクを売っていようとは！

売る広告

ティテュートは、1979年から80年にかけて、テレビ番組で実業家がどんな風に描かれているかを調査した。すると3分の2のケースで、間抜けで強欲、あるいは犯罪者として描かれていた。何かしら社会に役立つことをしている人として描かれることは、ほぼ皆無と言っていい（私自身は「社会に役立つ」ことのために多くの時間を割いている実業家をたくさん知っている。株主がどうして彼らにそんなことをさせて平気でいられるのか不思議なくらいだ）。

リベラルな人々の間で何が起きているかについて、上級役員のほとんどは驚くほど無知だ。最近のハーバード・ビジネス・レビュー誌にはこうあった。「実業家連中が事業のことばかり気にかけている間に、知的な人々は資本主義に立ち向かうための強力な論を育んでいる」。企業が政治的に難しい立場に立たされたとき、政治的、あるいは社会的な認識の甘さは致命傷になりかねない。

広告キャンペーンが法律制定に影響を及ぼすこともあるようだ。たとえばベツレヘム・スチールは、広告を使って世論を味方につけ、輸入鉄鋼に対する自社の立場に支持を得た。これによって、国内鉄鋼業界を保護する法律を通過させることができたと聞いている。

林業が天然資源を無責任に枯渇させている、と環境団体から攻撃を浴びたとき、ウェアーハウザー社はテレビCMを使って、自社は「きちんと責任を持って」天然資源を利用していることを示した。このCMは効果的だったことがリサーチによって確かめられた。かくて非難は収まった。

また何年か前に、イギリス労働党が銀行を国有化する意向を示したときは、銀

下　このキャンペーンは、IBMがいかに人々の日常生活に関係しているかを強調している——この場合は、IBMがいかにニューヨークのラッシュアワーをスピードアップする役に立っているかを示している。

Giving New York drivers the green light where traffic once crawled.

Every morning New York City must digest a breakfast of three million cars, trucks and buses. But on five main arteries, drivers now average one quarter as many stops. John Babyak's story is another example of how IBM, its people or products often play a part in tackling today's problems.

"Just over a year ago," relates IBM's John Babyak, "a Traffic Department study showed it took 45 to 50 minutes to travel eleven miles of Northern Boulevard in the morning rush hour.

"Along the way, you'd average 23 stops."

"Today, the figures show you can make the trip in 25 to 30 minutes, and average just 7 stops."

The difference is New York's new computerized traffic system which began on Northern Boulevard, in the borough of Queens, and has since been extended to four other main arteries there.

John Babyak, the IBM Systems Engineer assigned to the project, has been working on the application of computers to traffic problems for about ten years.

"In late 1968," says Mr. Babyak, "the City embarked on a program with IBM to develop a system for Queens. By May 1969 we were officially in operation.

"Right now, the system controls over three hundred intersections along thirty-five miles of the busiest roads in the New York area. Overhead sensors provide continuous traffic flow data to the computer. The system then responds to changing traffic patterns.

"These roads carry 130,000 cars a day.

"The Department estimates it has saved drivers up to fourteen hours a month in travel time.

"What's more, traffic engineers point to the fact that fewer stops mean fewer accidents. Especially the rear-end variety.

"As it now stands, the Queens installation is already the largest computerized traffic control system in the country.

"Even so, it's just a beginning."

IBM

9章　企業広告のポイント

行が半年に渡って論を尽くした広告を展開したところ、世論が味方についたことをリサーチの数字が示した。結果、銀行は国有化されずに現在に至っている。

医薬品事業を手がけるイーライリリー社は、医師にジェネリック医薬品の処方を求めるという法案に対して、テレビCMを使って3年間議論を挑んだ。このキャンペーンは功を奏し、おかげでイーライリリー社は、そのままいけば主要な収益源を断たれていたかもしれない脅威を回避できたとされている。

世論に影響を与えることを目的とした広告は、以下の原則に従えば成功率が高まるはずだ。

- 問題が複雑な場合（そうでないことはほとんどないが）、妥当な範囲でできるだけ問題を単純化すること。たとえば消費者は、食品の栄養や安全性について、日々山のような紛らわしい情報に晒（さら）されている。1981年、ゼネラルフーズは一連の広告を打って、この件について人々にわかりやすくアドバイスした。複雑な問題を易しく述べた古典的な例は、チェサピーク・アンド・オハイオ鉄道のヘッドラインである。「イノシシなら鉄道を乗り換えなくても国中を横断できます——でもあなたにはできません」。しかし、ここでご注意。単純にしたいばかりに事実を「ねじ曲げ」てしまうと、見る人の知性に対する侮辱と見なされ、やらない方がマシということにもなりかねない。

- 読む人の立場に立って主張を伝えよう。モービルは数年間に渡って、抜群に切れ味鋭い広告で世論に影響を与えようとした。同社の社長によれば、いい結果が出たそうだ。しかし私が思うに、これは一般大衆と言うよりも、ごく限

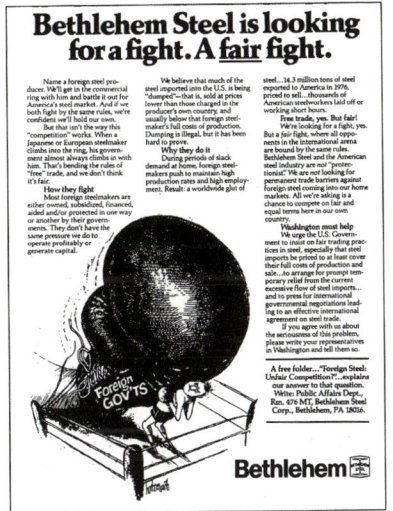

上　こうした広告は、海外の鉄鋼のダンピングに対して国内産業を保護する法案を成立させるのに一役買った。
下　この企業広告は、エッソがビジネスを展開する国々の政府と良好な関係を築くために作られた。

売る広告

右2点 私見では、これは小売業者の企業キャンペーンとして最も優れている。コピーを書いたのはレスリー・パール。ニューヨーク・タイムズに週3回、26年間に渡って掲載された。このコピーには、「ウォーラックは上質な衣類ばかりでなく、驚くほど細やかに目配りの利いた個人的で気さくなサービスを提供している」というアイデアが盛り込まれている。このキャンペーンが始まる前、ニューヨークの男性向け衣料品店を、男性がどう評価しているかについて調査が行われた。ウォーラックは最下位だった。それが10年後にはトップになっていた。
(左ヘッドライン訳：はい、ボタンですね？
右ヘッドライン訳：彼の服のサイズは？)

下 公共問題についての広告では、これが最高かもしれない。
(ヘッドライン＆サブヘッドライン訳：豚ならば鉄道を乗り換えなくても国中を横断できるのに――あなたにはできない！ チェサピーク・アンド・オハイオ鉄道とニッケル・プレート鉄道が、再び人類に変革を提案する！)

did you say button?

Every year or so we ask our store managers to keep count, over a four week period, of the special services we perform.

The most recent check (Mar 4-Mar 30) has just been tabulated and shows a total of 1153 assists. Among other things we sewed on 334 buttons, supplied 295 collar stays and buttons, donated 166 pairs of shoe laces, cleaned up 200 spots and punched new holes in 56 belts. And we made 86 special office deliveries.

These, you understand, were all emergency repairs and services, provided on a while-you-wait basis, made without charge and not limited to Wallachs regular customers or to clothes originally bought at Wallachs.

The next time you need sartorial first aid of any kind, go straight to any Wallachs store and don't be bashful about asking for help. We welcome every opportunity to be of service. We'd like to beat that figure of 1153 as soon as possible.

what size does he wear?

"He's about your height, perhaps a little heavier, has brown hair and graduated two years ago. What size shirt do you think I ought to get for him?"

Questions like that are routine to any salesman in any men's wear store. For although women are expected to know what size clothes are worn by their husbands, sons, fathers, brothers or beaus, the feat is obviously impossible. Every man wears an assortment of garments requiring a dozen different sizes and half the time he can't remember them all himself.

This problem gets worse for the ladies as Christmas gets nearer, so Wallachs has finally done something about it. We have had a card printed that is just right for a lady's purse. It lists all the things that a man wears and has space for you to fill in the sizes.

Stop at any Wallachs the next time you are shopping and ask for as many cards as you can use. Or we will gladly mail you a few with our compliments.

A Hog Can Cross the Country Without Changing Trains—But YOU Can't!

The Chesapeake & Ohio Railway and the Nickel Plate Road are again proposing to give human beings a break!

It's hard to believe, but it's true.

If you want to ship a hog from coast to coast, he can make the entire trip without changing cars. You can't. It is impossible for you to pass through Chicago, St. Louis, or New Orleans without breaking your trip!

There is an invisible barrier down the middle of the United States which you cannot cross without inconvenience, lost time, and trouble.

560,000 Victims in 1945!

If you want to board a sleeper on one coast and ride through to the other, you must make double Pullman reservations, pack and transfer your baggage, often change stations, and wait around for connections.

It's the same sad story if you make a relatively short trip. You can't cross that mysterious line! To go from Fort Wayne to Milwaukee or from Cleveland to Des Moines, you must also stop and change trains.

Last year alone, more than 560,000 people were forced to make annoying, time-wasting stopovers at the phantom Chinese wall which splits America in half!

End the Secrecy!

Why should travel be less convenient for people than it is for pigs? Why should Americans be denied the benefits of through train service? No one has yet been able to explain it.

Canada has this service... with a choice of two routes. Canada isn't split down the middle. Why should we be? No reasonable answer has yet been given. Passengers still have to stop off at Chicago, St. Louis, and New Orleans—although they can ride right through other important rail centers.

It's time to pry the lid off this mystery. It's time for action to end this inconvenience to the travelling public... NOW!

Many railroads could cooperate to provide this needed through service. To date, the Chesapeake & Ohio and the Nickel Plate ALONE have made a public offer to do so.

How about it!

Once more we would like to go on record with this specific proposal:

The Chesapeake & Ohio, whose western passenger terminus is Cincinnati, stands ready now to join with any combination of other railroads to set up connecting transcontinental and intermediate service through Chicago and St. Louis, on practical schedules and routes.

The Nickel Plate Road, which runs to Chicago and St. Louis, also stands ready now to join with any combination of roads to set up the same kind of connecting service through these two cities.

Through railroad service can't be blocked forever. The public wants it. It's bound to come. Again, we invite the support of the public, of railroad people and railroad investors—for this vitally needed improvement in rail transportation!

Chesapeake & Ohio Railway · Nickel Plate Road

Terminal Tower, Cleveland 1, Ohio

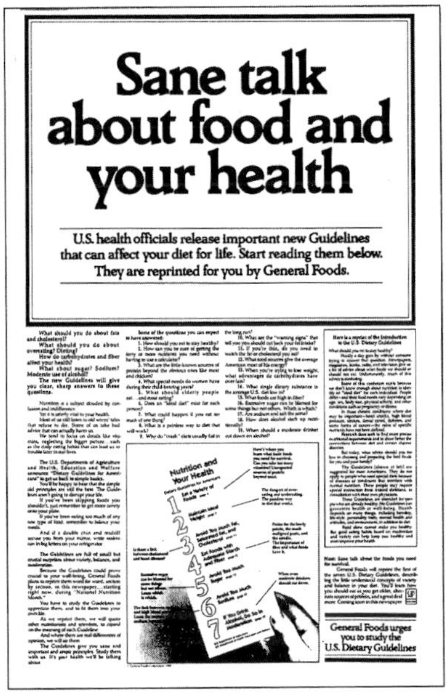

上　オグルヴィ・アンド・メイザーによるゼネラル・フーズの企業広告のひとつ。複雑な話題を易しく説明している。

（ヘッドライン訳：食物と健康についてのまじめな話）

右上　アームコ社は企業広告で、同社が水路の汚染をどう処理しているかをヒューストンの人々に説明した。

下　モービルは際立って率直な広告を出すことによって、世論に影響を与えようとしている。これが数少ないインテリ層に受けている。

（ヘッドライン訳：思いがけない利益か、思いがけない税金か？）

られた一部の教養の高い人に受けただけだ。一般市民の利益に強力に訴えたとは言えない。

- 率直な態度で敵意を和らげること。アームコ社はヒューストン一の環境汚染源だという悪評を受けていた。そこで、自社がいかにやり方を変えてきたかを語る広告を打ち、この問題に立ち向かった。すると評判は大いに高まった。
- 問題の両面を提示すること。キャタピラー・トラクター社は、高速道路反対派と露天掘り鉱山反対派との対立にあって、両派の意見を「両方とも」載せた。
- 誰がターゲットかを把握すること。連邦議会議員や政府要人にメッセージを伝えようと思えば、年間80万ドルもあれば十分だろうが、そんなことをしてもあまり意味がない。あなたが有権者に向けて話をしているのだということが議員たちに伝わらないかぎり、彼らが耳を傾けることはない。ラルフ・ネーダーがこう言ったそうだ。「通りで力が出せないなら、結局力がないということだ」。議会で、石油会社の棚ぼた式利益に課税しようという動きが起きたとき、石油会社のいくつかが議員向けに論争を働きかける広告を打った。だがすでに世論も沸騰し、政界からの圧力も強く、その上扇動的な動きも頻発したため、結局この法案は通ってしまった。もし石油会社側がもっと早くキャンペーンを始め、一般大衆に向けたメッセージを発信し、もっとバランスのとれた書き方をしていたら、キャンペーンは功を奏していたはずだ。

企業の多くが、広告メッセージは「オピニオンリーダー」、つまり、他の人々に影響を与える人だけに届けばいいのだと言う。なるほど理にかなっているし、そう金もかからなさそうだ。しかし問題は、誰がオピニオンリーダーなのか誰にもわからないということだ。司祭か？　バーテンか？　あちこちに首を突っ込む政治家か？　タクシーの運転手か？　オピニオンリーダーは世の中のいたるところにいる。

ほとんどの場合、わずかでも世論に影響を与える可能性があるのは、一般大衆に向けて広告を打つことだ——そして、テレビを使うこと。テレビこそ、世論が形成される激戦地なのだ。

売る広告

コンテナ・コーポレーションは1937年に広告を始めた。キャンペーンは教養の高い一部の人に受けて成功したが、私は気取り屋の習作であると非難した。だが45年経った今も、このキャンペーンはまだ続いていて、私もこれがこれまで作られた企業広告キャンペーンの中で最高のもののうちのひとつであると考えるようになった。コピーを読まなくても、スポンサーがわかる——他の人とは明らかに違う服を着ているようなものだ。見た目に違っているのだから、違うに決まっている。ここに秘訣がある。このキャンペーンによって、コンテナ・コーポレーションは自社を差別化することに成功した。

よくないお知らせ

　法案に影響を与える目的で広告を打つとすれば、国税庁はその費用を経費計上することを認めない。さらに悪いことに、全国的なテレビ系列局は「一定の見解を支持する」広告を放映することを了承しないだろう。だから、市場ごとにローカル局のスポットを使わなければならない。おそらく最終的にはローカル局、「ワシントン・ポスト」、「ニューヨーク・タイムズ」、上流階級や専門家向けのいくつかの雑誌を組み合わせて使うことになるだろう。

＊　＊　＊　＊　＊

　法案支持キャンペーンのほとんどは、露出が小さすぎるか、あるいは遅すぎる。間違ったターゲットに向けて発信され、明確な目的を持たず、十分な期間続けることもなく、質も貧弱、しかもどうしようもない主義主張を後押しする。失敗して当たり前だ。

　法案支持キャンペーンは、新米の手に負えるような仕事ではない。

10 海外旅行の広告で効果を生むには

「イギリスへいらっしゃい」「フランスへいらっしゃい」「アメリカへいらっしゃい」「プエルトリコへいらっしゃい」というキャンペーンを手がけた私は、旅行広告にかけては押しも押されもせぬ第一人者だと思われている。またキュナード・ライン、P&O船舶、KLMオランダ航空などさまざまな輸送業者の広告も手がけてきた。それから、海外旅行をスムーズにする「燃料」、すなわちお金を担当するアメリカン・エキスプレスの広告もだ。

海外旅行の広告を引き受ける場合、政治的非難の矢面に立たされることを覚悟しておかなければならない。リサーチによれば、アメリカ人観光客がイギリスに行っていちばん見たいものは、たとえばウェストミンスター寺院、ロンドン塔、バッキンガム宮殿の衛兵の交代、オックスフォードというような、イギリスの歴史と伝統を感じられるものだということがわかった。だからこういうものを広告の中心に据えたのだが、これがイギリスのマスコミから散々叩かれた。過去に生きている国というイメージを与えるというのだ。なぜ当時イギリスで発明されたばかりの原子力発電所を中心に据えないのか？　われわれのリサーチによれば、アメリカ人観光客はそんなものを見たいとは思っていなかったからだ。

キャンペーンを始めた当初、イギリスは、アメリカ人観光客が行きたい国の第5位だった。それが現在ではなんと第1位になった。

そう昔のことでもないが、労働党政権は「イギリスへいらっしゃい」広告に取り上げるのは、経済的に苦境にある地域だけに限定すべしと宣った。外国人観光客が、そういう地域の失業問題を解決してくれると期待したのだ。だが私としては、バーミンガム、リバプール、ウィガンなどという地域は、ベニスやパリ、アムステルダムには到底太刀打ちできないと言わざるを得なかった。

ヨーロッパの国々にアメリカ観光を売り込み始めたときには、ヨーロッパの人々がアメリカでいちばん何を見たいかをリサーチした。答えはマンハッタン、グランド・キャニオン、サンフランシスコ、ナイアガラの滝、そしてカウボーイだった。というわけで、広告にはこれらのアトラクションを盛り込んだ——ところが米国観光局が、サウスダコタを中心に取り上げなければならないと指示してきた。サウスダコタ選出の上院議員が、広告予算を決める上院委員会のメンバーだったのだ。

アメリカでフランス政府の観光広告をする仕事を引き継いだときは、われわれのクライアントであるフランスの政治家が、上司である才気あふれる閣僚と口も利きたくないというほど折り合いが悪く、2人の板挟みになったこともあった。

売る広告

　世界24カ国で、海外旅行は外貨獲得に貢献する三大手段のひとつになっている。それなのに外国政府のほとんどは、観光担当部門に十分な予算を与えていない。これはドイツ、イタリア、オランダ、スペイン、ベルギー、スカンジナビアを含めた多くの国に当てはまる。例外はカナダ、イギリス、ギリシャ、アイルランド、カリブ諸島のいくつかだ。アメリカ連邦議会は、数年間に渡って米国観光局にわずかばかりの予算を与える決定をしたが、やがてはそれも底をついてしまった。

　ときには、広告する国のイメージを変える方が望ましいこともある。中でも私の愛するプエルトリコは、かつてはこれ以上ないほど嘆かわしいイメージに包まれていた。リサーチしてみると、プエルトリコに行ったことのないアメリカ人は、プエルトリコという国を汚らしく、見るに耐えない惨めなところだと思っていた。われわれの広告が、事実そうであるように、プエルトリコという国が実は美しくロマンチックであることを指摘すると、観光客が大挙して押し寄せるようになった。

　ほとんどの場合、国の広告は、見る人の心に「長期的な」イメージを植えつけるべく作られるべきだが、ときには「一過性の」問題を片づけるために、「当面の問題に絞って」使われることがあってもかまわない。1974年、アメリカの新聞はイギリスの電力不足問題でもちきりで、アメリカ人がせっかくの休暇を真っ暗闇で過ごしたくないと思うのも当然だった。電力不足がすでに解消されたことがマスコミでは報じられなかったので、われわれが広告で報道した。結果をリサーチしてみると、これからイギリスに行ってみようという人の不安は十分に解消

下　あまり知られていない国を広告する場合は、読者に具体的な情報をできるだけたくさん提供するとよい——このシンガポールの新聞広告がそうだ。

10章　海外旅行の広告で効果を生むには

右　ペルーの航空会社フォーセットのための一連の広告のひとつ。コピーの最後に載せたパンフレット提供のお知らせに対して、2万件の請求が来た。
（ヘッドライン訳：気さくなインディアンと天気の話をしよう。彼の父親はかつて首狩り族だった——フォーセット航空で行くペルー）

右下　アメリカ人観光客が、イギリスの物価高を懸念していたとき、この新聞広告で現実の物価情報を伝えた。

下　1974年、イギリスでひどい電力不足が起きていることを新聞が伝えたため、アメリカ人観光客はイギリスへの旅行をためらっていた。だがこの広告によって、すでに電力不足が解消されたことが伝えられた。

売る広告

次ページ アメリカ人がイギリスに行って一番見たいのは、ウェストミンスター寺院などの歴史ある建物だ。この説得力溢れる広告を書いたのは、以前私のパートナーだったクリフォード・フィールドだ。
（ヘッドライン訳：王たちの長き眠りの上を静かに歩め）

下 外国の広告では、その国に特徴的なものを選ぶこと。この素晴らしいコピーを書いたのは、ボブ・マーシャル。
（ヘッドライン訳：騎兵隊がにぎやかに通り過ぎるとき、ロンドンのときめきは高まる）

されていた。また別のリサーチでは、アメリカ人はイギリスの物価の高さに不安を感じていることがわかった。これに対しては、広告にホテルやレストランの「現実の」物価情報を載せることによって解決することができた。

　おそらく観光広告を成功させるための最も重要な要素は、何を取り上げるかということだろう。私のアドバイスは、その国に特徴的なものを選べということだ。人は地球を半周してまで、近所で見られるものを見に行こうとは思わない。スイス人をアメリカに誘おうと思うなら、スキーリゾートを使ってはいけない。フランス人が相手なら、アメリカ料理を見せてもダメだ。

　国によっては、外国人観光客が自国の文化環境を台なしにしてしまうことを懸

London's heart beats faster as the Life Guards clatter by

SUDDENLY, sharp against the humdrum roar of traffic, comes the clean clip of hoofbeats. Your eye is caught by the bobbing scarlet of the Life Guards, or by sunlight blinking on the Horse Guards' silver breastplates.

All heads turn as the cavalry troop sweeps by with a brave jingle. London's heart beats faster. Yours will, too.

This is a daily scene from London's passing show. It's part of the ageless pageantry of Britain.

In spring, summer, fall and winter, special red-and-gold days of pomp and circumstance await you. Whether you're here for Trooping the Colour in June—or in November for the Lord Mayor's Show—you will be struck by the British genius for showmanship in the grand manner and great tradition.

It costs so little, nowadays, to visit this friendly country. You can fly round trip from New York to London for only $453.60 (to Scotland for $27 *less*); or go both ways by ship for $400—with an *extra* saving of $50 between September and April. Call your travel agent today.

For free color booklet "Royal Britain," see your travel agent or write Box 135, British Travel Association. In New York—680 Fifth Ave.; In Los Angeles—606 South Hill St.; In Chicago—39 South LaSalle St.; In Canada—90 Adelaide Street West, Toronto.

10章　海外旅行の広告で効果を生むには

Henry VII, Elizabeth I and Mary Queen of Scots are buried in this chapel.

Tread softly past the long, long sleep of kings

THIS IS Henry VII's chapel in Westminster Abbey. These windows have filtered the sunlight of five centuries. They have also seen the crowning of twenty-two kings.

Three monarchs rest here now. Henry, Elizabeth and Mary. Such are their names in sleep. No titles. No trumpets. The banners hang battle-heavy and becalmed. But still the royal crown remains. *Honi soit qui mal y pense.*

When you go to Britain, make yourself this promise. Visit at least *one* of the thirty great cathedrals. Their famous names thunder! Durham and Armagh. Or they chime! Lincoln and Canterbury. And sometimes they *whisper*. Winchester, Norwich, Salisbury and Wells. Get a map and make your choice.

Each cathedral transcends the noblest single work of art. It is a pinnacle of faith and an act of centuries. It is an offering of human hands as close to Abraham as it is to Bach. Listen to the soaring choirs at evensong. And, if you can, go at Christmas or Easter.

You will rejoice that you did.

For free illustrated literature, see your travel agent or write Box 690, British Travel Association.
In New York—680 Fifth Ave.; In Los Angeles—612 So. Flower St.; In Chicago—39 So. LaSalle St.; In Canada—151 Bloor St. West, Toronto.

売る広告

"We sailed to a lovely little Bermuda cove where we were the only couple."

Scott and Karen Austin Carlson talk about their second visit to Bermuda.

"I can't think of anything you might want to do that isn't here."

"It's a different world, quaint and refined. We love it."

Couldn't you use a little Bermuda right now?

Bermuda

See your Travel Agent or write Bermuda, Dept. 0431, 630 Fifth Ave., New York, N.Y. 10111 or Suite 1010, 44 School St., Boston, Mass. 02108 or 300 North State St., Chicago, Ill. 60610 or Suite 2008, 235 Peachtree St. N.E., Atlanta, Ga. 30303.

10章　海外旅行の広告で効果を生むには

左　バミューダは、来てほしい類いの観光客だけにターゲットを絞って広告を打った。
（広告訳：「バミューダの小さな美しい入り江まで船旅をしてきました。カップルは私たち2人きりでした」。バミューダへの二度目の旅について、スコットとカレン・オースティン・カールソン夫妻。「ここでできないことなんて、何も考えられません」「まるで別世界、ユニークで優雅で。私たち、ここが大好きです」。あなたに今必要なのは、ほんの少しのバミューダ。バミューダ）

下　プエルトリコの観光にとって最大の問題は、そのイメージだった。リサーチしてみると、カリブ海一汚らしく、貧しく荒れ果てた島だと思われていることがわかった。これほど真実からかけ離れていることはない。私はそれをこの広告で示して見せた。すると観光客が大挙して押し寄せるようになった。
（ヘッドライン訳：門の傍らの乙女——オールド・サンファンにて）

念するところもある。数年前、ギリシャでは教会という教会の説教壇で祈りが捧げられた。ギリシャの人々は、外国観光客の「災厄」からギリシャをお救いくださいと神に祈ったのだ。しばらく前にクレタに行ったとき、この祈りは結局虚しかったことがよくわかった。バミューダは第二のマイアミビーチになってもおかしくなかったが、賢明にも、来てほしい類いのアメリカ人だけにターゲットを絞って広告を打つという戦略を使い、荒廃を逃れた。

海外旅行をしようという人は、たいていは、たとえ名ばかりであっても大学教育をかじったことがあり、貪欲に外国文化を食いあさることを恥ずかしいとも思わない——とくに、女房連中は。ヨーロッパに行けば、やれ美術館だ、大聖堂だ、お城だと駆けずり回る。唯一の例外が、テキサスから来たという観光客で、彼はこうぼやいていた。「このツアーときたらベニスに2日も泊まったんですよ。ベニスに見るものなんて何もないでしょうが？　ガラス工場を見たら、あとは何にもないんですからな」。友人の1人は、家族に言いくるめられて嫌々ながらもヨーロッパ中の大聖堂を見て回った。ミネアポリスに帰ってくると彼は、自宅近所にある大聖堂を私にも見せなければ悪いと思ったらしい。「そうだよ、ここにもこんなくだらんものがあったのさ」

人は外国を訪れることを夢見ている。広告のなすべきことは、その夢を行動に変えることだ。それには、人を惹きつけずにはおかない魅力溢れる写真と、何をすべきかの具体的情報とを組み合わせるのが一番だ。オックスフォードの古いカレッジの写真と、そこに行って観光するには実際いくらかかるかについての情報を載せる。誰も知らないような国を宣伝するなら、とくに多くの情報を与えるの

売る広告

10章　海外旅行の広告で効果を生むには

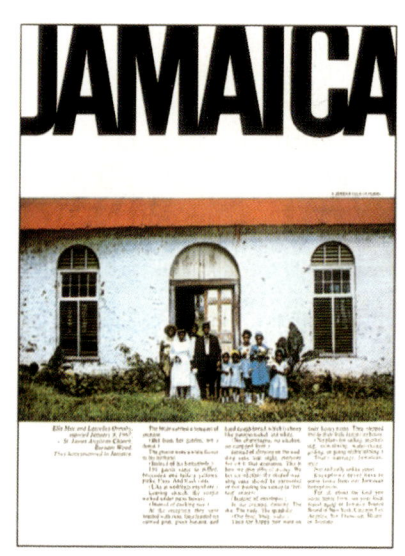

上と右　ジャマイカに観光客を惹きつけるために、ドイル・デーン・バーンバックがこんな広告を作った。これはすでに観光広告の古典だ。

前ページ　フランスの田舎の風景を見事に映し出した、旅行広告史上最高の写真。ビル・バーンバックのアイデアで、エリオット・アーウィットが撮影。

が大事だ。シンガポールについて、新聞見開き2ページの広告を打ったときには、着るもの、気候、言葉、食べ物、料金をはじめ、考えうるかぎりありとあらゆる情報を載せた。

　ほとんどのアメリカ人にとって、海外旅行の一番の障害は予算で、私が思うにその次に来るのが「恐怖」だ。言葉が通じないのではないかという恐怖。お金を盗まれるのではないかという恐怖。外国人に対する恐怖（リサーチによれば、アメリカ人はイギリス人のことを、礼儀正しく正直だがお高くとまっていると思っている。フランス人のことは、無礼でふしだらで衛生観念がないと感じているようだ）。それに料理の恐怖。*こうした恐怖を和らげるべく全力を尽くすこと。

　不思議なことに旅行のパターンには流行りすたりがある。ある年には誰も彼もがバージン諸島に押し寄せたかと思うと、次の年にはハワイが人気スポットにな

---

*フランス人男性が2人、イギリスのコッツウォルド丘陵を車で走っていた。1人が言った。「すばらしくきれいなところだってのは認めざるをないよな」。するともう一人が答えた。「ああ。すごくきれいだ。ここの人に、これをどうにか料理する腕がなくて本当によかったよ」

売る広告

上　ヘッドラインをフランス語で書くことによって（下に翻訳があるが）、多くの人に読んでもらうことができ、フランスを他の観光地と差別化することに成功した。

っている。その地図にぜひあなたの国を含め、「あの人もこの人も、突然ルリタニアに行く」というようなヘッドラインを書くのだ。

観光広告は雑誌でも効果があるが、テレビならさらに効果が倍増する。ドイル・デーン・バーンバック社の作った一連のフランスのCMは実に素敵だった。とくに記憶に残っているのは、アメリカ人観光客をフランスの田舎に惹きつけようとしたこんなCMだ。「フランスを見たら、もうパリへは戻れない」

観光広告では「魅力」が功を奏する。それから「差別化」もだ。ヘッドラインをフランス語で書けば、誰でもそれがフランスの広告だとわかるだろう。

11 B2B広告で気をつけること

　かつては業者向け広告、もしくは産業広告と呼ばれていたものが、今では「B2B（ビジネス・トゥー・ビジネス）」と呼ばれるようになった。その方がかっこいいというわけだ。これは人が個人的にではなく、会社のために購入する商品のことだ。この件について私の知っていることをお話ししようと思うが、その多くはマグロウヒル社のリサーチのおかげで学んだことだ。

印刷媒体
　マグロウヒル社によれば、セールスマン1人が1回個別訪問すると、そのコストは平均178ドル、手紙を送る場合は6.63ドル、電話にかかるコストは6.35ドル。ところが広告なら、これから顧客になってくれそうな人に届けるコストはたった17セントしかかからない。
　もちろん、いかに効率がよかろうと、広告だけでセールスが完結することは滅多にない。広告の役割は、あらかじめ商品を売り込み、購買に影響力を持つ人を惹きつけることによって、セールスマンのための「地ならしをする」ことだ。
　企業には「購買に影響力のある人」が平均4人いる。あなたの会社のセールスマンが、その4人全員を知っているはずはない。要求すべき仕様を決める「決定者」は、広告を見て、今市場に何が出回っているかをチェックしている。
　この種の広告で効果のある広告テクニックは、消費者向け広告と概ね同じだ——広告を見る人に商品の効能を約束し、ニュース性を、推薦を、それから役に立つ情報を入れる。
　広告では、必ず顧客にとって重要なことを請け合うこと。あるコンピュータ・ソフトウェア会社は、自社の規模が自慢で、それを広告の中心に据えようとしていたが、リサーチしてみると、顧客たちは会社の規模などに関心がなく、きちんとした対応、サポート、サービス、商品の質を求めていることがわかった。
　効能を「具体的」に述べること。漠然とした言い方ではなく、パーセンテージや経過時間、節約できる金額などを使おう。相手はエンジニアなのだ。
　推薦文は、信頼できる会社のエキスパートの発言であれば効果がある。たとえばバド・ダカスの推薦はタグボートを専門とするエンジニアの心を動かした。バドが25年もミシシッピー川で働いているからだ——マーク・トウェインよりも長い期間だ。
　自社製品を競合他社の製品と比較するのには、デモンストレーションがもっとも効果的だ。広告を見る人が自らやってみられるような、簡単なデモンストレー

ションを工夫してみよう。たとえば空気ダクトの裏張りをコインで引っ掻いて強度を確かめてみてください、というようなもの——（P140広告）。

　ニュース性を持たせるのは効果がある。専門誌の広告を読むのは、新製品を探している人らしい。マグロウヒル社の調査によれば、驚いたことに、広告はそれが掲載された専門誌の記事自体よりも、2倍も効果があることがわかった。何がニュースなのかをはっきりと明確に述べることだ。

　広告を見る人の仕事に役立つ情報もやはり効果があるが、情報の中に必ず広告する商品を入れること。たとえば、その商品を使うといくらの節約になるかを計算する方法を示すというようなことだ。

　コピーライターによっては、自分と同じように、広告を見る人もこんな商品には飽き飽きだろうと思い込み、赤ちゃんやビーグル犬や女性のバストの写真を使ってお茶を濁そうとする。これは間違いだ。沖合に設置された石油掘削装置の自在管のバイヤーは、世界中の何よりも自在管に関心がある。だから真っ向勝負することだ。

　レイアウトはシンプルにしよう。大きすぎて誰にも読めない活字、エキセントリックなデザイン、ページの一番下にヘッドラインを載せるというような、二流

右　誰もが知っている会社のエキスパートのお墨つきは効果がある。
（ヘッドライン訳：「すごいね——シェルのカプリナスRオイル40を使ったら、これまで20年使ってきたどのオイルよりもエンジンの調子がいいんだ」）

11章　B2B広告で気をつけること

THE LONGEST LINE　JUST GOT LONGER.

HERCULES NOW ADDS TWO NEW GRADES TO ITS LONG LINE OF PRO-FAX® COPOLYMERS

First, there's a new "non-blush" grade that eliminates those costly bruise marks on injection-molded products like institutional seating and battery cases. Second, is a special, new, low-ethylene random grade, with improved optics for blow-molded bottles and cast film.

These two new resins join the seven families of Pro-fax copolymers, all of which are designed to do a specific job: either in an application demanding optical superiority; or in a part where toughness is paramount.

Have we talked about your requirements? Send for data on the "longest line" there is in copolymers.

Hercules Incorporated, Plastic Resins, 910 Market Street, Wilmington, DE 19899.

FOR QUICK RESPONSE TO TECHNICAL AND APPLICATION QUESTIONS CALL MR. R. COMBS, TOLL FREE.

800-441-7595

IN DELAWARE, CALL COLLECT: (302) 575-6089.

HERCULES
Reader service No. 4

上　コピーライターによっては、自分と同じように、広告を見る人もこんな商品には飽き飽きだろうと思い込み、赤ちゃんやビーグル犬や女性のバストの写真を使ってお茶を濁そうとする。これは間違いだ。

のアート・ディレクターが大好きな芸術家気取りの工夫はしないこと。記事ページのようなデザインにすると、さらにもっと多くの人に読んでもらえる。

　ボディ・コピーを読む5倍の人が、ヘッドラインを読む。だからヘッドラインで売り込みに失敗するということは、お金をどぶに捨てるということだ。ヘッドラインでは効果を約束し、何らかのニュースを伝え、サービスを提供し、大事な物語を語り、問題を認識し、あるいは満足した顧客の言葉を引用するべきだ。

　その雑誌を読む人の10パーセント以上がボディ・コピーを読むことは滅多にない。しかしその10パーセントの人々は「潜在顧客」だ。わざわざ時間を割いてあなたの広告を読むほど、その商品に関心のある人たちなのだ。彼らに何を言うかで、あなたの広告の成否が決まる。

　風船ガムや下着の広告なら語るべきこともあまりないだろうが、コンピュータや発電機の広告には長いコピーが必要だ。長いコピーを書くことを怖れるな。実際は、350語以上の長いコピーの方が、短いコピーよりもより多くの人に読まれている。

　業界誌の場合、カラー広告はモノクロよりもコストが3分の1だけ高いが、2倍の人を惹きつける。つまりカラーの方がお得だ。

　キャプションは写真の下に必ず入れること。キャプションはボディ・コピーの2倍の人が読む。キャプションも、売り込みに使う。上手いキャプションはそれ自体が小さな広告なのだ。

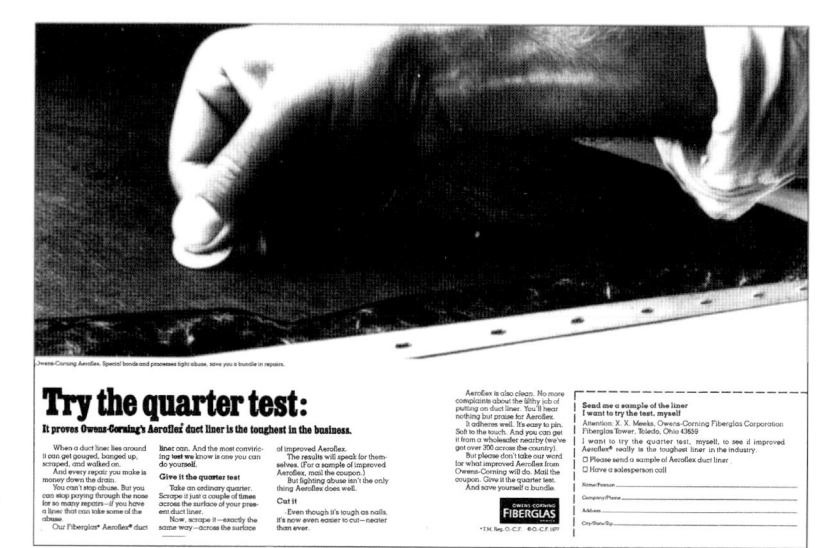

こんな風に、読者が自らやってみられるような、簡単なデモンストレーションを工夫するのもよい。

テレビ

　最近ますます多くのクライアントがB2B広告にテレビを使うようになっている。スポーツ番組やニュース番組の視聴者の中には、実業界の実力者もたくさんいるから、ここでの広告は効率がよいといえる。テレビでの消費者向けCMの原則は、B2BのCMにも当てはまる。

　ニュースとデモンストレーションがとくに効果がある。たとえばフェデラル・エクスプレスの愉快なアリーとガルガーノのCM*のように、ユーモアも有効だ。しかしこうしたCMのユーモアは、「フェデラル・エキスプレスを使えば、翌朝までには必ずお手元へ」というように、常に最後に強力な効能を念押ししていることに注意しておく必要がある。

　B2B広告の場合、ものによってはたった30秒のCMでは伝えきれないこともある。そんなときには、頻繁に流すのは諦めて、長くなっても完全なセールスメッセージを伝える方がいい。わが社はIBMのCMに3分間使った。

　小さな企業のクライアントの多くは、制作コストが高いということでB2Bのテレビ CM を敬遠している。しかし、低コストであっても的確にポイントを突き、純粋な関心に訴えれば、高い効果を上げることは可能だ。ある工業製品のテレビCMなどは、あまりの問い合わせの多さに、セールスマンたちの手が足りなくなり、ついに放映中止にせざるを得なかったほどだ。また別の工業製品のテレビCMを流したところ、たったの2カ月間で、印刷媒体広告を一年打って集まった問い合わせ件数よりもたくさんの問い合わせがあった（とはいえ、印刷媒体での広告の方が、セールスに結びついた率は高かった）。

日用品の差別化

　日用品と同じで、工業製品の多くは、どれもとくに違う点など見当たらないと思われている。ボルトや洗浄機や工作機械などは、競合商品とどう差別化すればいいのだろう？　レヴィット教授はこう言っている。「日用品とひとくくりにされるようなものなどない。どんな商品やサービスでも差別化することは可能だ」

＊訳注：http://www.youtube.com/watch?v=CUL-qJvQc8A

ウィリアム・K・ホール教授は、ハーバード・ビジネス・レビュー誌で、鉄鋼からビールまでの8業種の調査結果を報告している。その中で最も成功したのは、自社の商品やサービスをきちんと差別化した企業だった。

ホール教授によれば、最も成功した日用品は、コストを下げる、もしくは質やサービスにおいて最高の評判を勝ち得る方法で差別化を図っているという。

オーウェンス・コーニング社は、1972年以前、新築物件用の断熱材を建設業者に販売していた。当時は、断熱材といえばどれも同じ――つまり、ブランド品ではなく日用品だった。だから同社の広告も、競合他社とほとんど違わなかった。しかし後に燃料価格が上がり、新築物件の建築件数が減ると、同社は自社製品を、中古住宅に住んでいて燃料費を節約したい人のための断熱材としてブランド化した。このブランド化は、一見ささいな特徴、つまり、製品の「色」をユニーク（訳注：ピンク色）にすることによって完成された。

かくてオーウェンス・コーニング社のファイバーグラスは「日用品」の域を脱した。すべての断熱材商品の中で他を大きく引き離して最高品質の評判を誇り、第2位のブランドに対して3対1の差で選ばれている。

問い合わせを促進するには

マグロウヒル社によれば、問い合わせをする人のほぼ全員が、その商品をどう活用するかについて何らかの具体的な必要を感じていると言う。そして多くが、問い合わせをしてから半年以内に実際に商品を購入している。

できるだけ速く、手間をかけずに問い合わせしてもらえるように、広告には必ずフリーダイヤルナンバーを入れるのを忘れないこと。現在アメリカでは、業界誌10誌のうち7誌の読者がそうした電話番号を活用している。さらにより詳しい情報が得られるように、業務用返信ハガキとクーポンを両方ともつけること。この2つをつけることによって、実際のセールスに結びつくような問い合わせを最大にできる。

さらに、ボディ・コピーの最後を、提案、自社の住所、電話番号で締めくくろう。業界誌は普通、購読者の他にさらに3人に読まれている。もし最初に読んだ人がクーポンを切り取ってしまうと、どこか他のところにも住所が書かれていないと、後から読んだ人はどうやって提案に答えていいかわからない。

問い合わせを分析せよ

問い合わせと、それによって生じる行動を分析すること。こうすれば、上司から当然訊かれるはずの「広告によってどんな具体的成果があったか」という質問にも簡単に答えることができる。問い合わせを分析する方法を3つ紹介しよう。

①**問い合わせてきた人たちの特徴を調べること**。彼らはあなたの商品を買うつもりなのか？　セールスマンから連絡があるまで買い控えるつもりだろうか？　それとも単に将来のためにこの商品を覚えておきたいだけなのか？

②**問い合わせを処理する営業担当に質問すること**。問い合わせはセールスに繋がったか？　このアカウントは新たに顧客になってくれそうか？　営業担当者はこの見込み客をどう評価するか――一度限りのセールスか、成長が見込めるのか、まったく将来性がないのか。たった一度の問い合わせが大きなセールスに繋がったとすれば、広告の価値を実証するのに最大の効果がある。

③**問い合わせがどの媒体から発生したかを確認すること**。これによって、今後

売る広告

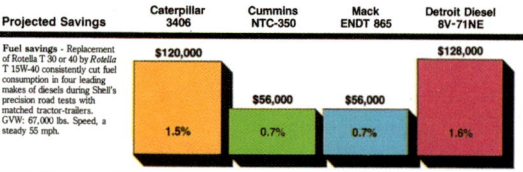

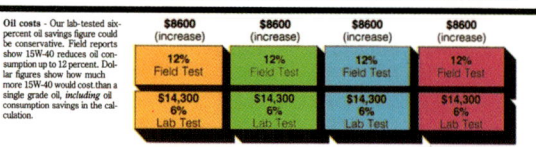

B2B 広告では、その商品を使うといくらの節約になるかを計算する方法を示す戦略も効果的だ。この広告は何に掲載しても最高の読者数を獲得し、何百回もの増刷依頼があった。
（ヘッドライン訳：ご自分で計算してみてください――シェルのロテラ T マルチグレード 15W–40 オイルなら、燃費が毎年何千ドルもお安くなります！）

はより的確に媒体を選ぶことができる。あるメーカーは、これによって広告予算を 25 パーセントも減らすことができた。

経営陣に対する広告

事業目的の購買には、購買部門以外に、経営陣による承認も必要だ。経営トップは、商品仕様の重要な詳細については関心がないか、あるいはそもそも理解できないこともある。彼らの唯一の関心事は、もっと広範な意味での利益、とくにコストをいかに削減できるかだけだ。

だからときには、経営トップ向けと、業界誌を読む専門家向けに、別々のキャンペーンを打つ方がよい場合もある。

12 ダイレクトメール：
わが初恋にして秘密兵器

加えて、雑誌とテレビでのダイレクト広告の秘訣

　　ある日、ひとりの男がロンドンの広告会社にやって来て社長に会いたいと言った。彼はカントリーハウスを買い、それをホテルとしてオープンしようと思っていた。広告会社はホテルに客を呼ぶ役に立つだろうか？　予算は500ドルしかなかった。当然ながら、広告会社の社長はこの件を雑用係の若造に振った。その若造とは、たまたま本書の著者である私のことだ。私は男の予算すべてを使ってハガキを買い、近隣の金持ち連中に送りつけた。6週間後、ホテルがオープンすると、客室は予約でいっぱいになっていた。私はこれにすっかり味をしめた。

　この日から、誰にも耳を傾けてもらえなくても、私は荒野に呼ばわる孤独な声となり、広告会社に対してダイレクトメールをもっと真剣に考えるように、そしてダイレクトメールの担当者を一段下に見ることのないように訴えてきた。これは雪崩のように次々と新規ビジネスが押し寄せていた当時の私の秘密兵器であり、オグルヴィ・アンド・メイザーをあっと言う間に成功へと導いた秘策だ。

　今日では、ダイレクトメールは爆発的に増加している。コンピュータのおかげ以外の何ものでもない。およそ考えうるかぎりの人口統計学的分類やら購買頻度やら購買高に基づいたメーリングリストを作成することが可能になったのだ。コンピュータを使えば、ひとつのメーリングリスト、あるいは複数のメーリングリスト間でのダブリを排除することもできる。マージ／パージ*（合併統合／浄化除去）と呼ばれる手法だ。ダイレクトメールを受け取りたくない人には、送らないようにすることもできる。またコンピュータのおかげで、何百万人もの人にダイレクトメールを送る際にも、相手の名前を、挨拶文ばかりか文中全体に何度も繰り返し書き込むことも可能になった。

　ダイレクト・レスポンスによる購入のほとんどが、今ではクレジットカードによって行われるようになった。クレジットカード会社は、誰が何を買ったかをつぶさに知っている。もしあなたにフロリダのディズニー・ワールドへの旅行のチャージがあったなら、次はカリフォルニアのディズニーランドに誘うダイレクトメールを送ることができる。

　ダイレクトメールを最もよく使うのは、定期購読者を求める雑誌社、カタログ通販会社、食料品店、デパート、レコード鑑賞や読書クラブなどだ。アメリカではダイレクトメールによるセールスが年間1000億ドルを超えるとされている。

＊訳注：複数のリストやファイルを統合させるときに、同時に重複しているリストをファイルから取り除く作業。

残念なことに、ダイレクトメールビジネスでは、いわゆる夜逃げ屋商法も横行している。「ニューヨーク・タイムズ」によれば、中には1万を超えるエセ「牧師」もいるそうだ。商事改善協会には、注文した商品が届かないという苦情や、配達が遅れた、あるいは届いた商品が破損していたという苦情が150万件も寄せられている。マーケティング領域の中で、ダイレクトメールは詐欺の多いカテゴリーと言える。とは言っても、ダイレクトメール広告のほとんどは誠実なものだ。

商品を卸売業者や小売店ルートという通常の方法で流通させているクライアントは、広告の結果を、マーケティングミックスの他の要素からなかなか分離することができない。しかしダイレクトメールのクライアントは、メーリングの結果を1ドル単位にいたるまで割り出せる。つまり彼らはすべてをテストすることができる。ダイレクトメールにおいては、テストこそが肝心かなめなのだ。

メーリングでは変更できる点のすべてを変えてテストし、それがセールスにどう影響するかを正確に割り出すことができる。しかし一度にテストできる変数はたったひとつだけだし、すべてをテストする余裕はない。というわけで、何をテストするかをまず決めなければならない。ダイレクトメールマーケティングを長年実践してきている人は、常にいくつかの変数を一度にテストするが、経験的にすでにわかっていることをわざわざテストしても、その結果が経験則と大きく異なることは滅多にない。テストすべき最も重要な変数は商品のポジショニング、次は価格、支払い条件、特別奉仕、メーリングの形式だ。

商品の価格と支払い条件はとても重要だ。これは試験的にメーリングしてみることで確かめることができる。あるインテリ向きの高級雑誌では、定期購読法を3つの支払い条件でテストしてみた。ひとつは、56号分の購読につき65ドルの値引き、2つ目は39号分の購読につき42.5ドル、3つ目は29号分につき29.95ドルの値引きをした。さあ、どの結果が一番よかっただろう？ 答えは3番目。40パーセントも値引きしたのに、35パーセントも収益が多かった。

銀、金、プラチナ製のモスクワ・オリンピックの記念コインをダイレクトメールで販売したときは、銀のコインだけ記載したメールが、3つをセットにして記載したメールよりも効果が高かった。

もし利ざやに余裕があるなら、無料の特別奉仕を考えるのもいいだろう。常に違った特別奉仕をテストすること。最も効果的なもののひとつは、くじ引きで現金が当たるというものだ。福引き、特別奉仕、無料提供、低価格を実施すれば顧客を呼び込むことができる。ただし、そうした顧客は必ずしも長期的に商品を購入してくれる客になるとはかぎらない。

注文時に、現金払いで正規の料金を要求すれば、反応する人の数は減る。しかし、長年に渡ってお得意様でいてくれる顧客は、より多く見つかるかもしれない。どうなるかは、テストしてみなければわからない。テストすればするほど、ダイレクトメールからの利益は上がるはずだ。

収益を上げるダイレクトメーリング法を見つけたら、それを「ベース」と考え、それ以上の結果を出す方法をテストすること。特別奉仕を加えてみるとか、有効期限を設定するとか、個々の顧客に向けた社長からの手紙のようなものを同封してみるとか、いろいろと試してみよう。もちろんコストはかかるが、それによって利益が増すならいいではないか。

ときには、注文は減らさずに、金のかかる「ベース」のコストを抑えることもできる。たとえば手紙のサイズを小さくするとか、個人宛の宛先の印刷をやめる

> ## A solid silver issue
> ## so limited only a fraction of Olympic Coin
> ## collectors can own this edition
>
> Only an extremely limited number of 1980 Olympic Coin Collections will be minted and offered to collectors—so few, in fact, that only a fraction of 1976 Olympic Coin collectors will be able to own them.
>
> For example, only 450,000 of each Coin in Series I Geographic will be minted. 100,000 will be reserved for distribution within the Soviet Union and other related Socialist countries—leaving a total of only 350,000 for the rest of the world. In contrast, the 1976 Montreal Olympic minting was between 650,000 and 1,480,000 of each Coin, depending on the Series.
>
> The 1952 Helsinki issue was 600,000. And the 1964 Innsbruck issue was 2,900,000.
>
> Nearly half a million collectors in the U.S. and Canada purchased Canadian Olympic Coins. Yet, the entire number of 1980 Olympic Coins available to North American collectors is only 20 percent of the Canadian Olympic Coins available in 1976.
>
> In the entire history of Olympic Coinage there has never been an issue quite like this one. These rare and beautiful Coins commemorate the first Olympic Games ever held in the USSR. They are the first Proof Quality Coins ever minted in the Soviet Union. They are legal tender in the USSR, backed for their full face value at the official rate of exchange by the Soviet Authorities.
>
> And because so few 1980 Olympic Coins will be available, their importance is even further enhanced.
>
> **Certificate of Authenticity**
> All Proof Quality 1980 Olympic Coins come with a signed and numbered Certificate of Authenticity, which validates the Proof Quality of the Coins, their precious metal content and their identity as the Official 1980 Olympic Issue by authority of the Chief Manager of the Goznak Mints.

モスクワ・オリンピックの銀貨のダイレクト・メールは効果絶大だった。（ヘッドライン訳：オリンピック認定銀コイン。発行数がたいへん少ないため、この版を手にできるオリンピックコインコレクターはごくわずかしかいません）

「兄のフランシスは、私立学校の校長先生たち宛に、ギリシャ語で調理用コンロを売り込む手紙を出した。何人かが『ギリシャ語は読めません』と返事を寄越したので、今度は別の手紙を送った――ラテン語で」

とか、チラシをカラーではなく2色刷りにしてみるとか、チラシを入れるのを全面的にやめてみるといったことをテストしよう。もしかしたら嬉しい驚きがあるかもしれない。少ないことはよいことだ、ということもあり得る。

きちんとテストすれば、新しいアイデアが驚くべき結果を出すこともある。セスナ社の商用ジェット機、セスナ・サイテイションを買ってくれそうな人々に、このジェット機にタダで乗れる試乗の招待状をくくりつけた伝書鳩を飛ばしたことがある。受け取った人はびっくりした。鳩が到着し、その足に自分の連絡先を書いて再び飛ばしてほしいと書かれていたのだから。中には、その鳩を食べてしまった人もいたが、何羽かは生きて戻ってきた。そして少なくとも一機は売れた。60万ドルだ。

兄のフランシスは、私立学校の校長先生たち宛に、ギリシャ語で調理用コンロを売り込む手紙を出した。何人かが「ギリシャ語は読めません」と返事を寄越したので、今度は別の手紙を送った――ラテン語で。これによって注文が取れた。

ダイレクトメールといっても、いつも特別奉仕やチラシなどの道具立てに頼るわけではない。手紙だけで満足すべき結果を出した例もある。しかし、その場合、手紙は長いものでなければならない。メルセデス・ベンツが1170台もの旧式ディーゼルエンジンを抱え込んだとき、われわれは5ページにも渡る長いダイレクトメールを送りつけ、余剰在庫を売り払った。キュナードラインでは8ページものダイレクトメールで成功を収めた。

雑誌とテレビでのダイレクト・レスポンス広告

本章ではここまでダイレクトメールについて話してきた。今度はこれに似たテ

クニック——人々に、店に行くのではなく、直接あなたに注文を送るよう促す広告について、私が知っていることをお教えしよう。

印刷媒体広告では、ヘッドラインこそ最重要要素だ。つい先日も、あるヘッドラインによって、他のヘッドラインの5倍も注文がきた。あなたのヘッドラインが強力で注目すべき効能を約束していれば、成功は間違いなしだ。

コストはかかるが、写真の質をよくすれば、写りの悪い写真を使うよりも、セールス効果がある。商品の断面図というような、写真には撮れないものを載せたい場合は描画を使おう。

長いコピーは短いコピーよりセールス効果がある。とくに値の張るものはそうだ。短いコピーを書くなど素人の証拠だ。

中見出しを使うと、コピーの中に息をつける間ができ、より読みやすくなる。ざっとナナメ読みする人にも売り口上のポイントがわかるように書くこと。

推薦文は広告の信頼性を高める。従ってセールスも高める。推薦文をひとつ載せて功を奏したら、2つ使ってみよう。しかし有名人の推薦文は、たとえばゴルフクラブにアーノルド・パーマーの推薦を使うというように、誰もが知っている専門家でないかぎり使わないこと。

ウィンストン・チャーチルは言った。「短い言葉がよろしい。短い言葉の中でも昔から使われている言葉が最もよろしい」。これは確かにダイレクトメールのコピーにも言える。

コピーは白地にスミで印刷すべし。私がどれほど黒地に白抜きの文字を忌み嫌っているかはもうご存知だろう。そうすると読んでくれる人が減るからだ。しかしこれには2つだけ例外がある。ひとつは劇場プログラム。舞台からの光にかざして、暗いところで読まれることになるので、黒地に白抜きにした方が読みやすい。もうひとつはスクリーン上に映写されるスライドだ。

ヘッドラインを見たら、何を提供しているのかチェックすべく、真ん中を飛ばしていきなりクーポンへ目を移す人も多い。だからクーポン自体もミニ広告となるように、クーポン中にブランド名、効能、商品の小さな写真を載せておくこと。

広告を見る人の多くは、「後で」クーポンを送ろうと思ってはいるものの、結局はそこまで手が回らない。ある調査によれば、こうして失われるクーポンは、クライアントの元に届くクーポンの2倍だという結果が出た。顧客になってくれるかもしれない人をつなぎとめる言い回しを4つ、ご紹介しよう。

- 「限定版」
- 「限定数のご提供」
- 「この価格での販売はこれが最後」
- 「早いもの勝ちの特別価格」

昔はレイアウトにいろいろなものを詰め込めば、それだけセールス効果があると思われていた。だが私の見るところではまったくその逆だ。整然と上手くまとまったレイアウトこそが、クーポンの返送率を高める。

どこに広告を打つか？

それぞれの雑誌について、いったい何件の問い合わせがあるか、広告掲載それぞれに対して何件の注文があるかは、正確に把握できる。ある雑誌では別の雑誌の2倍の効果を出す場合もある。これは損益を分けるには十分な差だ。

競合他社がどんな媒体に広告を載せているか、とくに継続して使っているのは

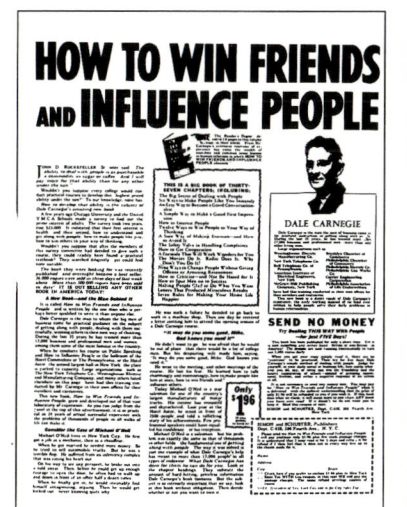

12章　ダイレクトメール：わが初恋にして秘密兵器

上　ヴィック・シュワブの書いたこの広告は、メールオーダーで3年の間に100万冊の本を売った。このヘッドラインとコピーには人を惹きつけてやまない魅力がある。
（ヘッドライン訳：友だちを作り、人を動かすには）

右　ジェームズ・ウェブ・ヤングは40年もJ・ウォルター・トンプソンのクリエイティブ部門を率いた。余暇には、ウェブ・ヤング・トレーダーの名前で、サンタフェでメールオーダービジネスを手がけた。これは彼の書いた広告のひとつだが、メールオーダー広告のお手本と言える。ライフ誌に1回掲載されただけで、ネクタイ2万6000本を売った。
（ヘッドライン訳：ニューメキシコ高地の人々の手織り）

右下　このイギリスのダイレクト・メール広告を見て、これを買いたいと思わない親がいるだろうか。コピーライターはデイヴィッド・アボットだ。
（ヘッドライン訳：テレビにへばりつく代わりに、子どもたちを本に夢中にさせるには）

147

売る広告

Ogilvy & Mather Direct Response
The advertising agency with the secret weapon

"For forty years, I have been a voice crying in the wilderness, trying to get my fellow advertising practitioners to take direct response seriously. Direct response was my first love. And later, my secret weapon."

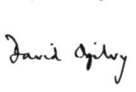

David Ogilvy

Forty-two years ago, David Ogilvy, the founder of Ogilvy & Mather, recognised direct response as possibly the most sophisticated and precise marketing tool available to businessmen. Direct response is effective, cost efficient and accountable.

Today, there are 17 Ogilvy & Mather Direct Response offices around the world, with billings totalling more than US$100 million.

In Singapore, Ogilvy & Mather Direct Response was established in January 1980, by our Managing Director, Peter Stening.

We are the first and only fully computerised direct response company in Singapore, or for that matter, South East Asia.

We offer our clients complete in-house production facilities for every element of their direct response campaigns — from creative planning to media recommendations to computerised mailing.

Our success in our first year prompted Michael Ball, Regional Head of Ogilvy & Mather and a Director of Ogilvy & Mather International, to make the Singapore office the regional co-ordinating Direct Response centre for South East Asia.

Direct mail — our most powerful tool

Direct mail is the most powerful tool at the disposal of Ogilvy & Mather Direct Response. No other medium can be so precise, yet so flexible.

Unlike print advertising or television commercials, direct mail is not restricted by space or time. There are no limits, except the clients' budget and the creative peoples' imagination.

Direct mail is dependent on selective, constantly updated and deduplicated mailing lists. Effective deduplication can only be achieved on a computer. Without deduplication, you run the risk of annoying existing or potential customers with repeated mailings. Moreover, each duplicated mailing is money wasted.

The selection of the right prospect list is the most critical point in the direct mail programme. The best creative idea and the soundest copy may go to waste if the right list is not available.

The Singapore office is the only Ogilvy & Mather Direct Response agency in the world to own its own computerised mailing lists. We have direct access to the names, addresses and information of over a million people, companies and organisations in Singapore. So we can reach your target audience with a bull's eye. Everytime!

Our computer bank also provides list storage and processing facilities for our offices in Hong Kong, Bangkok, Kuala Lumpur and Jakarta as part of our regional co-ordination.

Specialists in our own right

Direct response advertising is more than just adding a coupon to an advertisement or writing a letter to a potential consumer.

An agency can produce a magnificent mailing package. Lavish, expensive and beautifully executed. But it will not bring the expected result if the call for action is not correctly emphasised.

Direct response is a specialised form of advertising. There is no such thing as hard sell or soft sell.

It's sell or no sell.

We have seen one direct response advertisement sell *nineteen times* as much of a product as another advertisement for the same product. A change in the headline was the only variable. The media rates cost the same for both advertisements.

Direct response requires more specialised skills than, perhaps, any other form of advertising. There are very few people who are adept at the art of direct response advertising. You should not give the job to amateurs.

Anybody can claim they have a direct response capability. But only Ogilvy & Mather Direct Response can prove it. Compared to an average response rate in most western countries of two to three per cent, our direct response advertising in Singapore has yielded average responses of five to seven per cent.

Talk to our clients.
They are our best supporters.

Using our computer, we can reach your target audience individually, with personalised mailings.

Measurable performance

Ogilvy & Mather Direct Response offers you professionals in every aspect: creative, media, production and account management. Because the work we perform for our clients is measurable, our performance is also directly measurable. Ogilvy & Mather Direct Response International has become one of the world's largest direct response agencies because of our professional expertise.

Last year in Singapore, we created more than a million dollars' worth of direct response advertising — in mail and media — for clients big and small.

What is direct response?

Direct response advertising refers to any kind of advertising that seeks a direct response — an order or an inquiry — from the consumer.

Direct response can be included in all forms of advertising: press, magazines, television, radio, cinema. Any advertising medium.

Direct response advertising also includes two-way television. This electronic media is already revolutionising the direct marketing fields in Europe and the United States, and is just around the corner for Singapore.

In every instance, the advertisement, mailing piece or telephone call includes a call for action: *A request for a direct response.*

Direct response advertising gives you the ability — unique in advertising — to measure results and returns on investments precisely. An irresistible advantage in today's economy.

In addition, you can pinpoint your markets, instead of reaching audiences composed mostly of poor prospects.

Direct response can be direct mail. Information posted to people about whom certain factors are known, eg. income bracket, occupation, interests etc.

Direct response communication can be by telephone. Telephone marketing is a fast growing segment of direct response. Goods and services are being offered over the telephone to obtain orders and inquiries.

In the process, we have learnt that direct response advertising can help sell $100,000 cars as well as a $1 jar of baby cream. We have also discovered many other profitable ways to use this most accountable form of advertising as part of our clients' marketing plans. Some of them may be useful to you.

Building sales leads. Direct response has proved to be an extremely effective and economical way to produce highly qualified industrial sales leads.

We created two special mailing packages for Solna, a leading Swedish manufacturer of printing machinery, that provided our client with 850 sales leads.

Building store traffic. A personal letter and an attractive offer can often do wonders for getting customers back into a store.

Our mailing package for Fitzpatrick's Supermarket was highly successful in increasing store traffic.

Getting new business from old customers. It can cost less to sell to your present customers than to acquire new ones. Very often, satisfied customers of one division of a company are ideal prospects for the products and services offered by another division.

Customer communications. More and more companies are rediscovering the bottom-line value of customer goodwill. Direct mail is the most personal and effective way to let your customers know you *care*.

For King & Shaxson Investment Fund Managers, we mail personal letters and news of the latest investment developments to their clients every month. The result? A substantial increase in business.

Our client, American Express, has and will continue to build business through direct mail.

Introducing new products. Direct response can sometimes be an effective way to introduce a new product to key prospects. It can also be used to pre-test the consumer appeal of a new product at only a fraction of normal market test costs.

We helped Aspatra Guan Hoe, agents for Saab cars, launch their Saab Turbo 900 by sending out a mailing package that invited key prospects to come for a test drive. Our client sold three months' stock' within the first month!

How to find out more

The true value of direct response advertising is yet to be realised in Asia. In Singapore, we have an ideal direct response market.

Despite the very strong Singapore identity of all our citizens, the population is clearly structured into socio-economic, cultural, language, religious and ethnic groups. Direct response provides a very precise method of reaching these specific groups cost-effectively, particularly when relatively limited advertising or promotional budgets are available.

If you would like to learn more about how direct response advertising can increase your sales and profits, please call Peter Stening or Eric Stanley at 223 8722. Or post the coupon for a copy of our brochure that contains full details of our secret weapon: direct response.

Cut out and mail today!
Ogilvy & Mather Direct Response
7th Floor Tuan Sing Towers
30 Robinson Road Singapore 0104

☐ Please send me more information about your secret weapon — direct response.

☐ I would like to know how Ogilvy & Mather Direct Response can help me improve my company's sales and profits. Please contact me.

Name
Title
Company
Address
Telephone

Ogilvy & Mather Direct Response

これはダイレクト・レスポンスを専門に取り扱う支社ができたことを発表した広告。具体的な情報満載の長いコピーにご注目。
(ヘッドライン訳：オグルヴィ・アンド・メイザー・ダイレクト・レスポンス。この広告会社には秘密兵器がある)

「より多くの人に信用されれば、あなたの商品を買ってくれる人も増える」

何かを調べよう。雑誌の編集上の変化にも注意しよう。それによってあなたがターゲットとしている読者を惹きつけるかもしれないし、逆に遠ざける可能性もある。

見開き2ページ広告にはあまり入れ込まないこと。1ページの広告の倍のコストがかかる割には、注文が倍になることは滅多にない。さまざまな広告スペースを試してみること。たとえば雑誌の1ページに業務用返信ハガキをつけた場合と、何もつけない1ページとではどう結果が異なるか。返信ハガキをつければコストは倍になるが、ときには何もつけない場合の4倍もの注文が来るかもしれない。

同じ雑誌に繰り返し広告を掲載していると、応答率はたいてい必ず下がっていく。雑誌によっては、年間6回の掲載までしか利益が出ないのに、別の雑誌では12回の掲載まで持つかもしれない。

テレビ

驚かれるかもしれないが、テレビCMを適切に使うことによって、郵便や電話(ほとんどは電話だ)で注文をとることもできる。「適切に」というのは、問題を提起し、それをその商品がどう解決するかを実際にやってみせるということだ。料金の払い戻しを保証し、値段を提示し、明確かつ迅速に注文を促すこと。

デモンストレーションでは、効能をたったひとつではなく、いくつか約束しよう(これはP&Gのやり方の逆をいくものだ)。

テレビ通販の経験にかけては、私のパートナーのアル・エイコフの右に出る者はいない。彼によれば、2分以下のCMで販売利益の出たものは見たことがないそうだ。短いCMが次から次へと続いて、「まるでセールスマン5人が入れ替わり立ち替わりドアをノックするような」やり方に比べて、長いCMは見る人を苛立たせないらしい。

「注文の仕方」の情報を伝えるために、少なくとも20秒はかけなければならない。これだけの時間があれば、フリーダイヤルや私書箱の番号を字幕で見せることができる。フリーダイヤルの番号は、少なくとも2回は繰り返し出すこと。

クライアントのほとんどは、テレビのCM放映時間の効果を、視聴者1000人あたりのコストで割り出す。だがアイコフは、自分のCMがある局で放映されるたびに「何件の注文が来るか」で割り出す。そして、効果の上がらない時間帯やテレビ局を切り捨てる。最も効果が上がるのは早朝、深夜、週末だ。月でいえば1月、2月、3月が最も利益が上がる。

CMが流れる番組の内容がよいほど、セールス件数は減る。視聴者が古い映画に飽き飽きしてくると、受話器を取って商品を注文したくなる。「ダラス」に釘づけになっている最中に注文しようとは思わないわけだ。

覚えておいてほしいのは、視聴者の数と、実際にくる注文数とは関係ないということだ。

* * * * *

必要に迫られて、本書ではどの章でも、多かれ少なかれ複雑なテーマを単純にしすぎているきらいがあるが、本章ではそれが一番顕著かもしれない。もしダイレクト・レスポンスの詳細についてもっと知りたければ、ボブ・ストーン著『Successful Direct Marketing Methods』(クレーンブックス刊[**])から始めるといいだろう。

**邦訳『ダイレクト・マーケティング・マニュアル──直販成功ノウハウ集』(ダイヤモンド社)

13 よい公共広告の条件

そして、チャリティのための資金調達

　40年前、アメリカの各広告会社の経営陣が集まって、広告協議会を立ち上げた。米国貯蓄債券や赤十字を含めた、公共に役立つ広告キャンペーンを無償で行うためだ。1979年、各媒体はこのキャンペーンのために、実に6億ドル分の放送時間およびスペースを無償提供してくれた。各広告会社も業務に対して一切請求をしなかった。1980年、協議会は国勢調査への協力を呼びかけるキャンペーンを展開し、3800万ドルの放送時間とスペースが無償で提供された。これは称賛に値するシステムだが、ひとつだけ難点がある。それは、キャンペーンの成否が、媒体側がどの程度太っ腹かにかかっていること、かつその点の予測がつかないことだ。イギリスでは、もっと容易にシステムを管理することができる。政府が資金を提供するからだ。では、公共のために役立つ広告の例を6つ見てみよう。

世界自然保護基金
　オグルヴィ・アンド・メイザーは、世界自然保護基金のために、5年間に渡って世界16カ国の媒体から650万ドル分にあたる広告スペースおよび時間を無償で提供してもらった。

ニューヨーク・フィル
　1957年、ニューヨーク・フィルは財政危機に瀕していた。演奏家連中はすっかりやる気をなくし、ホールの客の影はまばらだった。これに対して私は、「ニューヨーク・タイムズ」の1ページを丸ごと買い、シーズンが始まる「前に」1年の全スケジュールを掲載するという単純な解決策を実行した。何年も経ってから、この内情を知る人が、この広告はレナード・バーンスタインがニューヨーク・フィルの復活に果たしたのと同じくらい効果があったと教えてくれた。

黒人大学連合基金
　グランド・セントラル・ステーションを出て裕福な郊外へと向かう通勤電車で、乗客たちに一通の手紙が配られた。手紙の書き出しはこんな風だった。「今夜この電車が108丁目のトンネルを出たとき、窓の外をご覧になってください」。乗

次ページ　5年間に渡って、オグルヴィ・アンド・メイザーは、世界自然保護基金のために、世界16カ国の媒体から650万ドル分に当たる広告スペースおよび時間を無償で提供してもらった。この広告によって郵送されてきた寄付金自体はたいした金額ではなかったが、一般の人々に、もっと個人的な方法で寄付ができることに気づいてもらう役割を果たした。

13章　よい公共広告の条件

WWF/Kojo Tanaka BCL

The Giant Panda needs your help to survive

ONCE every eighty to a hundred years the bamboo forests in China's Sichuan Province burst into flower and then die off. And that's bad news for the Giant Panda, which depends for its survival on huge amounts of bamboo.

But that's just one of the problems facing the Panda.

To ensure that it has a future it is vital to preserve the complex ecosystem in which it lives, to carry out research into its dietary needs and investigate possible alternatives, to discover the reasons for its low reproduction rate, to study the problem of internal parasites – all these factors and many more which threaten its survival.

Recognition of the urgent need to solve these and other problems has resulted in a unique and historic partnership between WWF and the People's Republic of China.

WWF has agreed to contribute US $1,000,000 towards a total of about US $3,000,000 needed by the Chinese Government to mount a major Panda Conservation Programme. This includes construction of a research and conservation centre in the largest of the Panda reserves – Wolong Natural Reserve in Sichuan Province.

A team from WWF, led by the distinguished ecologist Dr. G. Schaller, is already at work in Wolong together with top Chinese scientists under the leadership of Professor Hu Jinchu.

The Giant Panda is an endangered animal. It is also the symbol of WWF's worldwide conservation efforts to save life on earth.

But WWF needs money – your money.

Please send contributions to the WWF National Organisation in your country or direct to:

WWF International, 1196 Gland, Switzerland.

WWF WORLD WILDLIFE FUND

WWF acknowledges the donation of this space by   Advertisement prepared as a public service by Ogilvy & Mather.

売る広告

右下 1957年、ニューヨーク・フィルのホールは半分以上空だった。これに対して私は、「ニューヨーク・タイムズ」の1ページを丸ごと買い、シーズンが始まる「前に」1年の全スケジュールを掲載するという単純な解決策を実行した。これは功を奏した。

下 黒人大学連合基金に寄付を募るため、私はグランド・セントラル・ステーションを出て裕福な郊外へ向かう通勤電車の座席すべてにこの手紙を置いた。その結果、たった一夜にして黒人大学連合基金に2万6000ドルの寄付が集まった。後にオグルヴィ・アンド・メイザーの会長になるビル・フィリップのアイデアだった。

客が目にしたのは、黒人の住むハーレムのスラム街だった。この手紙によって、たった一夜にして黒人大学連合基金に2万6000ドルの寄付が寄せられた。

シエラ・クラブ

ハワード・ゴッセージは、広告業界に歯に衣着せずものを言うことで有名な反逆児だが、広告という手段は非常に有益なものであり、商品広告など無駄遣い、もってのほかだという信条を持っていた。広告は社会的に役立つ目的に使われてこそ正当と認められると考えていたのだ。彼がグランド・キャニオンの水力発電計画に反対してシエラ・クラブのために作った広告のひとつに触発されて、3000人の人々が会費14ドルを払ってクラブに会員登録した。

ノルウェイでの十代の飲酒問題

1974年、ノルウェイ政府は、十代のアルコール依存症を減らす広告キャンペ

13章　よい公共広告の条件

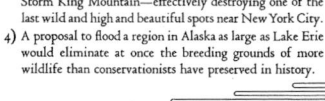

ーンを開始した。最初の広告は14～16歳の少年少女向けで、ヘッドラインは「私は飲むたびに吐く」というものだった。この広告を読んだ人の数は、ノルウェーのそれまでの記録を塗り替えた。その後、広告は子どもたちの両親に向けて、なぜ子どもたちは酒を飲むのか、それにはどんなリスクがあるのかを説明するものになった。ヘッドラインはこうだ。「昨年、ノルウェーの16、17歳のティーンエイジャーは、平均155本のアルコールを消費しました。これによって子どもたちがどんなダメージを受けるリスクがあるか、親は知っておかなければなりません」。ノルウェーの親の70パーセント以上がこの広告を読み、キャンペーンをきっかけに、マスコミでは大々的な論戦が繰り広げられることになった。長年増え続けてきた十代の飲酒は、このとき初めて減少した。

インドにおけるガン

1978年、ボンベイで調査を行ってみると、インドの人々はガンの原因、症状、

右　1966年、アリゾナ州の上院議員のグループが、必要もない水力発電プロジェクトのために、グランドキャニオンの一部に人工的に洪水を起こすことを提案する法案を提出した。これに反対するシエラ・クラブのために、サンフランシスコのハワード・ゴッセージの広告会社がキャンペーンを打った。これに触発されて、3000人がクラブに会員登録し、水力発電プロジェクトは廃案になった。ゴッセージは、広告というものは社会的に役立つ目的に使われてこそ正当と認められると信じていた。広告業界一歯に衣着せずにものを言うことで有名な反逆児だった彼は、こんなことを言った。「私は広告という商売が大好きだ。大の大人が真面目に取り組むことではないが、それでも大好きだ。それは、広告という仕事によって、積もり積もった汚れを瞬時に清めることができるからだ」
（ヘッドライン訳：システィーナ礼拝堂にも洪水を起こして、観光客がもっと天井画に近づけるようにしますか？）

売る広告

十代の飲酒問題に関して、オグルヴィ・アンド・メイザーのオスロ支社が作ったシリーズ広告の2点。

左 ヘッドラインは「私は飲むたびに吐く」という14歳の少女の言葉だ。この広告を読んだ人の数は、ノルウェイのそれまでの記録を塗り替えた。

右 こちらのヘッドラインはこうだ。「昨年、ノルウェイの16、17歳のティーンエイジャーは、平均155本のアルコールを消費しました。これによって子どもたちがどんなダメージを受けるリスクがあるか、親は知っておかなければなりません」。ノルウェイの親の70パーセント以上がこの広告を読み、長年増え続けてきた十代の飲酒は、このとき初めて減少した。

治療に関して、ほとんど何も知らないということがわかった。そこでインドガン協会は、インドにおけるオグルヴィ・アンド・メイザーのパートナーに広告キャンペーンを依頼した。キャンペーンの目的は、人々の無知と運命にすべてを委ねる態度を、理解と楽観的態度に変えることだった。インドの人々は、キャンペーンが始まって初めて、ガン協会が無料で開いているクリニックで定期検診を受けようという気になった。キャンペーンのテーマは「ガンになった後でも……人生は生きる価値があります」という希望に満ちたものだった。この広告には本当にガンを克服した人々を使った。2カ月のうちに、クリニックで健康診断を受ける人の数は3倍になった（P184 参照）。

資金調達

　広告を打って、ご自分のお気に入りのチャリティやボランティアの資金を調達しようと思っておいでなら、慌ててことにかかる前にここで忠告しておきたい。どんなに強力な広告であっても、広告スペースを買ったコストに見合うだけの金額を、寄付で直接集めることは稀だ、と。

　広告にできるのは、問題に対する市場の「認知度を上げる」ことによって、より個人的な方法で寄付金を集めやすくすることだけだ。チャリティに寄付してもらおうとしても、相手に何かしらそれについての知識がない限り、お金を払おうという気にさせるのは難しいのだ。

14 P&Gと渡り合う

狼なんか怖くない

　　　　　使い捨ておむつ、衣料用柔軟剤、クレンザー、歯みがき、石けん、食器洗い洗剤を広告しようとするなら、P&Gと渡り合うことになる。P&Gは、そうしたすべてのカテゴリーで少なくとも市場シェアの40パーセントを占め、それ以外にもシャンプー、ケーキミックス、コーヒー、制汗剤、自宅でできるホームパーマ剤でも強力な地位を占めている。年間広告費は7億ドルで、どの競合他社よりも多い。年間売上高は120億ドルだ。

　この巨大企業がなぜこれほど圧倒的な成功を収めたのか、その理由がわかれば、張り合って勝ちを収める可能性も高まるに違いない。だからここで、私のパートナー、ケネス・ローマンがP&Gについて学んだことをご紹介しよう。

　まず、P&Gは非常によく制御されている。徹底的に計画を練ること、リスクを最小限にすること、所定の原則を守り抜くことが、彼らが指針とする哲学だ。

　広い範囲で素早く商品テストを行うために、各家庭に大規模にサンプルを配布する。1977年には、P&Gの会長はこんなことを言っていた。「通常わが社の初期投資においては、試供品の提供が最も大きな部分を占めています……実際に商品を使ってみてお客様に満足していただいて初めて、広告や販売といったマーケティング・ミックスの要素が十分に生きてくるわけです」

　成長が見込めないかぎり、小さなカテゴリーには決して参入しない。参入したカテゴリーすべてにおいてトップを目指す。膨大な量を生産することによって、競合他社よりも安い製造コストを達成する。これによって利益率を上げることも、あるいはより安い値段で売ることも可能になる。

　ひとつのカテゴリーに複数の商品で参入することもしょっちゅうだ。その場合、自社ブランド同士で競争することも厭わない——その場合は、互いに禁じ手なしで勝負させる。

　消費者のニーズを知るためにマーケットリサーチを使う。前会長のエド・ハーネスがこう言っていた。「われわれは、ちょっと角を曲がったその先に一体何があるのかを常に探ろうと努力している——消費者について研究し、消費者の好む新しいトレンドやニーズ、ライフスタイルを探る」

　中でも一番大事なのは、競合他社よりも優れた商品を作るノウハウを持っていることだ。各家庭で行うブラインドテストで、必ず消費者にその優位性をはっきりとわかってもらう。ハーネス曰く、「マーケティングを成功させる鍵は、商品

自体が優れているということだ……そのブランドが実際に何らかの利益をもたらすことを消費者が実感しないかぎり、どんなに創意工夫に富んだ広告やセールスを展開しようとどうしようもない」

新ブランドを売り出す際には、とくに大量の広告を打つ。また成功したブランドには巨額の予算をつけてサポートする——電動歯ブラシのクレストには2900万ドル、カフェインレス・コーヒーのハイ・ポイントには2400万ドル、おむつのパンパースに1900万ドル、洗剤のタイドには1700万ドルなどだ。

P&Gは信じ難いほど徹底したテストマーケティングを敢行する。しかも忍耐強い。フォルジャース・コーヒーでは、6年間も地域開発プログラムをテストした後に、ようやく東部への進出を決めた。P&Gの社長は「忍耐強いというのは、わが社の美点のひとつだ」と言う。第1号であるよりも、正しくやる方を選ぶ。P&Gの歴史の中で、少なくとも半年のテストを経ずに国内で売り出された商品はたった3つだけだ。うち2つは失敗した。

広告に関するP&Gの原則には、いくら感嘆しても感嘆しきれない。私自身の信奉する原則と同じだからというわけではない。彼らはリサーチによって最も効果的な戦略が何かを決定し、ひとたび成功を収めた戦略は決して変えないのだ。タイド、クレスト、ボディソープのゼスト、アイボリー石けんに関する戦略は、30年間一度も変えられていない。

P&Gは消費者に、常にたったひとつ大事な効能を約束する。だが複数の効能を謳った方がセールスが伸びる可能性があると踏んだときには、同時に2つのキャンペーンを、しかも同じ媒体で展開することも辞さない。

独創的だとか面白いとかいうことではなく、効果的に「メッセージを伝える」ことこそ、何よりも広告がやらなければならないことであると彼らは信じている。彼らは、「メッセージを伝える」ということを、まずコピーを書き始める前、それからCMが制作された後、そしてマーケットでのテストという3つの段階で評価する。しかし、彼らはテストによって広告の「説得力」を評価できるとは思っていない。ここが私とは違うところだ。

P&GのCMにはどれにも「確認のための瞬間」が設けられている。たとえばトイレットペーパーのチャーミンなら、女性がそれをぎゅっと握りしめて柔らかさを確認する。洗濯洗剤のエラでは、油染みが落ちていくところを主婦がじっと見つめるシーンがある。

P&GはCMの60パーセントでデモンストレーションを使い、キッチンペーパーのバウンティがいかに他の製品より給水力が高いか、万能クリーナーのトップジョブがいかにアンモニア原液よりも洗浄力が強いか、ボディソープのゼストの洗い上がりがいかにさっぱりしているかを示す。

P&GのCMは、聞き慣れた言葉や日常的な状況を使って、消費者に直接語りかける。風呂場で使う商品なら、実験室ではなく風呂場で使っているところを見せる。

ブランド名を言葉と視覚で伝えるために大いに骨を折る。ブランド名はたいてい短く、単純だ。また、そのブランド名がCMの最初の10秒以内に現れるようにし、その後平均3回は繰り返す。

CMでは効能を言葉で伝え、テロップでそれを補強する。たいていは効能を繰り返して終わる。多くの言葉を使う傾向があり、ときには30秒のCMで100語を超えることもある。

「広告に関するP&Gの原則には、いくら感嘆しても感嘆しきれない。私自身の信奉する原則と同じだからというわけではない」

P&Gがブランドに継続してキャラクターを使う場合、その役を演じるのは常に一般には顔を知られていない役者で、有名人は絶対に使わない。

CMで「どうしてそうなるのか?」を語っているものは半分以下だ。消費者に「どうして」なのかを説明しなくても、商品が何をするかを見せるだけで十分だと考えるにいたったのだ。

商品を使って「感情的」効能を得られることを示す場合も非常に多い。たとえば「ダッシュで洗えば、みんなのありがとうが増える」というようにだ。

広告会社側がいかに古くさいと思ったとしても、P&GはテレビCMでセールスが上がることが証明されたテクニックを使う。とくに、実生活の一片や、ユーザーの推薦文、語り手の顔を大写しで見せることなどだ。

1976年までは、P&Gは音楽を使うことを控えていたが、現在は使うようになった。それでも音楽はCM全体の10パーセントに過ぎない。また、CMのいくつかではユーモアも使うようになった。

対抗意識を前面に出したCMも多いが、わざわざ予算を使って競合するブランド名を出すことはない。単に「よく使われる別の洗剤」とする。

いったん効果のあるキャンペーンを作り上げたら、長期間流し続ける。10年以上続けるケースも多い。しかし今進行している戦略を、新しいやり方で遂行できないかを常にテストし続ける。

いったん広告予算を設定しても、より高い予算をかけられないかを常に模索する。

夜のゴールデンタイム放映にかける予算は、全体の30パーセントに過ぎない。残りの70パーセントは昼間の時間帯や早朝、深夜に回される。30秒のスポットだけに絞り込まず、45秒のCMの数を増やしている。15秒増えることによって、より詳しく「状況説明」ができ、「視聴者を巻き込む」率が高まることがわかったからだ。

P&Gブランドの広告のほとんどは、年間を通じて行われる。この方が、6週間放送し、6週間放送を休むというような「断続的な」方法よりも効果的であることがわかったからだ。また、これによってコストも大幅に減らせる。

30年もの間、いくつかのカテゴリーでP&Gと渡り合ってきた私は、彼らの洞察力に果てしない敬意を抱いている。しかし、彼らとて完全無欠というわけではない。あれほどのリサーチ、あれほどのテストを重ねてさえ、ときに敗北を喫することもある。P&Gにも失敗に終わった商品がいくつかある。たとえば液体洗剤のティール、ドレーン・シャンプー、ピーナツバターのビッグ・トップ、トイレットペーパーのサータンがそうだ。

常に変わらないことが、彼らのアキレス腱だ。いつでも予測がつく。敵がどんな戦略に打って出るかあらかじめわかっていれば、勝利を収める役に立つ。

当然ながらP&Gに打ち勝つ最高の方法は、彼らよりも優れた商品を世に出すことだ。ベルブランドのポテトチップスがP&Gのプリングルスを超えたのは、ベルブランドの方が美味しかったからだ。自宅でできるホームパーマ剤レイヴが、発売1年も経たないうちにP&Gのリルトにとって代わったのは、アンモニア剤を含んでいない、より優れた商品だったからだ。さらに私としてはどうしてもこれを言わずにはいられないのだが、巨人を取って食ったこの2つの商品の広告を担当したのは、さて、どこの広告会社だっただろうか?

「P&Gに打ち勝つ最高の方法は、彼らよりも優れた商品を世に出すことだ」

15　リサーチに起こせる18の奇跡

　リサーチに無関心な広告人は、敵の暗号を解読するのに無関心な将軍と同じくらい危険だ。コピーライターになる前、私はリサーチャーだった。コピー・テスティングについて、イギリス広告史上初めて論文を書いたのは私だ。後にプリンストンにあるギャラップ博士の視聴者調査研究所を運営し、映画を製作する前に、出演するスターのチケット販売力などを測定することによって、いったい何人の観客を動員できるかをあらかじめ割り出したりもした。

　一番楽しかったのは、オグルヴィ・アンド・メイザーの初期の頃だ。当時私はリサーチ・ディレクターとクリエイティブ・ディレクターの両方を兼ねていた。金曜の午後になると、私はクリエイティブ・ディレクターに宛ててリサーチ・レポートを書く。そして月曜の朝には、クリエイティブ・ディレクターに早変わりして、自分の書いたレポートを読み、どうするか決めるべきことがあれば決断を下した。そのうち、私よりもよほど腕利きのリサーチャーであるスタンリー・キャンターを、リサーチ担当者に雇う余裕ができた。スタンリーが来てたった10日で、私はリサーチ業務から追っ払われた。いつも言っていることだが、常に自分より有能な人間を雇え、という好例だ。

　リサーチに起こせる18の奇跡がある。以下に挙げてみよう。

①貴社が、消費者、証券アナリスト、官僚、新聞記者、学界でどんな評判を得ているかがわかる。

②数学的モデルを使ったリサーチによって、新製品の売上げを予測し、最大利益を達成するのに必要な広告予算を見積もることができる。ヘンドリー、アセサー、スプリンター、ESP、ニュース等のモデルを使えば、その商品に予算を使ってテスト・マーケティングする価値があるかどうか、十分に信頼できる結果が得られる（新製品の約60パーセントは、テストマーケットで失敗する）。

③リサーチによって、新製品がまだ構想段階にあるうちに、消費者の反応を見ることができる。あるクライアントが、消化機能が衰えつつある高齢者用の食品開発に60万ドルを投資したが、その後、あるリサーチによって、ターゲット層である高齢者側はそんな商品にまったく関心を持っていないことがわかった。私は恐る恐る、この残念極まるニュースをクライアントに伝えた。リサーチの結果が期待に添ったものではないので、広告会社のやり方が悪いのだと文句を言われるだろうと思った。たいていのクライアントがそうなのだ。しかしそのクライアントはもっと大人物だった。「ああ、空井戸かね」と

15章 リサーチに起こせる18の奇跡

右 映画スターとして絶頂期のレーガン大統領の人気度を、私が作った「人気スターの動員評価の継続調査」によって分析した表。

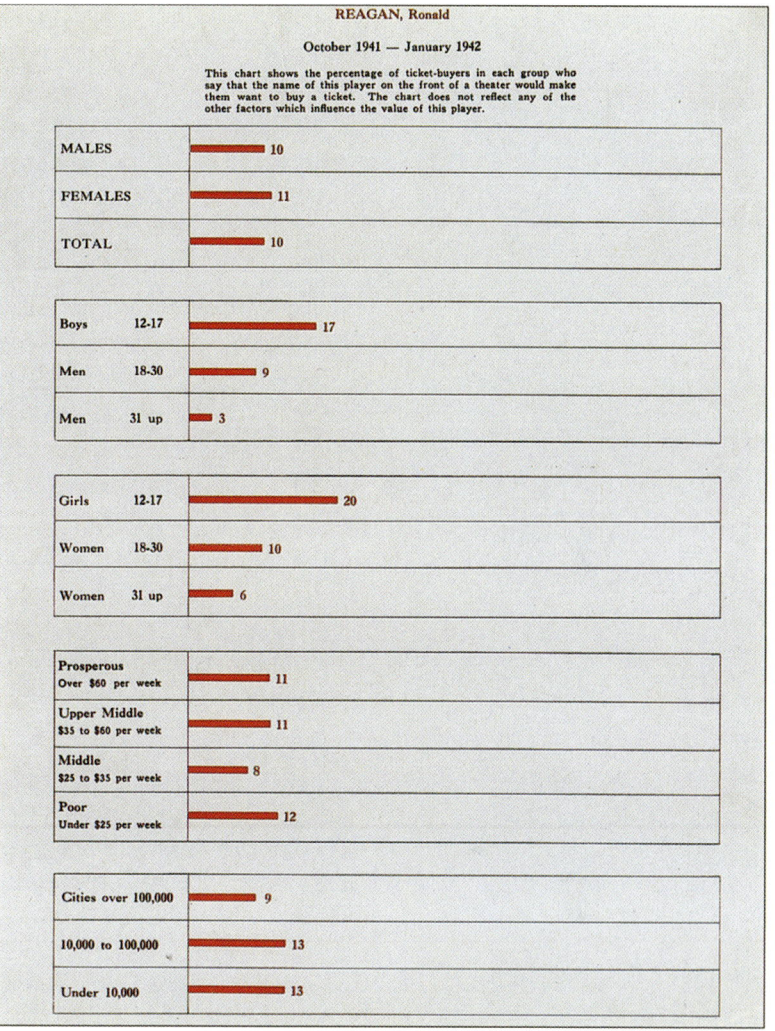

REAGAN, Ronald
October 1941 — January 1942

This chart shows the percentage of ticket-buyers in each group who say that the name of this player on the front of a theater would make them want to buy a ticket. The chart does not reflect any of the other factors which influence the value of this player.

MALES	10
FEMALES	11
TOTAL	10

Boys	12-17	17
Men	18-30	9
Men	31 up	3

Girls	12-17	20
Women	18-30	10
Women	31 up	6

Prosperous Over $60 per week	11
Upper Middle $35 to $60 per week	11
Middle $25 to $35 per week	8
Poor Under $25 per week	12

Cities over 100,000	9
10,000 to 100,000	13
Under 10,000	13

言うなり、さっさと会議室を後にしたのだ。

④商品を市場に出す準備ができたら、消費者がその商品を現在買っている商品と比較してどのように評価するか、リサーチによってわかる。もし他社製品より劣っていることがわかれば、研究開発部門に差し戻せばよい。

⑤リサーチによって、多くの消費者がどんな調合、風味、香り、色を好むかがわかる。

⑥リサーチによって、いくつかある中で最も売れるパッケージデザインはどれかがわかる。また、その中でパッケージが開けやすいかどうかも見ることができる。女優のコーネリア・オーティス・スキナーが、大手食品会社を相手に、同社の商品はペンチを使わなければ開けられないことを実際にやって見せたときのことは忘れられない。

⑦リサーチによって、商品に最適なポジショニングを定めることができる。

⑧リサーチによってターゲット・オーディエンスを定義することができる。男性なのか女性なのか。若者向けか中高年向けか。教育程度、ライフスタイル、どんな媒体をよく視聴するかなどがわかる。

⑨リサーチによって、どんな要素が購買意思を決定するのに一番重要か、またその種の商品について話すときに消費者がどんな言葉を使うかがわかる。

⑩リサーチによって、どんな製品ラインを拡大すれば最もセールスが上がるかがわかる。ダブが石けん市場で利益の上がる特定分野としての地位を切り拓いた後、リーバ・ブラザーズは、同じブランド名で石けん以外のどんな商品を売り出せばよいか迷っていた。リサーチしてみると、皿洗い用の液体洗剤が最も可能性が高いことがわかったので、その製品が売り出され、成功を収めた。

⑪リサーチすることによって、消費者が定着して使ってきた商品に以前ほど魅力を感じなくなった兆候がわかる。おそらくこれまでよりも安い原料を使っていることに感づいたのだ。消費者はそういうことを敏感に察知するものだ。

⑫リサーチすることで、競合他社のテストマーケットや、製造コスト、利幅までを「読み解く」ことによって、時間とコストを節約することができる。どこを見ればいいかさえわかっていれば、すべての情報が思いのままに入手できる。

⑬リサーチによって、どんな効能（約束／プロミス）に最も説得力があるかがわかる。イギリスの詩人サミュエル・ジョンソンはかつてこう言った。「約束、大きな約束こそが広告の神髄である」。アンカー醸造の財産を競売にかけたとき、博士はこんな約束をした。「われわれがここで売らんとしているのはボイラーやタンクではありません。どんなに強欲な夢を見たとしても想像もできないほどの大富豪になる可能性を売っているのです」

　200年前、ジョンソン博士の言ったことは正しかった。これが今なお正しいという証拠には事欠かない。効能をひとつも約束しない広告ではモノは売れない。それなのに、ほとんどのキャンペーンには約束などひとつも含まれていない（この一文は本書の中で一番重要だ。もう一度読み直してほしい）。

　スターチが、ヘッドラインで効能を約束する広告は、そうでない広告に比べて平均4倍の人に読まれるということを報告したのは、つい昨年のことだ。

　私の経験では、どんな約束を選ぶかが、広告のプロセスにおいてリサーチにできる最大の貢献だ。そのひとつの方法が、ある新製品について、消費者にさまざまな約束（効能）を見せることだ。そして「重みが感じられること」と「独特であること」について、それぞれランキングをつけてもらう。

　もうひとつの方法は（実は私自身はこちらの方が好みなのだが）、リサーチャーには好まれていない。おそらくあまりにシンプルで、リサーチャーの腕の見せどころがないからだろう。どういうものかというと、ひとつの商品に2つの広告を書いて、それぞれのヘッドラインに違った効能を載せ、コピーの最後に「商品の無料サンプルを差し上げます」と書いておくのだ。この両方の広告を新聞か雑誌に載せるが、その際、全発行部数の半分には一方のヘッドライン、残りの半分には別のヘッドラインが掲載されるようにする。2つのうち、サンプル請求の申し込みが多かった方が勝者だ。これはリチャード・スタントンが発明した「スプリットラン」と呼ばれるテクニックだ。このテクニックでよいのは、インタビューという実際とは違った状況ではなく、現実の広告の中で効能をテストすることができるという点だ。しかし、一度にテストできるヘッドラインはたったの2つという欠点もある。

　「説得力がある」だけでなく、同時に「独創的」な効能を探すこと。たと

えば、「煎れるたびに極上の一杯」というコーヒーのコピーは、説得力においては最高得点を出すかもしれないが、独創的とは言えない。「清潔な洗い上がり」は、石けんの効能としては成功かもしれないが、実際に売り場で効力を発揮するほど独創的であるとは思えない。

せっかくテストで選んだ効能が、競合他社によってすでに使われているという場合もある。お気の毒さまだが。

> 「せっかくテストで選んだ効能が、競合他社によってすでに使われているという場合もある。お気の毒さまだが」

⑭ リサーチによって、いくつかの付加価値（おまけ）のうち、一番効き目のあるものがどれかがわかる。シェルが35の別々のおまけをテストしてみたところ、一番効き目があるのはステーキナイフだった。次にはステーキナイフのデザインをいろいろに変えて試してみた。シェル石油のクレジットカードを使うドライバーにフロリダ州サニベル島産の「貝殻（シェル）」を小さな包みにして、おまけとしてつけたらどうかと提案してみたところ、それはすでにテストで非常に低い評価であると、にべもなく却下された。だがフランスでは、このおまけがテストを経ずに使われ、案の定失敗した。

⑮ リサーチすることによって、あなたが広告で伝えたいと思っていることが、ちゃんと伝わっているかどうかがわかる。E・B・ホワイトのこんな忠告を心に留めておこう。「何かを言うときには、それが十分に相手に伝わったかどうか確認する。本当に言いたいことが十分に相手に伝わっている可能性は、そこそこあるかどうかだ」

⑯ リサーチによって、どのテレビCMが最も売上げに効果があるか判断がつく。

テレビCMの予備テストの方法として最も優れたものはどれだろう？　これは広告ビジネスでも一番議論の別れるところだが、「思い出してもらえる率」をテストするのはバカバカしいという点では、リサーチャーたちの意見は一致している。

それなのに、どういうわけか私には理解できない理由で、クライアントのほとんどがいまだに断固としてそのテストをやると言ってきかない。これには4つ欠点がある。

Ⓐ 思い出してもらえることと、実際に売上げが上がることとの間に関係があるかどうか、いまだに誰も確認することができない。

Ⓑ 思い出してもらえる率で高いスコアを出したCMの中にも、視聴者のブランドの好みを変えさせる力においては平均以下というものがある。たとえば有名人を使ったCMも、平均以上に思い出してはもらえるものの、ブランドの好みを変えさせるという点では平均を下回る。

Ⓒ コピーライターが簡単に「ズルをする」ことができる。私のパートナーのデイヴィッド・スコットが言うように「思い出してもらえるという点でスコアを上げようと思えば、ビキニサポーターをはいたゴリラでも出しておけばいい」

> 「思い出してもらえるという点でスコアを上げようと思えば、ビキニサポーターをはいたゴリラでも出しておけばいい」

Ⓓ 思い出してもらえるかどうかをテストすることによって、果たして本当に思い出してもらえるかどうかがわかるのか、という点にも疑問の余地がある。テストによって、視聴者が思い出したことを「はっきりと述べる力」が測定できることは間違いないが、これはまったく別問題だ。

以上の理由で、私自身はCMによってブランドの好みを変えさせる力を評価するテスト方法の方が望ましいと思う。

リサーチはまた、広告の「摩耗」を測定することもできる。5年間に渡っ

161

売る広告

右　私（左）とジョージ・ギャラップ

て、シェルのCMのテーマは「マイルあたりの燃費」だった。追跡調査をしてみると、このCMによって商品に対する好意的態度は増加し続けた。遂に好意的態度の増加が頭打ちになったとき、広告をマイルあたりの燃費を示すものから消費者の推薦文へと転換した。これによってまた上昇傾向を取り戻すことができた。

⑰リサーチによって、何人の人があなたの広告を読むか、そしてどのくらいの人がそれを「覚えているか」がわかる。

　大人が新聞を読むとき、何を読んでいるのだろう？　マンガか？　社説か？　天気予報か？　株価情報か？　スポーツ欄か？　今日の主なニュースか？　コラムか？　ギャラップがリサーチするまで、誰が何を読んでいるか、新聞記者たちには皆目見当もつかなかった。

　ギャラップは、読者層を測定する方法を編み出した。読者の代表にインタビューし、新聞を最初から終わりまでめくらせて、読んだものを示してもらったのだ。社説よりもマンガを読む人の方が多く、また、記事自体よりも写真の下にあるキャプションを読む人の方が多いというギャラップの報告に、新聞記者たちは驚愕した。ギャラップは同じリサーチをイギリスでも実施したが、結果は同じだった。第2次世界大戦中、当時英国空軍の中佐だった私の兄のフランシスは、最高司令部だった地下壕で寝起きしていた。兄が教えてくれたところによれば、将軍や提督や空軍中将たちが朝食にやってくると、タイムズ紙のヘッドラインを読む前に、まず真っ先にマンガに目をやったそうだ。

　ギャラップのリサーチのことを嗅ぎつけると、レイモンド・ルビカムはギャラップを説き伏せてヤング・アンド・ルビカムに招き入れ、同じ方法を使って広告の読者層を特定させた。同じ頃、ダニエル・スターチは読者層レポ

15章　リサーチに起こせる18の奇跡

右　プリンストンのジョージ・ギャラップのオフィス前で。その昔、映画に行こうとしている人に『イリノイのエイブラハム・リンカーン』という映画を、お金を払って見に行きたいかどうか、筆者が質問しているところ。彼女は「見に行きたい」と言ったが、本心は違った。

ートを各広告会社に組織的に配信し始めた。彼の跡継ぎたちはいまだにこのレポートを続けている。フィールド調査をしているスターチの面接官たちの仕事を1日中この目で直に見た経験から、私は、この手段は完全とは言えないまでも、かなり満足のいく程度に有効だと確信した。

⑱リサーチによって議論に終止符を打つことができる。ゲッデス卿がイギリス旅行協会の会長に就任したとき、卿は広告のメインに「鱒(ます)釣り」を使うべきだと主張した。そこで私は、アメリカ人観光客は、われわれがこれまでテストした釣り以外の49のテーマと比較して、釣りには興味を持っていないことを示したチャートを引っ張り出した。これで議論は終わった。

こうした情報で理論武装しておけば、当てずっぽうに飛び回る競争相手を打ち負かすことは難しくない。しかし、リサーチによって答えが出せない重要な問題が2つある。

- どのキャンペーンが、「長期間」ブランドに最も貢献するか。この点に関しては、いまだに自分の判断に頼らなければならない。
- 商品の「価格」をいくらに設定するか。これはマーケティング担当者を最も悩ませる質問のひとつだが、私の知るかぎり、リサーチによってこの

問題に片をつけることはできない。

十分なトレーニングを積めば、知性のある人間なら誰にでも調査はできるが、その結果を人に使ってもらうには高度なセールスの腕が必要だ。映画産業のリサーチをしたときには、自分のレポートを活字にして印刷させた。タイプライターで打っただけのメモではなく、きちんと印刷された書類を見せれば、ハリウッドのプロデューサーたちといえども文句をつけにくいだろうと踏んだのだ。

サンプルのサイズ

驚くほど少ない数のサンプルであっても、信頼できる結果を得ることもできる。「陳腐な」という言葉が主婦層に理解されるかどうかを知りたければ、統計的誤差範囲2パーセントというような信頼のおける答えを求めなくても、ほんの20人の主婦に聞いてみればよい。しかし、長期に渡るトレンドを見たいのであれば、どんな小さな変化も統計的に確実に意味を持つように、より大きなサンプルを使う方がよい。また、サンプルの構成や質問に使う用語も厳密に同じにしておかなければならない。

リサーチの落とし穴

面接官によっては、わざわざ見知らぬ人に声をかけるより、自分でアンケートに答えてしまった方が楽だと考える者もいる。進取の精神に富んだあるロンドンのパブは、そういう需要に答えてプライベートルームを設けた。面接官たちはそこでビールを飲みながらアンケートの記入を行った。

解答する人たちの方も、常に面接官に本当のことを言うとはかぎらない。かつてアンケートを取っていたとき、私はまずこんな風に訊いたものだ。「今夜ラジオでは何をお聴きになりますか？ ジャック・ベニーですか、それともシェイクスピア劇ですか？」。シェイクスピア劇と答える回答者は嘘つきに決まっているから、そこでアンケートは中止だ。

『風と共に去りぬ』がベストセラー街道をばく進していた頃、成人人口のさまざまな部分を代表するサンプルの人々に、この本をもうお読みになりましたか、と質問した。「読んだ」という答えは、明らかに実際よりも多かった。誰もが、まだ読んでいないとは言いたくなかったのだ。そこで翌週、質問の形を変えてみた。「『風と共に去りぬ』を読むおつもりがありますか？」。こう訊くと、まだ読んでいない人は「読むつもりだ」と答えやすくなる一方、もう読んでしまった人は、すでに読んだと答えた。こうすることによって、調査結果は信頼の置けるものになった。

「1人の面接官に捕まり、2日前に自分で書いたばかりのアンケートを頼まれた。訊かれてみると、まるで答えられない質問ばかりだった」

ある夜、ペンシルバニア駅で列車を待っていたとき、1人の面接官に捕まり、2日前に自分で書いたばかりのアンケートを頼まれた。訊かれてみると、まるで答えられない質問ばかりだった。私はオフィスに戻ると、調査を中止した。

ある食品製造業者が、商品を缶詰で売り出すかガラスの瓶詰めで売り出すかで悩んでいた。ガラス瓶の方が高級そうに見えるので、こちらを選ぶ主婦もいるだろうと、主婦たちにガラス瓶と缶詰、両方のサンプルを渡してみた。2週間後、主婦たちに、どちらのサンプルの方が「美味しかったか」と訊いてみた。すると大多数が、缶詰の方よりもガラス瓶入りの方が美味しかったと答えた。知らず知らずのうちに、主婦たちはガラス瓶の方を選んでいたのだ。

インフレの原因を探る調査で、フランス政府は何千というチーズを半分に切っ

て、一方を37サンチーム、もう一方を56サンチームで売り出した。すると、値段の「高い方の」チーズが早く売り切れた。消費者は商品の品質を価格で判断しているということだ。

子どもに関するリサーチ

　子どもたちに向けて広告を打つなど邪悪極まるとお思いなら、ここから2ページほど飛ばしてお読みになってほしい。一方、もしあなたがおもちゃや朝食用シリアルを商って生計を立てておいでなら、子ども向けの広告に関してリサーチすることによって、いかにセールスを伸ばせるかに関心がおありのことと思う。

　子どもたちにわかるのは最も単純な質問だけだし、明確な答えをもらうことも難しい。また子どもというものは、あなたがきっとこう言ってほしいだろうと思うことを言う傾向がある。

　完璧とは言えないがそこそこうまくいくリサーチ例を3つ挙げて見よう。

- **グループ・ダイナミクス**。まずあなたのCMを子どもたちのグループに見せ、それからゲームをする。たとえばさっき見たCMについて電話で友だちに話すというゲームだ。あるいはCMの中のキャラクターの真似をするというようなものでもいい。こうすることで、誤解や否定的な反応が明らかになる。
- **コミュニケーション・ギャップ**。この方法は、少し年長の子ども向けだ。子どもたちにCMを見せて、CMの中で商品について何と言っていたか、その中で何が好きだったか訊く。次に商品自体を見せて、その商品のどこが好きかを訊く。CMについて言ったことと、実際の商品について言ったことを比べると、CMが商品のことを十分に表現しているかどうかがわかる。もしCMの表現が足りない場合、たいていは修正することが可能だ。

　たとえば人形のCMを見せたとしよう。CMでその人形が「歩く」という点が気に入った子どもは、全体の20パーセントだけだった。しかし本物の人形を見せてみると、60パーセントが気に入ったと言う。この場合、CMが人形のいいところを語り尽くせていないのは明らかだ。

　一方、子どもたちがCMを見て期待を膨らませ過ぎて、実際に人形を見たときにがっかりするような場合、正直な私としては（おそらくあなたも）、CMを修正なさるだろうと思う。

- **プライズパッド・テスト**。子どもたちに、4つのおもちゃが描かれた画用紙帳を渡す。おもちゃのうちの1つはあなたが広告しているものだ。そして、欲しいと思うおもちゃにマルをつけてくれるよう頼む。次に、あなたのCMを見せる。すると、子どもたちのうちの何人かが、さっき画用紙に名前を書き忘れたと言う。たぶん本当に書き忘れる子が何人かはいるだろう。それから、新しい画用紙帳を渡して、もう一度、欲しいおもちゃにマルをつけてくれるように言う。両方の結果を比べると、CMにどの程度説得力があるかがわかる。複数のおもちゃと複数のCMを使えば、標準と比べた場合どの程度の得点を上げるかもわかる。

　これをお読みの心優しいみなさんや親御さんたちは、子どもを実験台に使うなどけしからんとお思いかもしれない。そんなみなさんに朗報だ。子どもたちは今や恐るべき規制によって、広告人から守られている。たとえば、広告する商品をお母さんに買ってとねだるように子どもたちに促すことは、もはや許されていない。その他、アメリカで現在実施されている規制には、こんなものがある。

「広告する商品を
お母さんに買ってとねだるように
子どもたちに促すことは、
もはや許されていない」

- 「その商品を持っている子どもが他の子どもより優れているとか、商品を持っていない子どもは持っている子どもの仲間に入れてもらえないといったことを直接訴えたり、または暗示するような表現を使ってはならない」
- 「子どもを怯えさせたり、不安をかきたてると思われる素材を用いてはならない。また暴力的であるとか危険であるとか、その他反社会的行為の描写を含む素材を用いてはならない」
- 「広告には、現実的な戦場を舞台にして商品を描写する場面を含めてはならない」
- 「広告に実演を用いている商品の操作に、たとえば電池等が必要なのに、商品自体にはそれが含まれていない場合、その旨を音声もしくは視覚により周知させなければならない」
- 「遊びの中でおもちゃを紹介する場合、その設定および状況は、子どもが十分容易に再現できるようなものでなければならない」
- 「おもちゃの広告では、販売時に付属していない、あるいは追加の料金を払うことなく子どもが容易に手に入れることのできない衣装や小道具を使用してはならない」
- 「朝食に供されるタイプの商品のCMでは、バランスのとれた一食のメニューにおけるその商品の役割を、音声による説明と視覚的描写をそれぞれ少なくとも1回ずつ含めて紹介しなければならない」

こんな規制を34個も遵守しつつCMを作る苦労を考えてみてほしい。

私の第一歩

私ほどリサーチに熱心なコピーライターはいないと言っていいだろう。偉大なる故ビル・バーンバックも、他の多くの広告人同様、リサーチはクリエイティビティの妨げになると考えていた。しかし私の経験では、これは実際とは正反対だ。たとえばハサウェイのキャンペーンのアイパッチのように、リサーチのおかげでよいアイデアを思いついたことも少なからずある。

あまりに突飛すぎて、まともな人間なら誰もあえて手を出そうとは思えないアイデアもあった——しかし、リサーチによってそれに効果があるということがわかれば別だ。フランスの観光広告のヘッドラインを「フランス語で」書こうと言ったときには、パートナーたちに気でも狂ったのかと言われた。しかしリサーチしてみると、フランス語のヘッドラインは英語のヘッドラインよりも効果的であることがわかった。反対に、リサーチのおかげで恐ろしい間違いをしでかさずに済んだこともある。

リサーチは広告会社やクライアントにしょっちゅう間違った使われ方をしていることは認めざるを得ない。彼らは、自分が正しいことを証明する便法としてリサーチを使う。まるで酔っ払いが電柱を、あたりを照らすものではなく、単につかまる柱にするようなものだ。それでも全体としてみれば、より効果的な広告を作るために、リサーチははかりしれない貢献をしている。

「フランスの観光広告のヘッドラインを『フランス語で』書こうと言ったときには、パートナーたちに気でも狂ったのかと言われた」

16 マーケティングについて私が知っている少しのこと

　優秀なマーケティングに対して贈られるパーリン賞を受賞したと聞いたとき、私は担がれているに違いないと思った。何しろ私はマーケティングの専門家が書くものの内容すら理解できないのだ。たとえばマギル大学のポール・ワルショウ教授が書くような、こんな代物だ。

　「たとえば交差検証相関の使用は差し支えないが、まれにしか使用されない二乗人口交差検証相関係数（P2）の方がより正確な（少々バイアスはかかるが）基準である。(カッティン、1978 a, b; シュミット、コイル、ラウシェンバーガー　1977)。これはサンプルを任意の推定によるものと提供された要素に二分する代わりに、すべての利用可能なデータを同時に利用するものである。こうした比較的優位のため、P2 が現在の分析に使用される。いくつかのバージョンが利用できるが、スリニヴァサン（1977）の P2 公式が固定予測因子を含むモデルに利用できる*」

　こういう類のものがおわかりならば、他の消費者行動のモデル、たとえばラヴィッジとスタイナー、アンドリアソン、ニコシア、エンゲル－コラート－ブラックウェル、ハワードとシース、ヴォーガンといった他の消費者行動のモデルをご覧になるのも役に立つだろう。だが私には、すべてちんぷんかんぷんだ。それでも、30 数年現場でマーケティング担当者たちとつきあってきた経験から、いくつか学んだことはある。これが私の仕事には役に立ってくれた。

新製品

　スーパーマーケットの売上げの約 35 パーセントは、10 年前には存在しなかった商品から上がっている。企業に活力があるかどうかは、市場にいくつ新製品を出すかで判断できる。CEO の中には、前任者から受け継いだ商品が十分な利益を上げているので、自分の代で新製品を開発していなくても、うまいことに目立たない人もいる。そういう輩は、新製品開発には 100 万ドルぽっちのはした金すらかけるのを渋るくせに、他社の商品を買収するとなると 1 億ドル払っても平気だったりする。自分の頭を使うよりも人から借りる方が得意なのだ。

　製薬業界ではこれとはまったく逆の現象が見られる。たとえばメルクは、年間 2 億ドルをかけて新薬を研究している。何年も何ひとつ発見できないかもしれないが、ある日突然大当たり、かくて奇跡の新薬の誕生だ。これが株価に及ぼす効果には惚れ惚れする。

　10 の新製品のうち 8 つが失敗するのはなぜか？　ひとつには新しすぎるからだ。冷たいシリアルが初めて世に出たときは、消費者に総スカンを食った。だがもっと多いのは、新しくないケースだ。そういう商品には、より優れた品質、より美味しい、よりお買い得、より便利、より問題解決になるというような、ぱっと見てわかる違いがない。たとえば「使い捨て」おむつ、「ライト」ビール、「ダ

＊「Journal of Marketing Research」(1980 年 5 月／169 ページ)

イエット」コーラ、「ペーパー」タオルというように、新製品の違いが、消費者が以前から知っていて親しみのあるポイントと結びつくと、より効果が出る。

商品のネーミング

どんな名前でも、他社がまだ登録していない名前を探すだけで腹が立つほど難しい。ネーミングには3つの種類がある。

- **人物名のネーミング**。フォード、キャンベル、ヴーヴ・クリコ（シャンパン）のような、人の名前だ。覚えやすいし、真似されにくい。しかもこれが人間の手によって作られた商品だということがわかる。
- **意味のないネーミング**。コダック、コーテックス、キャメルのような名前だ。こうしたネーミングでセールスを上げるには、長年の月日と何百万ドルという経費がかかる。
- **説明的なネーミング**。スリー・イン・ワン・オイル、バンドエイド、ジャニター・イン・ア・ドラム（ドラム缶に入った掃除人）というような名前は、当初から売上げが上がる。しかしあまりに具体的すぎて、ここから製品ラインを拡大するのは難しい。

選んだネーミングが、期待した通りの意味を伝えているかどうか、十分発音しやすいかどうか、既存の商品名と混同されていないかどうか、覚えやすいかどうかを知るには、消費者リサーチを使えばいい。一度、新発売のコーヒーのネーミングを考えるのに、Mで始まり7文字以内という条件をコンピュータに入力してみたことがあるが、何百という文字の組み合わせを吐き出したので、結局は振り出しに戻ってしまった。

重要なのは、ネーミングをできるだけ大きくパッケージに記すこと。また「タイド」のような短いものであること。スクリーミングイエローゾンカーズ（絶叫する黄色い大酒飲み）などという長いものはいけない。

海外でも本国と同じネーミングで売り出そうと思うなら、その名前に、たとえばトルコ語やその他の外国語で猥褻な意味がないことを必ず確認すること。かつてその手のやっかいな間違いが起きたことがある。

私は何十という新製品にさまざまなネーミングを提案してきたが、ひとつとして採用されたことがない。あなたには幸運を祈る。

眠れる美女たち

広告を打たなくても売れ行きのよい商品の中には、広告することによってさらによく売れ、利益を上げる商品もある。洗口剤のリステリンは、40年間、ランバート製薬会社から発売され、広告しなくてもそこそこの売れ行きを上げてきた。しかし若かりしジェリー・ランバートが口臭防止剤として広告をしたところ、売れ行きは飛躍的に跳ね上がった。

ミルトン・S・ハーシーは、世界一の製菓ビジネスを築き上げた。それも広告の力を借りずにだ。ハーシーが世を去って数年、彼の後継者たちは、広告で利益を上げられるかどうか調べてほしいと、私のパートナーであるビル・ウィードに打診してきた。利益のほとんどはハーシーの運営する孤児院に回される。ビルが同社の3商品のCMを作り、地元でテストしたところ、ひとつは広告に反応しなかったが、ハーシー・バーの売上げは伸び、リーズ・ピーナッツバターカップは66パーセントも売上げが増加した。1980年までに、ハーシーズは広告に4200万ド

16章　マーケティングについて私が知っている少しのこと

ルを費やすようになった。

大ヒットブランドの終焉

市場シェアを席巻するような新ブランドの売り出しに、今では法外なコストがかさむようになった。豊富な軍資金を持った企業ですら、ニッチ市場に絞って新製品を売り出す方が利益が上がることがわかってきた。最近では、たばこの新製品を売り出すのに、優に1億ドルはかかる。今後は50を超えるチャンネルを持つケーブルテレビの出現によって、より簡単に特定の消費者にターゲットを絞れるようになるだろう。タイドやマックスウェルコーヒーのような、全世界を席巻する巨大ブランドはもう生まれない時代になったのかもしれない。

> 「タイドやマックスウェルコーヒーのような、全世界を席巻する巨大ブランドはもう生まれない時代になったのかもしれない」

問題児に時間をかけるな

クライアントの多くは、問題を抱えた製品を生き返らせることにあまりに時間を注ぎ、成功している製品をさらに売り伸ばす策を考える時間があまりに少ない。敗北を認め、損を切り詰め、前進を続けるのが勇気ある人間の印だ。時間、頭脳、広告費のすべてを、成功している製品に集中すること。

急げ

大企業に働く若い世代の多くは、利益が時間に左右されないかのようにふるまっている。ジェリー・ランバートがリステリンで初めて大躍進をものにしたとき、マーケティングの全行程を月単位に分けてスピードアップを図った。30日単位で見直すことによって、ランバートは記録的短期間に財を成した。

販促

1981年、アメリカの製造業者は広告費より60パーセントも多い予算を販促に使い、1兆240億枚ものクーポンを配布した。バカとしか言いようがない。

長い目で見れば、自社のブランドにはっきりとした「個性」を与える広告に打ち込む企業が、市場で最も大きなシェアを獲得する。逆に広告費を販売促進予算に流用するような、長期的展望のない日和見主義の企業は、窮地に立たされることになる。広告費がなくなるほど販促に金をはたいてしまっては、御社のブランドがどうなっても知りませんよ、と私は毎年口を酸っぱくして言い続けている。

値引き作戦や皮下注射的な応急処置は、営業部長のお気には召すだろうが、その効果は一時的だし、癖になりがちだ。アート・ニールセンで消費者購買を測定する技術を開発し、その後キャンベルスープの社長になったベヴ・マーフィーはこんな風に言っている。「売上げは商品価値と広告の機能によって生まれる。販促には、販売曲線を一時的によじれさせる以上のことはできない」。また、ロンドン・ビジネス・スクールのアンドリュー・アーレンバーグはこう言っている。「安売りによって、人々は一度はそのブランドを試すが、すぐに何事もなかったようにいつものブランドに戻ってしまう」

> 「広告費を販売促進予算に流用するような、長期的展望のない日和見主義の企業は、窮地に立たされることになる」

誤解しないでもらいたいが、私は販促すべてに反対しているわけではない。たとえば、消費者にサンプルを配布せずに洗剤を売り出そうなどとは考えもしない。

価格決定は当てずっぽう

マーケティング担当者は普通、科学的な方法を使って商品価格を決めていると

思われている。だがこれほど真実からかけ離れたこともない。ほとんどすべてのケースで、価格決定は当てずっぽうに行われている。商品価格が高ければ高いほど、消費者の目には魅力的に見える。しかしアイオワ大学のライス教授が、679の食品ブランドの品質と価格の関係を調べたところ、両者の相関関係はないに等しいことがわかった。

マーケティング担当者の多くは、自社商品に競合品より高価格をつけるのを嫌がる。3年前ヨーロッパで、ある有名企業の研究開発部門を率いている人とディナーの席で会ったとき、彼がこんなことを言っていた。「うちの会社は、私に作れる最高の商品を市場に出したことがないんですよ。マーケティング担当者がいつも、質を落としてでも価格を安くしてくれと迫るので」。高い料金を払っても、より質の高い商品を求める消費傾向が高まっていることはすでに明らかだと、私は彼に言ってやった。消費者はバカではない。消費者はあなたの奥さんなのだ。

不況時のマーケティング

不況で利益を維持するために1ペニーでも無駄にしたくないとき、どうすればいいだろう？　広告をやめるのか？

まだ市場に出て間もないブランドの広告を止めてしまえば、おそらくそのブランドの命脈は尽きる。そして永遠に立ち直ることはない。過去6回の不況を調査したところ、広告予算を切り詰めなかった企業は、切り詰めた企業よりも利益が大幅に増加していることがわかった。また5年間に渡って、4万人の男女について23種の商品購入を調べたモリルの調査によれば、「広告を続けていた場合」、不況時の市場シェアは増加していることがわかった。私は、広告とは商品の一部であり、販売コストではなくむしろ製造コストとして扱われるべきであると考えるようになった。商品に欠かせない原料を切り詰めてはいけないのと同じで、たとえ厳しい時勢でも広告予算を削ってはならないのだ。

第2次世界大戦中、イギリス政府はマーガリンの販売を制限した。しかしユニリーバは、店の棚からマーガリンが姿を消している間もずっと自社ブランドを広告し続けた。戦争が終わって多くの商品が復活すると、並みいるマーガリンブランドの中でトップの座を占めたのはユニリーバの商品だった。

ケインズなら、企業は好況期には広告を控えてその分を蓄えておき、それを使って不況期にこそ広告を打てとでも言うところだろう。

ヘビーユーザー

ビールを飲む人のうちの32パーセントが、市場に出回るすべてのビールの80パーセントを消費している。便秘薬を使う人の23パーセントが、市場に出回るすべての便秘薬の80パーセントを消費している。ジンを飲む人の14パーセントが、市場に出回るジンすべての80パーセントを消費している。どんなときも絶対にヘビーユーザーから目を離さないこと。ヘビーユーザーの購買動機は、ときおり使うというユーザーとは違うのだ。

そもそもなぜ広告するのか？

多くの企業が、果たして広告によって本当に商品が売れているのかどうか、密かに疑問視しているが、同時に、もしも広告をやめてしまったら競合他社に抜け駆けされるのではないかという漠然とした恐れを抱いている。あるいは、これは

16章　マーケティングについて私が知っている少しのこと

右　1974年〜75年の不況時に、広告費を削った企業と削らなかった企業の売上げを比較した表。どの年を見ても、広告費を削らなかった企業の方が売上げがよい。1977年までには、広告を削らなかった企業の売上げは2倍以上になっているのに対し、削った企業の方は辛うじて50パーセント伸びたに過ぎない。1975年には、広告費を削った企業の売上げは落ち込んだが、削らなかった企業では伸びている。

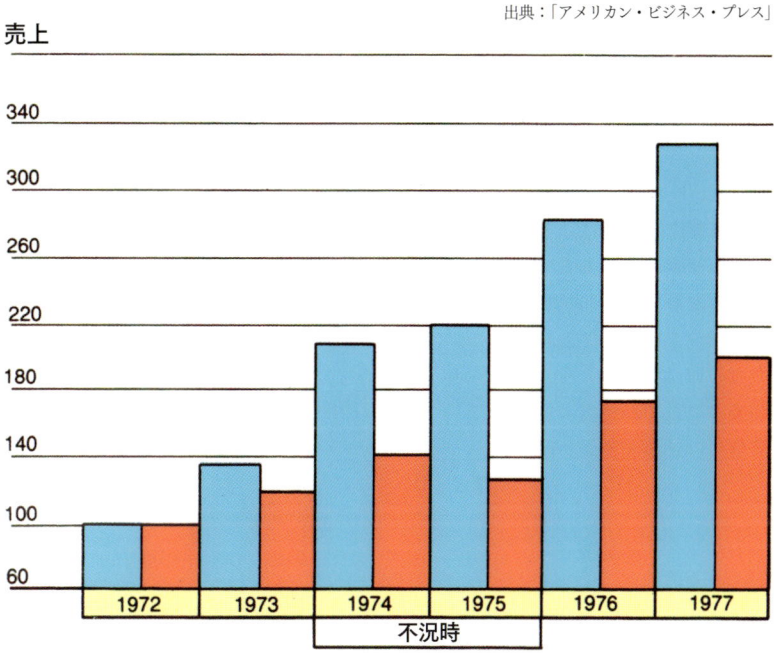

出典：「アメリカン・ビジネス・プレス」

売上

1977年までには、広告費を削らなかった企業の純利益は3倍以上になったが、不況時に広告費を削った企業の方は辛うじて2倍になっただけだ。

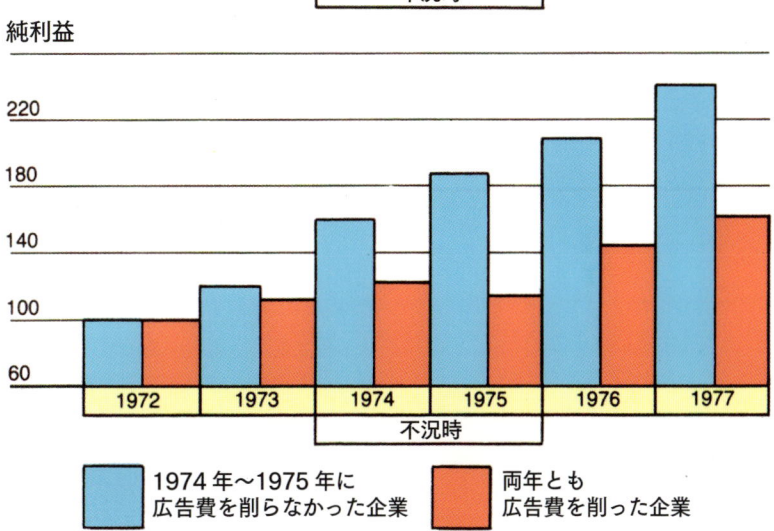

純利益

■ 1974年〜1975年に広告費を削らなかった企業
■ 両年とも広告費を削った企業

　とくにイギリス企業に多いが、「自社の名前をいつも大衆に見えるところに出しておく」ために広告を打つという企業もある。また、流通に役立つから広告を打つという企業もある。広告が「本当に利益を増加させる」とわかったから広告を打つというマーケティング担当者はごく少数派だ。
　カリフォルニアに向かう列車の中で、ある友人が、チューインガム業界の巨頭であるリグリー氏にこんなことを訊いた。「御社はすでに市場を席巻しているのに、どうしていまだにチューインガムの広告を打ち続けるんですか？」。するとリグリー氏は逆にこう訊いた。「この列車は時速何キロくらいで走っていますかね？」。たぶん150キロくらいじゃないでしょうか、と友人が言うと、リグリー氏は続けた。「なるほど、じゃあ今エンジンを切ったらどうなるでしょうね？」
　広告は今でも最高に安上がりなセールス手段だ。セールスマンに1000軒の家

を訪問させるには、2万5000ドルはかかる。しかしテレビCMを使えば同じことが4.69ドルでできる。年間広告予算として1000万ドルをかければ、現在（1983年）では全人口の66パーセントに月に2回、CMを見せることが可能だ。

ブランドのレパートリー

ロンドン・ビジネス・スクールのA・S・C・アーレンバーグは、消費者が石けんやコーヒーや洗剤を購入するとき、たった1つのブランドだけを買っているのではないことを突きとめた。誰もが4つから5つ、好みのブランドのレパートリーを持っていて、その中のものをとっかえひっかえ買っているのだ。また、新発売から1年以内に自分のレパートリーに入ってこなかったブランドの商品を買うことは、ほぼ皆無と言っていい。アーレンバーグ博士はさらに、すでに新発売の時期を終わった商品の場合、広告にできるのは、現在のユーザーに、レパートリー中のあなたのブランドを他のブランドよりも頻繁に使ってもらうよう説得することくらいだと言っている。

これが本当であれば、新製品の広告こそ生死を分けると言える。ともかく手に入るかぎり、ありったけの予算をかけること。チャンスはこれっきりだ。アーレンバーグ博士はこう言っている。

- 「人にはそれぞれ好みのブランドのレパートリーがあり、それぞれをかなり頻繁に購買する──その購買行動はダイナミックに変化することはなく、概して規則的で習慣性があるのが特徴だ」
- 「ある商品についてまったく知らない状態から、全面的かつ長期に渡ってそれに傾倒するというような態度の変化は、現実には滅多に起きない──ほとんどのブランドの販売レベルは極めて一定である」
- 「消費者が、自分がすでに使っているものではないブランドの広告を目にとめることはほとんどない」

ジョン・トレジャー博士もこれと同意見だ。「広告が何よりもなすべきことは、ブランドを変えさせることではなく、むしろブランドの好みを強化し、より確実にすることである──あるブランドの売上げは、新たにそれを買うように消費者の行動を変えさせなくても、既にそのブランドを、少なくともときどきは購買している消費者に対して、より頻繁に購買するように仕向けることで増加する」

営業会議はトイレで

営業会議は、常に参加する人数よりも小さなスペースで行うこと。たとえみんなをトイレに押し込めるようなことになるとしてもだ。劇場やレストランと同じで、「立錐の余地もない」という雰囲気が成功の気運を高める。人影がまばらな空間には、失敗の気配が漂う。

「電気機器」の使用は最小限に留めること。世界有数の最新設備を誇るコンベンションセンターで、音響システムが故障するという目に遭ったことがある。24時間つきっきりのオペレーターがいるベルリンでもそうだ。

マーケティングとは何か？

マーヴィン・バウワーがマーケティングを「客観性」と定義するのを耳にしたことがある。これを超える定義など考えられない。

「タラは1万個も卵を産むが、
鶏は1個しか卵を産まない。
しかしタラは音を立てて、
卵が産まれましたとは言わない。
だからタラはバカにされるが、
ただの鶏は讃えられる。
つまりこれでわかるように、
広告には効果があるわけだ！」

（作者不詳）

17 アメリカの広告は今でも世界一か？

ウサギとカメ

　世界中の広告のほぼ半分がアメリカで作られている。そしてアメリカの広告会社は世界に君臨している。西ドイツでは、一流広告会社9社のうち7社がアメリカの広告会社だ。イギリスとオランダではトップ10社のうち7社、カナダとイタリアでは10社中6社がアメリカの企業だ。1977年に、イギリス人の広告評論家フィリップ・クレインマンは、「世界中の広告人にとってのマディソン・アベニューは、イスラム教徒にとってのメッカと同じだ」と言っている。[*]

　だが、時代は変わりつつある。ヤング・アンド・ルビカムの社長アレクサンダー・クロールは最近こう言った。「外国の一流広告会社の中には、わが国の広告会社よりも大胆で活気に溢れ、素晴らしく先進的なところもある」

　イソップのウサギとカメの寓話を思い出すではないか。

> 「あのノスタルジーに満ちたホーヴィスパンのCMを作れるなら、私は何を失ってもかまわない」

イギリス

　イギリスとアメリカの広告の違いには、両国の国民性が現れている。そんなに大きな違いがあるだろうかと訝っておいでなら、たとえばアメリカ人の42パーセントは毎週日曜に教会に行くが、イギリスでは3パーセントしか行かないという事実を考えてみてほしい。

　アメリカのものに比べるとイギリスのCMは、より婉曲で、競争意識を前面に押し出さず、比較的繊細でノスタルジーに溢れ、笑いを駆使し、娯楽の要素が大きい。たとえばアメリカで効果を上げているような、人の顔を大写しにして喋りまくるとか、人生のひとコマというようなテクニックは、イギリスではほとんど使われない。ロンドンの広告会社は、より斬新で時代感覚に合ったCMを制作している。ロンドンで4年を過ごした私のパートナー、ビル・テイラーがこんなことを言っている。「これは単なる推測だが、イギリスには、消費者にとって一番大事なのは売られている商品自体ではないという認識があるような気がする。どの食器洗剤を買うか、どのビールを飲むか、どのトースターを買うかは、生き死にに関わる決断ではない。このことに気づいているからこそ、イギリス企業は消費者に対して、一歩引いて大局に立った視点から商品を提示するのだ。彼らは商

---

[*]『Advertising Inside Out』（W・H・アレン社刊）

One more way Britain can be sure of Shell.

Wouldn't you protest if Shell ran a pipeline through this beautiful countryside?

They already have!

Tom Allen,
Shell Horticulturist:

"When Shell proposed a pipeline from the North East coast of Anglesey to Stanlow refinery, seventy eight miles away in industrial Cheshire, people were worried.

The line would run through part of the Snowdonia National Park and have to pass under rivers Conwy, Elwy, Clwyd and Dee.

What scars would remain?

It is five years since the line was laid, and as I fly along the route today, even I can see no sign of it.

On the ground, the course of the pipe can be followed by a series of small unobtrusive markers. Apart from these, there is nothing to tell you that the top of a pipeline runs one metre beneath your feet.

The sheer invisibility of the line surprises visitors but not me. I was responsible for re-instating the land and well know what unprecedented lengths we went to. Every foot of the way was photographed before digging started, and the vegetation restored the way the record showed it... even to the exact varieties of grass.

Sometimes, I agreed deviations in the line to avoid disturbing rare trees. In addition, a team of archaeologists preceded pipeline contractors to make sure that the route would avoid cromlechs, barrows, earthworks and other historical sites.

We are proud of the result, and it shows the way for other conservation projects."

You can be sure of Shell

17章　アメリカの広告は今でも世界一か？

イギリスで作られたこのシェルの広告ほど、人の心を和ませた広告はないだろう。（ヘッドライン訳：この美しい田園地帯に、もしシェルがパイプラインを引いたら、抗議するでしょう？　でも、実はもう引いているのです！）

上　感情（ノスタルジー）を見事に使ったイギリスのホーヴィスパンの CM。

品をネタに冗談を飛ばし、商品をネタにして歌い、ときには謙遜してみせることさえある。要するに、彼らにはバランス感覚があるわけだ」。総じてイギリスの広告は世界一である、というのが彼の結論だ。

　なるほど、イギリス人コピーライターがアメリカで引っ張りだこなのも無理はない。レスリー・パール、クリフォード・フィールド、それから私自身が切り拓いてきた道なき道が、今や活気に溢れさらに勢いを増している。その他、マッキャン・エリクソンのニューヨーク本社でクリエイティブ部門を率いるバリー・デイ、オグルヴィ・アンド・メイザー・ニューヨークのクリエイティブ部門を率いるノーマン・バリーもイギリス人だ。

17章　アメリカの広告は今でも世界一か？

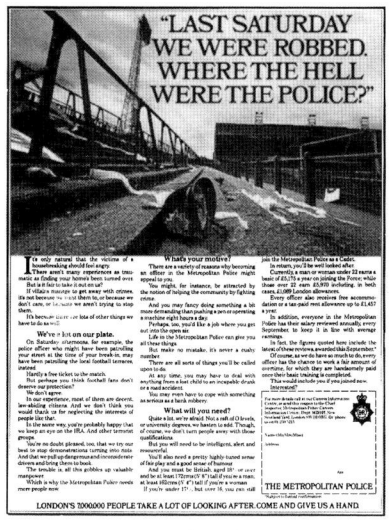

上と右　イギリスの新聞広告の白眉。単刀直入でわかりやすく、もったいぶらず、いつでも面白い。コレット・ディキンソン・ピアス制作。
（上ヘッドライン訳：先週の土曜日、うちに泥棒が入った。警察はどこにいたんだ？）
（下ヘッドライン訳：もしこんな場面に出くわしたら、あなたならどうしますか？　恐怖□、嘔吐□、対処□、逃走□）

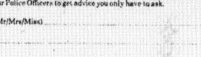

ヨーロッパ

　フランスの広告で際立っているのは、ウィットや魅力、そして美しいアートイメージだ。こうした素晴らしい特長は、何より雑誌広告やポスターで強みを発揮する。フランスは、テレビCMでも同じ魅力に溢れている。

　しかしわが家のフランス人コック、クローデットが、果たしてこうしたCMに感銘を受けているかどうかは疑問に思うことがよくある。フランスのコピーライターやアート・ディレクターたちは、「一般大衆にわからないCMを作ってはならない」という、アメリカやイギリスのコピーライターやアート・ディレクターなら必ず受けるリサーチによる制約を受けていないのだ。だから上流階級受けばかり狙ってもおとがめがない。

　ドイツの一流広告会社の雰囲気は、ニューヨークの広告会社と似ている。しかしたいへん申し訳ないが敢えて告白すれば、ごく稀にではあるが、彼らの作る広告の中には見るに耐えないものもある。

　ドイツのクライアントにとっての悩みの種は、腕利きのプロと言える広告人が圧倒的に少ないこと、それにも増してテレビのCMタイムが恐ろしく少ないことだ。だから、それほど出したくもない雑誌広告をメインで使わざるを得ない。

売る広告

次ページ上 TBWAのフランクフルト支社が作った美しい広告。
（ヘッドライン訳：身が入っていないのにロブスターの殻をフランベするなんて無駄だとお思いなら、確かにラクロワの缶詰の値段は、あたなには高すぎます）

次ページ下 ドイツ人の多くは、地中海クラブはお高くとまっているとか、夏しかやっていないとか、フランス語しか使えないと思い込んでいたが、こういう広告によって、誤解であることがわかった。
（ヘッドライン訳：地中海クラブでは、さまざまなものと出会えます。たとえば、あなた自身）

下 イギリスで作られたCIGAホテルチェーンの素晴らしい広告シリーズのひとつ。TBWA制作。
（ヘッドライン訳：月旅行の初フライトの座席予約は、エクセルシオール・ローマのコンシェルジュにご相談ください）

　ベルギーとスウェーデンでは、テレビCMは禁止されている。こう聞くと、それなら雑誌や新聞広告は並外れて素晴らしいに違いないと思われるだろうが、なぜかこれがそうはならない。

　ヨーロッパの小国のクライアントは、北米やイギリスでは広告作りの指針になってくれるリサーチに予算を注ぎ込むだけの余裕がないので、どうしても勘に頼ることになるのだろう。これでは常に当たりをとるのは難しい。多国籍企業の場合には、他のもっと大きなマーケットでのリサーチ結果から推測できるという利点がある。

NIHシンドローム

　多国籍企業はたいてい世界中で同じ広告キャンペーンを使いたがるが、現地支社の経営陣たちは自前のキャンペーンを作る権限を手放したがらない。現地の広告会社も、たとえ国際的広告会社に属し、本社がその多国籍企業の本社のアカウントを持っている場合でも、同様に頑強に抵抗する。ここの市場は本国とは違うのだと言い張り、支社は単に本社の使いっ走りだと、現地のクライアントに見くびられかねないと主張する。

　こうした議論もあながち間違いでないことも多いが、しかしその根本的な要因は、ハーバード大学のレヴィット教授がNIH（Not Invented Here：この土地で生まれたものではない）シンドロームと呼ぶものであることがほとんどだ。どんなキ

17章　アメリカの広告は今でも世界一か？

WENN SIE ES UNNÖTIG FINDEN, DASS WIR LEERE HUMMERSCHALEN FLAMBIEREN, IST LACROIX WIRKLICH ZU TEUER FÜR SIE.

Wenn in manchen Restaurants mal wieder die Flammen hochschlagen und die Augen leuchten und einigen Gästen vor Schreck der letzte Bissen aus dem Mund fällt, dann könnte man meinen, Flambieren ist nur ein reiner Showeffekt und sonst gar nichts.

Dabei hat Flambieren sehr wohl etwas mit dem Geschmack zu tun. Nur muß das nicht unbedingt vor großem Publikum passieren, sondern in der Küche tut es das gleiche, und eigentlich gehört es auch dahin. Denn in der Küche wird nun mal der Geschmack der Speisen bestimmt. Am Beispiel unserer Hummersuppe würden wir Ihnen gerne einmal demonstrieren, was Flambieren bedeuten kann.

Wir verarbeiten natürlich frische schottische und irische Hummer. Die Hummer werden gekocht, und das Fleisch wird mit der Hand herausgelöst. Es wird in kleine Stückchen geschnitten und in Butter angeröstet. Dann wird erst einmal das Hummerfleisch flambiert. Der ganz leichte Rösteffekt und ein wenig von dem Weinbrand wirken sich hier schon auf den Geschmack aus.

Jetzt kommt aber etwas, das Ihnen wohl am überzeugendsten demonstriert, was Lacroix heißt.

Die leeren Hummerschalen oder Karkassen, wie man das nennt, werden zerkleinert und flambiert. Auch hier tritt ein Rösteffekt ein, und auch hier tut der Weinbrand das seinige. Aber, was soll das Ganze – Sie wollen ja schließlich keine gerösteten Hummerschalen essen.

Geduld, wir sind ja noch nicht fertig. Die Hummerschalen werden jetzt noch einmal gekocht, und der Sud, der dabei entsteht, wird zu der Hummerbrühe gegeben und erzeugt, zusammen mit dem Hummerfleisch, vielen feinen Gewürzen und einem Schuß spritzigen Weißwein, den wohl unnachahmlichen Geschmack unserer Hummersuppe.

Nicht viel anders machen wir es bei unserer Fasanenkraftbrühe. Aber hier sind die Knochen die Karkassen, und die werden nicht mit Weinbrand, sondern mit Gin flambiert. Denn der Wacholdergeschmack von Gin paßt besonders gut zum Hautgout des Fasans. Unsere Fasanen sind übrigens nicht aus irgendwelchen Zuchtfabriken, wie viele „wilde" Fasanen heute, sondern haben sich ihr Futter in der schottischen Heide oder in den weiten Wäldern Polens noch selbst erkämpfen müssen.

Unsere Linsensuppe flambieren wir natürlich nicht, aber wir legen bei ihr genausoviel Wert auf die Auswahl guter Rohstoffe und auf eine schonende Verarbeitung.

Denn wir haben uns vorgenommen, das Lebenswerk unseres Firmengründers Eugen Lacroix in seinem Sinne fortzuführen.

Es gibt ein kleines Gedicht, das sehr schön auf ihn zutrifft: „Der Mensch ist, was er ißt. So lehrt uns die Weise. Sei dankbar drum dem Mann, der uns mit Müh und Fleiß durch seine Kunst erzieht zum kultivierten Esser. Indem er gut uns speist, macht er uns selber besser."

Sein unerschütterlicher Glaube war immer, daß gute Qualität sich durchsetzt und immer Käufer findet, die den Preis dafür zu zahlen gewillt sind. Der Erfolg hat ihm recht gegeben. Und es bleibt uns eigentlich gar nichts anderes übrig, als dieses Prinzip fortzusetzen.

Niemals mit der erreichten Qualität zufrieden zu sein ... und immer auf der Suche nach Perfektion, um das Bessere zu bleiben.

Andernfalls wären unsere Produkte nicht den Namen Lacroix und vor allen Dingen nicht ihren Preis wert.

Lacroix

Im Club kommen Sie manchem auf die Spur. Auch sich

Sprechen wir von Tommi Gundringer und seinem Skiurlaub in „Copper Mountain", Colorado, USA. Denn dorthin zog es unseren Stuttgarter. Einerseits, weil er die Hänge Europas in den letzten Jahren schon leidlich abgefahren hatte. Andererseits, weil er neugierig auf dieses erste amerikanische Clubdorf war. Tommi, Sie merken es, war schon öfter bei uns zu Gast.

So wunderte er sich auch keineswegs über den herzlichen Empfang. Höchstens über sich selbst – wie leicht es ihm in dieser entspannten Atmosphäre immer fiel, locker mit allen Leuten umzugehen. Von der ersten Sekunde an.

Er war mit einem netten New Yorker in einem Zweibettzimmer des Hotels untergebracht, das, wie üblich beim Club, direkt neben der Liftstation lag. Bei der ersten Auffahrt mit Phil, der sich schnell noch Skier im Camp geliehen hatte, zog das ganze Dorfleben an ihm vorbei: Am seichten Hügel, den sie gerade passierten, übten die Anfänger vom Junior-Club in vielen kleinen Gruppen. Weiter oben versuchten die Älteren, die Balance zu halten. Tommi erinnerte sich, wie er einst selbst in den von Club zu Club gleichen Kursen aufgestiegen war. Immer höher ging die Fahrt, vorbei an einigen Langläufern, und dann sahen sie auch schon die Cracks bei ihren Schußfahrten oder irgendwelchen Wettbewerben.

Die Animateure mit ihren Video-Kameras waren auch wieder da, und es fiel ihm ein, daß die nicht nur für die abendliche Gaudi gut war, man lernte so auch schneller.

Von Tommis erster Abfahrt gibt es nur dieses Bild. Schnell und sicher wie eh und je sauste, wedelte und stemmte er sich durch die Tannen. Und als man ihn später fragte, was ihm denn nun am besten im Club gefallen hatte, sagte er: „Daß die Action hier stimmen würde, das war mir eigentlich schon vorher klar. Nein, das Größte hier sind der Spaß und die vielen Freundschaften und wie du dich hier irgendwie veränderst. Du machst Sachen, die du dir sonst nie zugetraut hättest, oder tust ganz einfach nichts, völlig relaxed ..."

Wenn Sie auf Tommis Spuren wandeln wollen: Im Reisebüro gibt's den Club-Katalog. Oder gegen DM 2,- in Briefmarken direkt vom Club Méditerranée. Königsallee 98a, 4000 Düsseldorf 1 Ö.A.MTC., Schubertring 1-3, A-1010 Wien Gerbergasse 6, CH-8001 Zürich

Club Méditerranée

179

売る広告

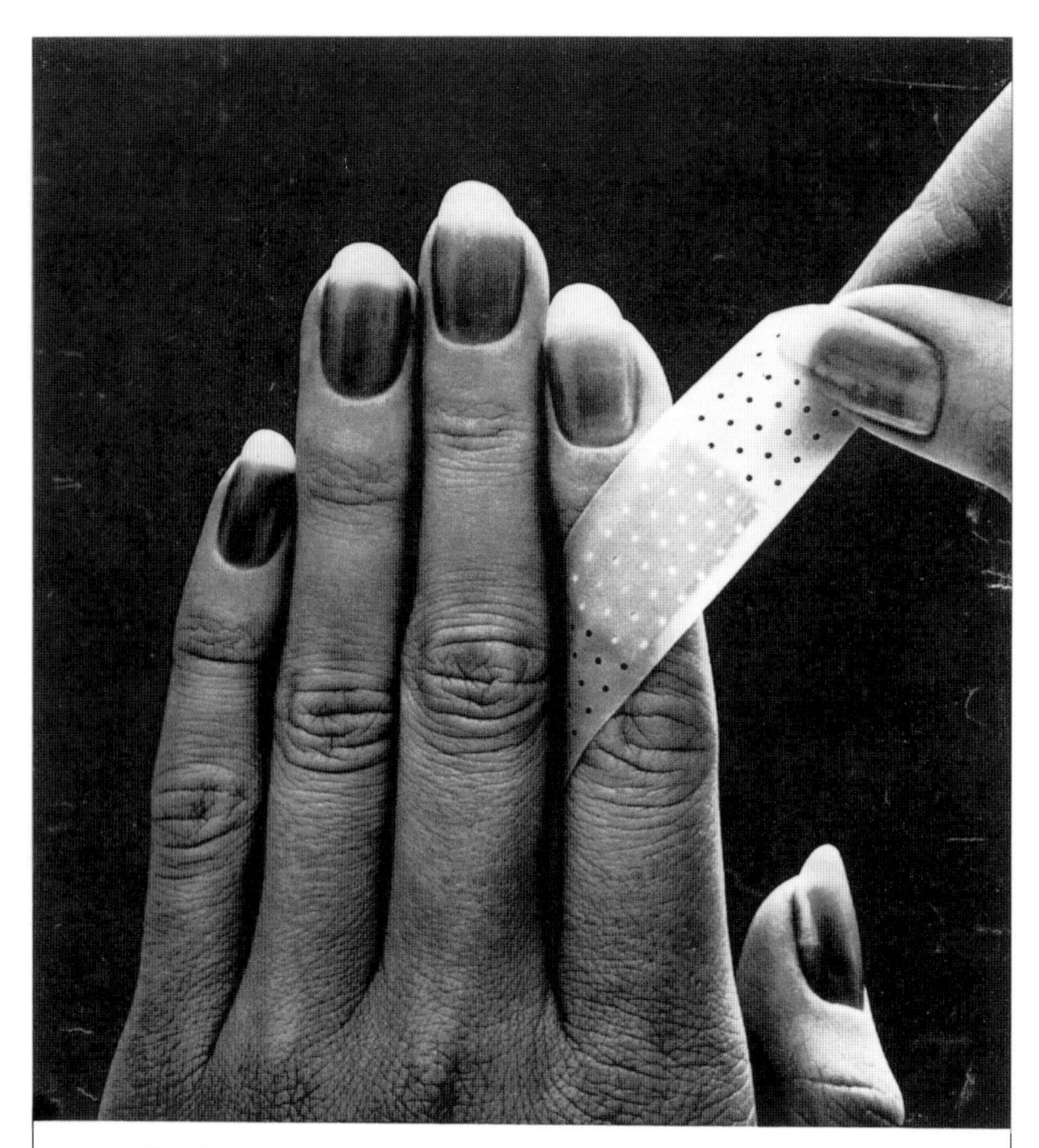

Das bringt Luft an die Wunde. Wunden, die heilen sollen, brauchen Luft. Je mehr sie davon bekommen, um so besser. Deshalb haben die Pflaster von Hansaplast viele kleine Poren. Und zwar auch dann, wenn man sie gar nicht sieht. Wir von Hansaplast meinen eben, ein Pflaster muß mehr sein als nur Schutz vor Schmutz. Hansaplast. Keiner versteht mehr von Pflastern. **Wundversorgung aus den BDF ●●●● programmen, Beiersdorf AG, Hamburg**

17章　アメリカの広告は今でも世界一か？

ャンペーンであっても、自国で作られたものでなければ、自尊心を脅かすのだ。こういう議論に決着をつけるのに一番いいのは、それぞれの国で各国共通のキャンペーンを「テスト」してみることだ。よい結果が出たときだけ、現地でもそのキャンペーンを使う。その場合でも、現地の文化に合うように修正を加えなければならない。アメリカでうまく行ったキャンペーンは、諸外国でもたいていうまくいく。虎を使ったエッソのCMは、34カ国で成功を収めている。

「リーダーズ・ダイジェスト」は、アメリカ人一番関心を持った記事には、フランス人もドイツ人もイタリア人もオランダ人も、その他どんな国の人も一番関心を持つということを発見した。シェルのガソリンは燃費がいいことを実演したテレビCMは、アメリカでもカナダでも、イギリスでもドイツでも、オーストリアでも同様に効果があった。

ラテンアメリカの広告は、近年大幅な成長を遂げている——とくにブラジルでは、ホセ・フォントーラがずば抜けたキャンペーンをいくつか制作している。

しかし何といっても劇的に成長しているのは東南アジアだ。3年前私は、全世界に広がるオグルヴィ・アンド・メイザーのネットワークの中で、最も優れた広

左　オグルヴィ・アンド・メイザーのフランクフルト支社が作った広告。シンプルでわかりやすい。
（ヘッドライン訳：傷口にも空気をあてます）
下　シェルはドライバー向けに、応急修理、火災時の安全確保等々についてのお役立ちパンフレットを提供している。このキャンペーンはアメリカ、スウェーデン、オランダ、ドイツ、フランス、カナダ、ブラジル、オーストラリア、オーストリア、南アフリカで効果を上げている。

売る広告

告を作った支社に1万ドルの賞金を支払うという懸賞を実施した。賞金を獲得したのはどの支社だっただろう？　ニューヨーク？　シカゴ？　ロンドン？　パリ？　勝者はバンコク支社だった。オーストラリア人の若きクリエイティブ・ディレクター、バリー・オーウェンは、タイの広告に初めてタイの文化的シンボルを使った。それによって、「国際的広告会社は世界中どこに行っても、その国とは縁もゆかりもないよそ者の文化を押しつける」という、昔ながらの非難が嘘であることを証明した。バリーはこう言っている。「竹笛の音に合わせて優雅に踊る人たちに、西洋流のCMソングを押しつけたって意味ないでしょう」

オーストラリアの広告も、4年前私がいた頃に比べて格段に進歩した。抜群に優れた広告もいくつかある。オーストラリアの広告人は、さまざまな要素を折衷的に組み合わせることにおいては世界でも群を抜いているが、イギリスよりもむしろアメリカからの影響の方が大きい。最も見事なキャンペーンは、モジョという新しい広告会社が作っているものだ。同社といい勝負なのがキャンペーン・パレスという会社だ。

ニュージーランドは、たった300万人という総人口を考えれば、ラグビーで世界一、羊の生産でも世界一、世界最高のソプラノ歌手2人のうちの1人を生み出したというのは目覚ましい快挙だ。スコットランドもそうだが、もしもニュージーランドのクリエイティブな人材が裕福な国に流出していなければ、この国の広告ももっと優れたものになっていたに違いない。

インドでは広告は非常に少ない——広告額を年間1人あたりに換算すると、ア

下　今やブラジルでも素晴らしい広告が作られている。この広告のヘッドラインは、「学校が始まるずっと前から、メルセデス・ベンツは日々日課を欠かしません」

17章　アメリカの広告は今でも世界一か？

メリカの224ドル、日本の77ドルに比べて、たった37セントだ。インドの広告会社は、広告「理論」については驚くほど詳しいが、それが現実に彼らの作る広告に反映されているとは言い難い。私のインドのパートナー、マニ・エーアの19歳の娘によれば、インドの広告は「きちんと描いた落書き」だそうだ。しかし、たとえばインドのガン協会のキャンペーンのように、西欧諸国の広告と比べても遜色のないキャンペーンもいくつかないわけではない。

インドのクライアントは、西欧各国では想像もつかないような悩みを抱えている。キャンペーンは12の言語に翻訳しなければならないし、人口のほとんどが「どの言語であってもまったく」読めない。インド人の平均所得は週に5ドルだ。

国民のほとんどが、生涯「絶対に」買えない商品を広告するのは公正と言えるだろうか？

上　このアフリカのポスターは、単刀直入に効能を謳っている。

右　この広告で、タイ支社のオーストラリア人クリエイティブ・ディレクター、バリー・オーウェンはこう言う。「竹笛の音に合わせて優雅に踊る人たちに、西洋流のCMソングを押しつけたって意味ないでしょう」
（ヘッドライン訳：「アジアのイメージ、文化を活かして広告を作る」）

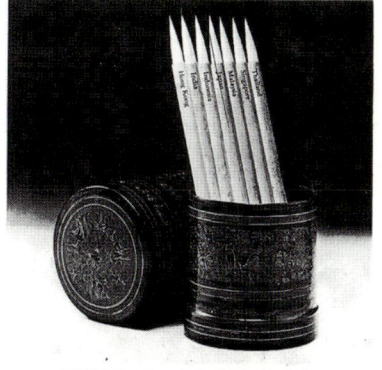

売る広告

1947年の独立以来、インドの人口は倍増した。もし今後四半世紀でさらに倍増して、総人口が14億人に達するとすれば、その先に待っているものは恐ろしい飢餓だ。最近インドの実態を目のあたりにした私は、これまで生涯賭けて習得してきた広告の技術を、今後は人口増加問題の解決に役立てようと固く決心した。マニ・エーアはこう言う。「人類の苦しみをなくすというあまりに重要な仕事を、政府だけに任せておくわけにはいかない」。インド政府が家族計画推進のためにかける予算は、出産可能なカップル一組あたり、年間たったの10セントに過ぎない。

幸いケニヤでは、週あたりの所得は10ドルだが、人口のほぼ70パーセントは読み書きができない。広告の主力媒体はラジオで、CMは9カ国語で書かなければならない。

食用油を広告する場合、部族それぞれの食習慣に合わせたレシピを考える必要がある。キクユ族にはフィッシュフライは禁物——彼らにとって魚は蛇同然だ。

総人口1400万人に対して、テレビのある所帯は3万軒、しかし田舎に住む人々は移動式映画上映を楽しみにしている。こういう環境では、「コンテスト」が効果的だ。ユニリーバは賞品として「奨学金」を提供した。ワセリンの売上げを伸ばしたいと相談されたとき、オグルヴィ・アンド・メイザーのナイロビ支社は、

下2点 1978年、インドガン協会は、クリニックで無料の定期検診を受けるよう促す広告を打った。オグルヴィ・アンド・メイザーのボンベイ支社が作ったこの広告には、本当にガンを克服した人々が使われた。2カ月のうちに、クリニックで検診を受ける人は3倍に増えた。

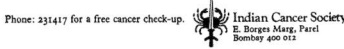

17章　アメリカの広告は今でも世界一か？

「雌牛」を一等賞品にしたコンテストを開催した。

共産圏の広告——稚拙だが禁止されているわけではない

　資本主義諸国の左翼主義者たちが広告を心から毛嫌いし、糾弾するのを見れば、共産圏の国々では資本主義の道具である広告など使うわけがないとお思いになるかもしれない。だが実はそうでもない。かつてロシア社会民主労働党の過激派に属し、スターリンとフルシチョフ政権下で国内外の貿易を担当したアナスタス・ミコヤンが、ずいぶん前にソヴィエト政府の公式見解をこう明言している。

　「わがソヴィエトにおける広告の役割は、人民に販売される品物についての正確な知識を与え、新しい需要の創出に寄与し、新しい好みや要求を育み、新しい種類の品物の販売を促進し、またその使い方を消費者に説明することである」

上と右　ハンガリーは共産圏の中で最高の広告を制作している。広告会社も数社あり、新聞や雑誌だけでなく、テレビCMも行っている。

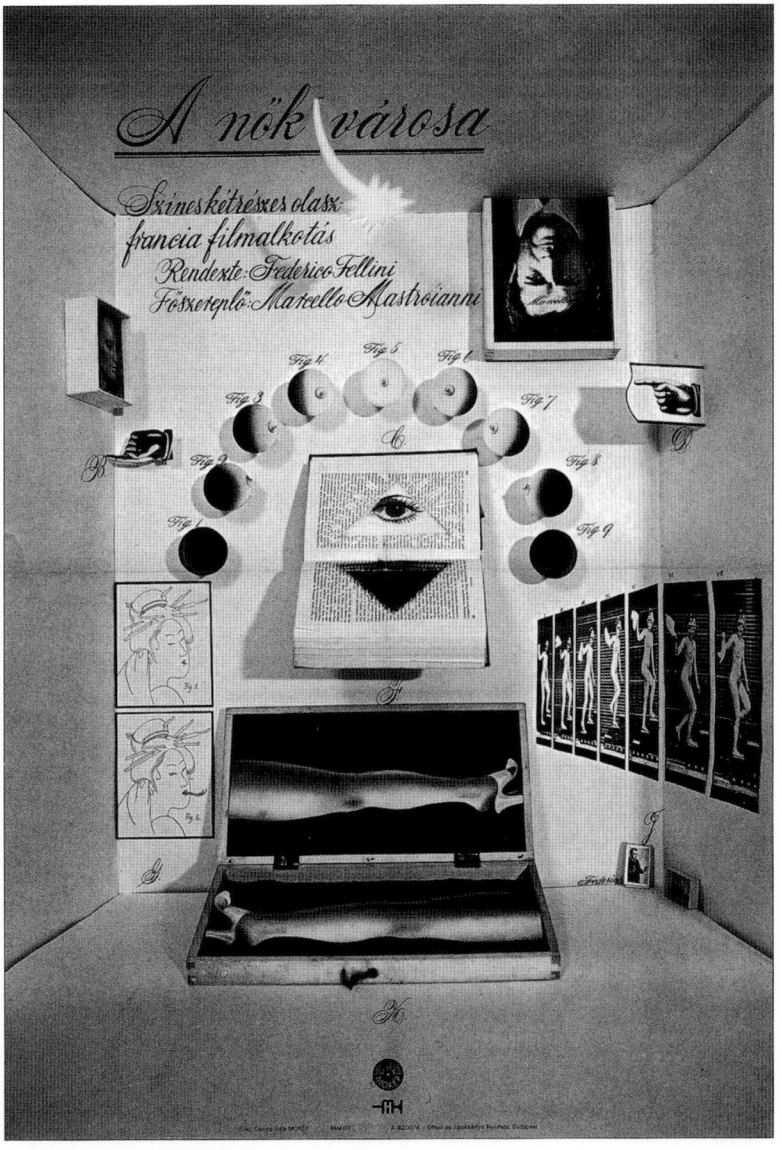

売る広告

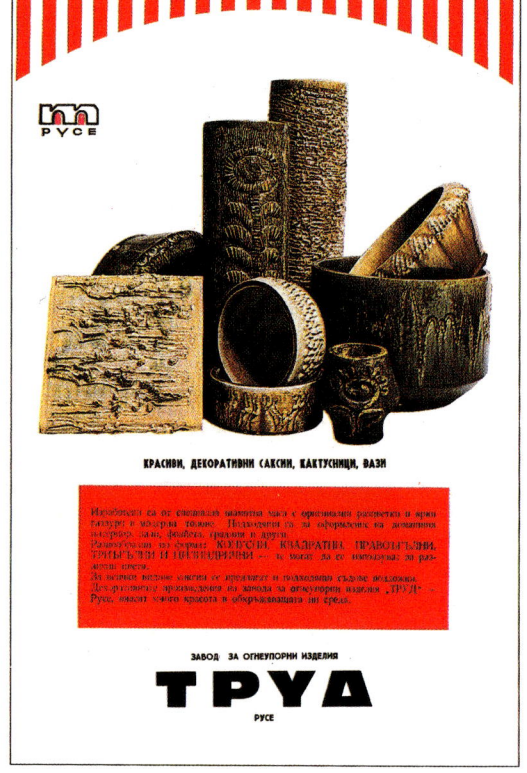

17章　アメリカの広告は今でも世界一か？

広告についてこれ以上うまい説明を私は思いつかない。しかし、アルコール依存症をなくすというような公共目的のキャンペーンを除けば、ソ連では広告はほとんど見あたらない。外国企業は自社製品の広告を許されているし、国営の広告会社も1社あるにはあり、ここの役人たちは礼儀正しく、役にも立つし有能でもあるのだが。

ハンガリーの広告は、西側ヨーロッパの状況とさほど違いはない。広告会社も数社あり、新聞、雑誌、テレビで広告を打っている。広告に関する雑誌も1誌あるほどだ。

チェコスロバキアには広告会社が2社あり、新聞、雑誌、テレビ、ラジオで広告を展開している。ポーランドにも広告会社が1社あるが、クリエイティブな才能ある人間を排除し、代わりに官僚主義の役人を据えた。

ルーマニアにも広告会社が1社あり、大いに商品広告を行っている。東ドイツ、およびブルガリアの広告については、私はまったくわからない。

中国

1977年までは、中国では広告は邪悪なものと思われていたので、広告というものは存在しなかった。しかし1978年、政府は広告の使用を認めた。とはいえ中国の広告は、まるで仕様書さながらだ。中国のテレビでもCMを流しているが、たいていは電動機のような工業製品の広告だ。視聴率を考えれば、ここでCMを流すのは桁外れの無駄に違いない。そもそも品物を広告する必要はない。なにしろほとんどの品物が欠乏しているのだ。

中国で最も重要な広告媒体はラジオだ。地域社会の共同スピーカーシステムが、全人口の75パーセントまで普及している。CMは1日2回、連続して次々に放送される。40種類の地方紙があるが、どれも新聞紙はたったの2枚で、広告はその25パーセント以下しかない。雑誌は160誌あるが、ほとんどは業界誌や専門誌だ。大都市には広告看板もある。

広告会社は67社以上あり、うち17社は諸外国での中国製品の広告と、中国における外国製品の広告を担当している。日本の広告会社の電通は、北京と上海に

上　ジョニー・ウォーカーの広告を大胆に改訂したハンガリーの広告。
前ページの4点　共産圏の広告の大半は、どうしてこう素人臭いのか？
右　共産圏である中国でも、1978年以降広告が許可されている。

売る広告

上　ヤング・アンド・ルビカムは、上海のこの巨大な広告看板で自社広告を打っている。
（ヘッドライン＆サブヘッドライン訳：中国には最高の商品があることを、誰がこの人たちに伝えるのでしょう？　ヤング・アンド・ルビカムが、御社の商品を世界中に届けるお手伝いをします）

小さな事務所を構えている。またマッキャン・エリクソンも北京に事務所がある。

　日本の広告について知っていればぜひお知らせしたいところだが、知らないのだ――まだ今のところは。

　要するに、アメリカでの広告量はいまだに増え続けているが、諸外国の方がさらに伸びが早い。広告においてアメリカはもはや世界一とは言えない。カメがウサギを追い越そうとしているのだ。

18 現代広告を生んだ 6人の巨人

ラスカー、レゾー、ルビカム、
バーネット、ホプキンス、バーンバック

広告界の巨人を選ぶにあたって私は、自分のパートナーや競合他社の同時代人の名前を挙げずに済むように、故人だけを選ぶことにした。

もしこの6人の巨人たちに共通点があるとすれば何だろう？ 6人ともアメリカ人だ。全員が、広告に手を染める前に別の仕事に就いていた。少なくとも5人は仕事の鬼であり、妥協を許さない完璧主義者だった。4人はコピーライターとして名を馳せた。大学を卒業したのは3人だけだ。

アルバート・ラスカー　1880–1952

広告史の中でも、アルバート・ラスカーほど金儲けをした者はいない。そして稼ぎ出す以上に使った。そして払っただけのものを手に入れた。

裕福なドイツ移民の息子だったラスカーは、「ガルベストン・モーニング・ニュース」の記者として仕事を始め、スポーツ、犯罪、礼拝、演劇、ビジネス、政治と幅広い分野の記事を書いた。18歳になると、父が彼をシカゴの広告会社ロード・アンド・トーマスに就職させた。最初は痰壺（たんつぼ）の掃除係だったが、間もなく汽車や一頭立て軽装馬車やソリでアメリカ中西部を縦横無尽に駆け回り、新規ビジネスを取らせたら右に出るものがいないと言われるまでになった。20歳でロード・アンド・トーマスを買収、以後引退するまでの44年間、同社を率いた。

ラスカーは単なる広告人に留まらなかった。1918年にセオドア・ルーズベルトの影響を受け、以後4年間、共和党の宣伝活動を率い、ひいてはアメリカ船舶連盟の会長を務めるまでになる。当時のラスカーは、過激な孤立主義者だったが、後に共和党の大統領候補ウェンデル・ウィルキーの提唱した「世界はひとつ運動」の最大の支持者となり、フランクリン・ルーズベルトとハリー・トルーマンの外交政策推進のために全力を尽くした。

65歳で絵画収集に目覚め、亡くなるまでにマチスの作品を9点、ピカソ17点、その他100を数える一流絵画を所有するようになった。クリスマスプレゼントとして人に贈るために、マリー・ローランサン6点をいっぺんに買い占めたこともある。また、たいへんな慈善家でもあり、財産の大半を医療研究のために遺した。

しかしラスカーは何よりも広告人として優れていた。ロード・アンド・トーマスに入社した頃、同社は国内第3位の広告会社で、パートタイムのコピーライターを週給15ドルで雇っていた。その後、元カナダの警官で後にコピーライターになったジョン・E・ケネディという男が現れ、広告とは「活字になったセールスマン魂」であるとラスカーに説いた。広告についてこれ以上の定義は、今に至

下　アルバート・ラスカーは、広告史の中で誰よりも金を儲け、浪費し、人にも分け与えた。そして払っただけのものを手に入れた。

るまで現れない。後にラスカーはこう書いている。「第一にジョン・E・ケネディについて書かずして、広告史を記すことはできない。今日この国でコピーライターを名乗るすべての人間は、彼の定めた原則に導かれているのだから」

商品コピーさえ書ければ、広告会社は他に何も必要ないというのがラスカーの持論だった。長い間、彼はアート・ディレクターを雇うことを断固として拒否した。彼がとうとう折れたのは、イラスト入りの広告の方がクライアントに売り込みやすいことに気づいたからだ。リサーチも同じように軽蔑していた。「馬鹿な奴らにも耳が2つあると知るだけのために、リサーチにかけずり回って半年も無駄にしなくても」クライアントにアドバイスすることなど雑作もないとよく豪語していた。今日「マーケティング部門」と呼ばれるような部署も、決して作ろうとはしなかった。

> 「商品コピーさえ書ければ、広告会社は他に何も必要ないというのがラスカーの持論だった」

マーケティングに関する彼の天才的直観は、初期の頃のこんな生理用ナプキンのエピソードによく現れている。「コーテックスが、思うほど商売が伸びていないと言ってきたが、何百万人もの女性を調べる代わりに、何人かの社員の女房たちに、コーテックスのナプキンを使っているかと訊いただけだ。誰も使っていなかった。その理由の大半は、この商品をください、と薬剤師に言うのが恥ずかしかったからだ。そこでわれわれは、小売店のカウンターに簡素に包んだパッケージを置くという単純なアイデアを思いついた。こうすれば恥ずかしい思いをする必要はない。これによって商売は飛躍的に伸びた」

マーケティング担当者も、アート・ディレクターも、リサーチャーも置かなかったおかげで、ラスカーは大いに経費節減ができ、7パーセントもの利益を出すことができた――これはおそらく世界記録だ。今日もし1パーセント以上の利益を得ている広告会社があれば、例外と言っていい。

彼はロード・アンド・トーマスの独裁者だった。社員にはこう言っていた。「みな承知しているだろうが、私がこの会社のオーナーだ。だから方針は私が決める。ロード・アンド・トーマスは、アルバート・ラスカーが広告を行うときの別名だ」。彼は自社株の95パーセントを所有していた。引退後に語ったところによれば、ラスカーは取締役会などには一度も出席したことはないし、そもそも取締役会などというものが一度でも開かれたはずはないのだそうだ。

彼は才能のある人間を雇い、高給を払い、十分に教育した。「私は人の持っている才能以上のものを引き出す」とよく言っていたものだ。しかし、人の出入りは恐ろしいほど頻繁だった。あるときなど、大手広告会社9社の社長が全員、元ラスカーの部下だった。ラスカーはよく「私はあんまりいい人材を育て過ぎて、ちっとも居着かない」と言っていた。ジャーナリストのジョン・ガンサーは、ラスカーの伝記を書く準備をしていた頃、彼の部下の何人かに、ラスカーの最も素晴らしい資質は何だと思うかと尋ねた。すると、細部に対するセンスと大局を理解する天才を併せ持っているというのが一致した意見だった。また、消費者がどういう反応を示すか予言する天才でもあった。さらに、溢れんばかりの活力と磁石のように人を惹きつける魅力があり、これに人はころりと参ってしまう。そのうえ自ら1日に15時間も仕事をする。ロード・アンド・トーマスが世界一の大手になったのも当然だ――たとえほんのいっときだけだったとしても。

> 「ラスカーはよく『私はあんまりいい人材を育てすぎて、ちっとも居着かない』と言っていた。」

ラスカーは電話嫌いで、委員会に至っては蛇蝎のごとく嫌っていた。広告関係の会には属したこともなく、競合他社の人間とは出くわさないように気をつけて

* 『Taken at the Flood』（『頭の回転』新潮社）

いた。癇癪のあまり大口アカウントを手放したこともある——GE、シリアル大手のクエーカー・オーツ、RCAもそうだし、自分が引退してからも、後任社長にラッキーストライクはやめろと吠えたほどだ。

彼は運転手つきの黄色いロールスロイスを乗り回していた。私と同じように、黒地に白抜きの印刷を嫌った。「もしこういうのを読むのが自然なら、ニューヨーク・タイムズもこういう印刷になってるはずじゃないか」

湯水のごとくこれ見よがしに金を使うのも平気だった。シカゴ郊外の週末用別荘には50人の使用人を置いていた。39ヘクタールの庭は全長10キロもの手入れのいい生け垣に囲まれていた。今の私の庭の生け垣はたった1.6キロしかない。

彼は経営者のことを「頭に脳が入ってない人間」と評したことがあるが、経営者としてのラスカーは、ときに情け容赦なかった。大恐慌の際には、自分は年間300万ドルもとっていながら、社員の給料を一律25パーセントカットし、次には、長年会社に尽くしてくれた社員、男女合わせて50人のクビを突然一度に切った。

あれほどの金銭的洞察力に恵まれていたラスカーだが、少なくとも一度大失敗をおかしている。父親が亡くなったとき、彼はテキサスの広大な不動産を相続したが、即座に売却してしまったのだ。そこは後に世界一の豊富な油田地帯になり、さらにヒューストンのダウンタウンの4分の1を占めるようになった。この大失態に持ち前の博愛主義と浪費が加わって、彼の遺産は、ほんの1150万ドルというささやかなレベルだった。一度こんなことを言っていた。「私は大金を得たかったわけじゃない。ただ自分の頭で何ができるかを見せたかっただけだ」

性格は決してよいとは言えなかった。その人となりをよく知るガンサーによれば、ラスカーは繊細で素晴らしい判断力に恵まれ、湧き出すようなユーモアのセンスもあったが、同時に尊大で狭量で横柄だった。一度など「世界中で広告人と呼べるのは俺だけだ」と豪語したという。おそらくは本音だろう。彼の最初の妻によれば、彼は何でもくれたけれど、自分自身だけは決して譲ってくれなかったそうだ。気難しく、注文が多く、思いやりのないこともあった。長期に渡る神経衰弱も3度煩った。

アルバート・ラスカー自身にとって何よりの広告は、彼の未亡人メアリーだ。彼女はラスカーの遺した医療基金を見事に切り回し、ニューヨークの発展に最も寄与した1人でもある。一度お目にかかった折り、彼女はラスカーの「退位」のことを話してくれた。1942年も終わりに近づいたある午後、突然こう言い出したのだそうだ。「メアリー、俺はもう広告稼業からは足を洗うことにした」。2日後、ラスカーはロード・アンド・トーマスを3人の若者（フート、コーン、ベルディング）に、たった10万ドルという名ばかりの端金で譲った——ただし、今後ロード・アンド・トーマスという名称は使ってはならないという条件つきで。ラスカーはその後10年の余生を生きた。

スタンリー・レゾー　1879-1962

スタンリー・レゾーは広告界のエリートだった。真面目で品位と教養があり、そのマナーは洗練され、やや学者肌だった。

レゾーがJ・ウォルター・トンプソンを率いることになったとき、同社の年間取扱高は300万ドルだった。それから45年後、彼が引退するときには、5億ドルの取扱高を誇る世界一の広告会社になっていた。

レゾーの成功の秘密は、並外れた才能を持つ人材を惹きつける力があったこと

売る広告

> 「レゾーの成功の秘密は、並外れた才能を持つ人材を惹きつける力があったことと、そうした非凡な才人に常に敬意を忘れなかったので、誰も彼のもとを去らなかったことだ」

と、そうした非凡な才人に常に敬意を忘れなかったので、誰も彼のもとを去らなかったことだ。サム・ミーク、ジェイムズ・ウェブ・ヤング、ヘンリー・スタントン、ケン・ヒンクス、ギルバート・キニーをはじめとするキラ星のような顔ぶれが集まった。これほど優れた人材が、これほど長きに渡ってチームとして集結した例は、他の広告会社では見当たらない。

ラスカーとは違って、レゾーは決して横暴なふるまいはしなかった。彼の言うところの「一個人の意見」を信頼せず、合意に基づいた経営を行い、あまりに輝かしい才能は危険だと考えた。

J・ウォルター・トンプソンの組織構成は、考えうるかぎり最高に自由だった。レゾーは階級主義が嫌いだった。各部門の長というようなものは置かず、職務規定もない。大きな法律事務所のように、パートナーたちによって共同経営されていた。レゾーが私に、うちの会社に来ないかと言ってきたとき、私に何をさせようとしているのかほのめかしさえしなかった。使いっ走りか？ コピーライターか？ それとも彼の跡継ぎか？ 彼は何も言わず、私も何も訊かなかった。

レゾーは他の学生の家庭教師をしたり本を売ったりしながら、苦労してエール大学を卒業した。それでも、時間をやりくりして経済学でジェイムズ・ゴードン・ベネット賞を獲得した。生涯、教授たちに対する尊敬の念を忘れず、少なくとも心理学者、経済学者、歴史学者の3人をJ・ウォルター・トンプソンに迎えた。よく、わが社は広告の「大学」だと言っていたものだ。

ラスカーとは違って、彼はリサーチを熱烈に信奉していた。経済学者のアーノ・ジョンソンは彼のリサーチャーのひとりだったし、国勢調査局の元局長、ヴァージル・リードもそうだ。消費者5000人のパネルを組織し、月に1回、その月購入したものすべてを報告させた。クライアントのために新しいレシピを考案するべく、社内にキッチンを設けた。また広告がテレビを利用できるようになるずっと前から、すでに実験を始めていた。私と同じように要因分析に関心があり、どんな広告テクニックに効果があるか、どんなテクニックには効果がないかを調べるためのチームを組織していた。

厳格な信念の人で、危険な要素のある広告を見せるわけにはいかないと言って、キャメルの巨大なアカウントを手にするチャンスをみすみす棒に振ったこともある。酒や売薬のアカウントも決して引き受けなかった。

彼の起こした革新の中でもおそらく最も価値あるものは、女性をコピーライターに起用したことだろう。まず彼自身の奥さんが草分けだった。別の場所に女性コピーライターの部署を設け、社内では帽子の着用を義務づけた。

巨人たち全員がそうだが、レゾーも長時間仕事をした。午前零時ちょっと前に、グランドセントラル駅から汽車に乗る姿をよく見かけたものだ。いつも夕刊紙の株価欄を読んでいた。私自身が株価を気にする立場になる20年も前からだ。

私が広告会社の看板を出して数年後、当時わが社最大のアカウントをJ・ウォルター・トンプソンに奪われたことがある。お祝いを言おうと電話すると、レゾーはこう言った。「デイヴィッド、君は立派な紳士だし学者でもあるが、今から大手広告会社の仲間入りをしようとしているのは感心しない。そんなことはもう不可能だからね。投資すべき資本が大きすぎる。どうだい、もう諦めてJ・ウォルター・トンプソンに入らないかね」

私はこう答えた。「レゾーさん、御社に入れていただくのは嬉しいですが、うちにも100人社員がいますので、みんなを路頭に迷わせるわけにはいきません」

「ふーむ、しかし今は時代がいいから、社員たちも仕事を見つけるのに苦労することはないんじゃないかな」

2年後、レゾーはまた私を誘ったが、今度は会社ごと買いたいと言って来た。たった1冊の本が欲しいために図書館をまるごと買うようなものだ。彼の奥さんには、このとき初めて会った。レゾーがトンプソンに入社する前、シンシナティの広告会社にいた頃に、コピーライターとして彼女を雇ったのだ。そして、彼女はわが国でも指折りのコピーライターの1人になった。仕事においても夫婦としても、この2人のパートナーシップは最強だった。

トンプソンのオフィスにアンティークの家具を入れようと主張したのは、このヘレン・レゾーだった。重役は自分が一番好きな時代の家具を選ぶことができた。オフィスの方が自分の家より素敵なら、社員は長時間働くのを厭わないはずだというのが彼女の持論だったそうだ。**

ある意味で、ヘレン・レゾーは夫のスタンリー以上の存在だった。家族計画推進運動の創始者の1人であり、さらに経験を生かして近代美術館の理事となり、見事な絵画のコレクションを築き上げた。

コピーライターと結婚したのに、レゾーはコピーライターをバカにする傾向があり、もっぱら会社を仕切っていたのは、レゾーが「代理人」と称するアカウント・エグゼクティブたちだった。

私とは違って、レゾーは有名人の推薦文がセールスに効果的だと固く信じていた。化粧石けんのラックスにはハリウッドの映画スターを起用し、ポンズの広告にはイギリス貴族の女性を使った。私の友人で、後にアイルランド大統領になったアースキン・チルダーズが、彼女たちとの契約を取り持った。

広告会社の社長としてアメリカ以外の国々に支社を構え、国際的ネットワークを築いたのはレゾーが最初だった。1920年代、GMの命を受けてのことだった。

民主党の大統領ウッドロー・ウィルソンに似ていたが、共和党員だった。コネチカットの質素な家に住み、庭仕事をし、ワイオミングに牧場を持っていた。ラスカーの無節操な贅沢とは大違いだった。

しかしレゾーもひとつ間違いをしでかした。あまりにも長くその地位に留まりすぎたのだ。80歳になる頃には、広告キャンペーンについての彼の考え方は時代錯誤になってしまっていた。よき後継者になったであろうパートナーたちは、彼より先に引退してしまっていた。

レイモンド・ルビカム　1892-1978

アメリカに到着した翌日、私は、ローズマリー・ホール校のかの有名な女性校長キャロライン・ルーツリースの紹介状ひとつを手に、レイモンド・ルビカムに電話してアポイントメントを申し込んだ。「何の用だ」。轟くような声でルビカムは言った。「あなたの頭の中味をいただきたいんです」と私は答えた。

翌年、ルビカムと、当時ルビカム社のリサーチ・ディレクターだったジョージ・ギャラップが、私をプリンストン視聴者調査研究所の運営担当として採用してくれた。ルビカムはわれわれの仕事に大いに興味を持ち、私には並外れて親切にしてくれた。

戦後、私は広告の世界で腕試しをしようと決意したが、ヤング・アンド・ルビ

スタンリー・レゾーは広告界のエリートだった。彼とコピーライターである妻が、J・ウォルター・トンプソンを世界一の広告会社にした。

**このおかげでJ・ウォルター・トンプソンはリステリンのアカウントを取り損ねた。当時リステリンのオーナーだったジェリー・ランバートがこう言っていた。「広告会社には、手数料は家具じゃなくてぜひサービスに使ってもらいたいね」

売る広告

上 世界最大の広告会社のうちの2社が、レイモンド・ルビカムの長く伸びた影である。40年もの間、私の良心そのものであり、広告には果たすべき責任があることを教えてくれた。

次ページ レイモンド・ルビカムは広告史上最高のコピーライターとアート・ディレクターのチームを揃えた。ジャック・ローズブルック、ロイ・ウィッティアー、ヴォーン・フラナリー、ヘンリー・レント、ジョージ・グリビン、シド・ウォード、ノーマン・ロビンスといった面々だ。ルビカムの指揮の下、チームは他の広告会社のどこよりも多くの人に読まれる広告を制作した——このライフセーバーの広告もそのひとつだ。
（広告訳：このページを舐めないで！　P.S. ハンディなロールパッケージ……いまでもたったの5セント）

カムにはあまりに畏れ多くて入りたいと言えず、敢えて応募しなかった。しかし私が働きたいと思う広告会社はヤング・アンド・ルビカムだけだったので、自分で会社を立ち上げるしかなかった。亡くなる前にもらった手紙の一通の中で、ルビカムがこんなことを書いていた。「会社を興す前から君のことを知っていたのに、どうしてうちに来てはもらえなかったんだろうな？」

この頃にはすでに私たちは親友になっていた。いや、「友」と呼ぶのは適切ではない。私にとって彼は後援者であり、インスピレーションであり、カウンセラーであり、批評家であり、良心だった。私は彼を英雄のように崇めてやまない熱烈な信奉者だった。ヤング・アンド・ルビカムを引退してずいぶん経った頃、ルビカムはオグルヴィ・アンド・メイザーの会長になってやろうと言ってくれた。

すべての組織が「ひとりの人間の長く伸びた影」とすれば、現在世界最大手の広告会社のうちの2社は、レイモンド・ルビカムの長く伸びた影と言える。

見かけも、その他のさまざまな点でも私の祖父にそっくりだったルビカムは、その祖父を別にすれば、私の知るかぎり最も歯に衣を着せない男だった。心の中にあることをなんでも口に出してしまう。その結果がどうなるかなど考えもしない。あるときは私のキャンペーンを、こちらの顔が赤くなるほど口を極めて褒めちぎるかと思えば、何週間もしないうちに別のキャンペーンを、肝っ玉が縮み上がるほどこっぴどく酷評する。

ルビカムは貧しい家庭の8人兄弟の末っ子として生まれ、15歳で学校をやめると、それからの9年間、商品発送係、ベルボーイ、家畜の監視係、映写技師、訪問販売のセールスマン、車のセールスマン、新聞記者（週給12ドル）と職業を転々として過ごした。24歳のとき、フィラデルフィアの今はなきF・ウォリス・アームストロング・エイジェンシーにコピーライターとして応募した。後にルビカムはこう回想している。「ロビーの堅い堅いベンチにずっと座って待ち続けた。あの堅さを今でも思い出す。そうして9日目の終わり、ついに我慢の限界がきた。私は社長に直訴状を書いた。即座に面接してくれるか、でなければ両目に痣を食らうか、どっちかに転ぶことを目論んだ手紙だ」。果たして、社長は手紙を振り回しながら猛然とロビーにやってきてこう言った。「おまえの書いた広告はロクなものじゃないが、この手紙はなかなかいいぞ」

アームストロング社には3年いたが、決していい職場とは言えなかった。ルビカムによれば「アームストロングは、コピーライターは必要悪だからしょうがなく雇ってはいるが、アート・ディレクターを使うなんぞとんでもない贅沢だと考えていた。いつも誰彼かまわず人の裏をかいてやろうとばかりしていた」。1919年、ルビカムは、当時アメリカ最大手の広告会社だったN・W・エアーに移った。ここで彼が書いたキャンペーンは、その後偉大な広告を集めたアンソロジーには必ず含まれることになる。スタインウェイ社の「永遠の名器」もそうだし、製薬のスクイブ社の「お金には代えられない成分」もそうだ。N・W・エアーで4年を過ごした後、ジョン・オーア・ヤングというアカウント・エグゼクティブと共に、ごくわずかな資本を元手にヤング・アンド・ルビカムを興した。今日、同社は世界一、二を争い、年間取扱高は30億ドルを数えるまでに成長した。[***]

ルビカムはリサーチをクリエイティブ・プロセスの一環に組み込んだ最初の広告人だった。ノースウェスタン大学からギャラップ博士を迎え、給料を払って広

[***] インターパブリックに属する3つのネットワークをまとめると、ヤング・アンド・ルビカムとその子会社をまとめたよりも大きい。

18章　現代広告を生んだ6人の巨人

please do not lick this page!

P.S. Get 'em in the handy roll
...everywhere

FIVE FLAVOR LIFE SAVERS
...still only 5¢

売る広告

> 「ルビカムはよく『売るためにはまず読んでもらう、それがわれわれのやり方だ』と言っていた」

告を読む人の数を測定させたのだ。このリサーチによって、ある指針が生まれた。これに従うことによって、ヤング・アンド・ルビカムの作る広告は、他の広告会社のものよりも多くの人に読まれるようになった。ルビカムはよく「売るためにはまず読んでもらう、それがわれわれのやり方だ」と言っていた。

せっかくいいキャンペーンを作っても、クライアントのマーケティングがお粗末なためにしょっちゅう台なしになってしまうことに気づいたルビカムは、一流の販売部長を雇って、クライアントにビジネスのやり方を教えた。

ヤング・アンド・ルビカムの初年度の広告は、コピーの素晴らしさこそ際立っていたものの、イラストやレイアウト、タイポグラフィといったビジュアル面は、他の広告会社同様、お世辞にも美しいとは言えない代物だった。これに気づいたルビカムは、当時アメリカ随一のアート・ディレクター、ヴォーン・フラナリーを雇い入れた。その日から、ヤング・アンド・ルビカムの広告が、広告の標準的な嗜好を決めることになった。これはアメリカの広告界では画期的なことだった。

しかし、ルビカムが最も誇りにしていた功績は、これよりももっとずっと大きなことだった。老齢になった彼は、私にこんなことを言った。「広告には、正しい行動をする責任がある。私はアメリカ国民を欺くことなく商品を売ることができるのを証明したんだ」。この美徳は、何も彼一人だけのものではない。しかし誰にも増してルビカムには、それを誇りにする権利があることは間違いない。

ルビカムの言うよい広告の定義とは「大衆がそれによって強力に購買意欲をそそられるだけでなく、大衆とクライアント両方が優れた作品として長い間記憶に留めてくれる広告」だった。

広告会社ならどこでもそうだが、クリエイティブサイドの人間とアカウント・エグゼクティブの間ではひっきりなしに権力闘争が繰り広げられている。この戦いでは、コピーライター出身のルビカムはいつも、圧倒的にクリエイティブサイドの味方だった。ルビカムはアカウント・エグゼクティブのことを、昔ながらの呼び方ではあるが今では軽蔑的な響きもある「コンタクトマン」と呼び、クライアントから広告の承認をとることだけが彼らの唯一の仕事だと力説した。

クライアントが自社のスタッフの士気を殺ぐようなときには、アカウントを手放すという選択肢もあることを私に教えてくれたのもルビカム。かの悪名高いジョージ・ワシントン・ヒルに小突き回されるのが嫌なばかりに、ルビカムは莫大な金額に上るアメリカン・タバコのアカウントを手放した。そのとき彼の書いた手紙が私の手元にある。「ヤング・アンド・ルビカムとアメリカン・タバコは、両社ともに取引開始以前から成功を収めて参りました。取引を終了致しましても、双方とも順調に業績を伸ばし続けることは確実と存じます。よって、本日只今をもちまして、御社との取引を終了させていただきます」

ヤング・アンド・ルビカムの初期の成功は、何よりもゼネラル・フーズを最大のクライアントとして得たことによる。しかしある日、ルビカムはゼネラル・フーズの社長に、御社のアカウントは広告会社1社で扱うにはあまりにも大きくなりすぎたから、ヤング・アンド・ルビカム以外に、第二の広告会社、ひいては第三の広告会社と契約をすべきだと進言した。こうしてベントン・アンド・ボウルズは最初の大口アカウントを得ることになり、一方ゼネラル・フーズはルビカムの言うすべてに全幅の信頼を置くようになった。

第2次世界大戦の末期、私がワシントンにあるイギリス大使館の二等書記官だった頃、ロンドンの外務省に対して、当時まだできたばかりの国連の広報担当官

18章　現代広告を生んだ6人の巨人

にルビカムを指名してはどうかと進言したことがある。ところがあきれたことに外務省は単に「その男に願書を提出させよ」ときた！

仕事を離れると、ルビカムはスタンリー・レゾーほど保守的ではなかった。1946年には、日本への原爆投下を非難する記事をマッコール誌に寄稿した。原爆の「実験」だけでも、日本に降伏を説得することは可能だったはずだと、それによってアメリカは世界の倫理的なリーダーになれたはずだと説いた。

ラジオの初期には、番組制作予算は政府が持つべきであり、CMは入れないことを提案した。1974年、広告の名誉の殿堂に入ると、その受諾スピーチでこんなことを言った。「わが国の国民はみな、とりつかれるように毎日テレビを見るようになりました。そのせいで、子どもの読み書きの能力は低下し、学校教育がより困難になっています。また、テレビのせいで国中が犯罪に悩まされています。産業界、広告界が力を合わせてテレビから広告を減らし、それによってひいては犯罪を減らすことができれば、膨大な社会貢献ができるはずです」

第2次世界大戦中は、ワシントンの戦時人事委員会会長の特別顧問だったが、この環境は彼には合わなかった。

広告界の他の巨人たち全員がそうだが、ルビカムも完璧主義者で、アカウント・エグゼクティブが今もしもクライアントに持っていこうとしている広告に、寸前で待ったをかける癖があった。「クライアントはずば抜けた広告のことは何年も覚えているものだ。それが締め切りを2カ月も過ぎてできたものであることはすぐに忘れてしまう」と常々言っていた。のべつまくなしに仕事をしていたが、

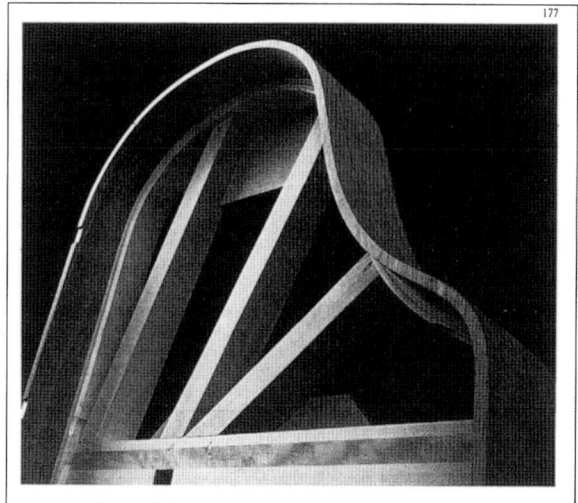

上　1923年、このささやかな広告が、ヤング・アンド・ルビカムの始まりを告げた。
(最初の5行訳：ジョン・オーア・ヤングとレイモンド・ルビカムは、N・W・エアーを辞し、ヤング・アンド・ルビカムを設立しました)

下　左は1919年にルビカムが書いた広告。今では古めかしく見える。1982年に書かれた右の広告は現代風だ。だがより記憶に残るのはどっちだろう？
(左のヘッドライン訳：スタインウェイ。永遠の名器)
(右のヘッドライン訳：スタインウェイの砦)

売る広告

二度目の結婚でついに幸せを見つけた。52歳で引退し、アリゾナに引っ越して、不動産投資やキャンベル・スープのコンサルタントをして余生を送った。コンサルタントの仕事は後に私が引き継ぐことになった。

スタンリー・レゾーがJ・ウォルター・トンプソンに45年間在籍し、アルバート・ラスカーがロード・トーマスに45年間君臨したのに比べて、ルビカムが自分の会社にいたのはたった21年間だった。

ヤング・アンド・ルビカムの現社長はこう言う。「ルビカムはわれわれに素敵ないたずらをしていった——何ひとつ守るべきルールを遺さなかったんだ」

しかしルビカムは、いまだにヤング・アンド・ルビカムに受け継がれるある格言を遺した。それは「ありきたりであることに抵抗しろ」ということだ。あるいは、彼のコピーチーフであるロイ・ウィッテイアーに言わせれば、「広告で偉大になるための第一歩は、他とは違うということ。他と同じというのが間違いへ向かう第一歩だ」。ビル・バーンバックもこれと同じ考え方だった。

ルビカムと私は40年もの長きに渡るつきあいだった。他の巨人たちの誰より

「ルビカムと私は40年もの長きに渡るつきあいだった。他の巨人たちの誰よりも長いつきあいのルビカムのことが、私は誰よりも好きだった」

右　魅力あふれるルビカム軍団の作り出した、洗練と効果を兼ね備えた広告のもうひとつの例。
（ヘッドライン訳：クールにするアイデア）

18章　現代広告を生んだ6人の巨人

も長いつきあいのルビカムのことが、私は誰よりも好きだった。

レオ・バーネット　1891-1971

　レオ・バーネットに会うと、まずそのただならぬ風貌に驚かされる。カール・ヒクソンのこんな形容がぴったりだ。「チビで撫で肩で太鼓腹、襟の折り返しにはタバコの灰が飛び散っている。そのたっぷりした二重あごが、どことなくカエルを思わせる。口を開けば轟くようなどら声。中でも目を引くのは、ひときわ突き出した下唇だ」

　レオはデパートの広告ビラ書きのアルバイトをしながら苦労して大学を出ると、イリノイ州の「ピオリア・ジャーナル」に記者として入社、その後、キャデラックの広告部を経て、インディアナポリスの広告会社に入社した。そこで10年働いた後、コピー・チーフとしてアーウィン・ウェイセイ社に入り、ついに1935

上　レオは広告界の「シカゴ学派」の象徴だった。「人生で広告作りほど面白いことがあるかね？」
右　レオ・バーネットの広告の典型例。ポスターさながらのレイアウトにご注目。（ヘッドライン訳：あなただって名パティシエ）

年、シカゴに自分の会社を開いた。だが会社が軌道に乗ったのは60歳になってからだ。それはあたかも突然再燃焼装置にスイッチが入ったかのようだった。20年後に亡くなるまでに、ニューヨークを除く世界最大の広告会社になっていた。

レオは広告界の「シカゴ学派」の旗手だった――これは彼自身が作り出したものだ。レオ自身がこんな風に語っている。

「私が育ったミシガンの町では、暑い夜にはトウモロコシが伸びる音が聞こえた。場末のさまざまな町を経て、私はゆっくり、こっそり、シカゴに忍び込んだ。ようやくシカゴに辿り着いたときには、もう40歳になっていた。喋り方でお国が知れた」

「故郷の町の人々は、シカゴのことを、まるでローマか何かみたいに思っていた。すべての道はシカゴに通ず――人を惹きつけてやまない美しい街、でも少し危険な匂いもする都会だ」

「でも、まるでおとぎ話に出てくるようなニューヨークとは違って、シカゴは本当の街だった。そこにはチャーリー叔父さんだのメイベル伯母さんだの隣のグレン・エリンだの、誰にも1人や2人は親戚や友だちがいた。好きか嫌いかはともかく、シカゴは『家族』だった。ふらりと家を出て行ったと思ったら、何やら怪しげな稼業で功なり名遂げた息子のようなものだ。だから、ちっぽけな故郷の町の人たちにとって、シカゴは『おらが街』だった。われわれ田舎者が、中西部のあちこちのトウモロコシ畑からシカゴへ繰り出すと、いたるところで知り合いに出くわす。そして、ああやっぱりここはおらが街だと思うのだ」

「要するに、シカゴという街は、心も魂も頭も腹の中も何もかも、中西部そのものだということだ。ここの広告業界の人間は、大草原の村のものの見方と価値観を頭に詰め込んだ連中ばっかりだ」

「シカゴが、たとえばニューヨークのような街より立派だなどというつもりはこれっぽっちもない。ただ、われわれの気どらない喋りっぷり、肩肘張らない態度、素朴なものの見方が、多くのアメリカ人にざっくばらんに話しかける広告を作るのに役に立っているのだと思う――それだけのことだ」

「われわれシカゴの広告人はみな、額に汗して働く労働者だと思うのが私は好きだ。シカゴのコピーライターはみな、両手にツバを吐きかけて、よし！と気合いを入れてから、大きな黒い鉛筆を手にとると思うと嬉しい。われわれの書く広告の言葉が、シカゴの爽やかな風を乗せ、ミシガン湖の澄みきった水ですすがれて世に出ていくと思うのが嬉しい」

「シカゴの広告は、アメリカの豊かな民族伝承からたくさんの栄養を吸い上げ、鋭く生き生きとした感覚でそれを復活させ、不朽のものにしているように思う」

「このあたりでは、まさに『すげえ』としか言いようのないときには、コピーに『すげえ』と書いてもかまわない。ウィル・ロジャースがこんなことを言っていた。『すげえ、なんて言葉は使わないって人はたいてい……すげえおもしれえってな思いはしてねえな！』」

レオが私にくれた最高の賛辞は、「シカゴ・トリビューン」のインタビューで、ニューヨークにシカゴ学派に「所属する」広告会社があるかと訊かれて、オグルヴィ・アンド・メイザーだと答えたことだ。レオはわが社に合併をもちかけた。

広告創造のプロセスに対するレオの態度は、次の3つに要約できる。

①「どんな商品にも、それが本来持っているドラマがある。それを掘り出して、最大限活かすことこそが、何よりもわれわれに課された仕事だ」

② 「星を掴むつもりで手を伸ばせ。星にはとうてい届かないかもしれないが、少なくとも泥を掴むことはない」
③ 「問題に没頭しろ。鬼のように働き、君の直観を愛し、敬い、従え」

レオはコピーライターにもアート・ディレクターにも高い水準を保つことを要求し、クリエイティブ審査委員会を通じてこの標準を適用した。委員会で審査を受ける試練を「アヒルたちにこっぴどく突っつき回される」と例えたことがある。亡くなる少し前には、こんな風に書き残している。「われわれが達成した最高の業績を振り返ってみると、明るく楽しく情熱的な環境で生み出されたものは少なく、むしろダイナミックな緊張感、楽屋の不平不満で混迷する状況で生まれたものが多かったことに気づく」

レオはオリジナリティそれ自体を高く評価することはなく、かつての上司のこんな言葉をよく引用した。「自分は人と違うということだけのために、どうしても違ったことをしたいなら、毎朝靴下を口に突っ込んで出勤すればよろしい」

ひとつのプロジェクトをひとつのクリエイティブチームに任せるのではなく、常にいくつかのグループを競わせた。「ヤギ農場ひとつ手に入れるために、強者（つわもの）どもを何人も送り込んだってかまわないんだ」と言っていた。

「レオの生涯最高の記念碑的キャンペーンがマルボロであることは間違いない」

レオの生涯最高の記念碑的キャンペーンがマルボロであることは間違いない。これが、無名の一ブランドを世界最高のベストセラーたばこブランドにまで押し上げたのだ。四半世紀経った今でも、このキャンペーンは続いている。

印刷媒体は常にレオの一番のお気に入りのメディアだった。ダイレクト・レスポンスはやったことがなかったから、長いコピーを書くことはなかった。彼の作る広告の多くは、ポスターのミニチュアのようだった。

気どらない日常的な言い回しが好きで、机の上には「普段着の言葉」というラベルを貼ったフォルダが置いてあった。「格言とか、よくいうようなギャグとか俗語のことではない。そうじゃなくて、日々額に汗して働く人たちに、一番伝えたいメッセージがそのまままっすぐ届くような言葉であり、言い回しであり、例えというようなことなんだ。新聞で見ることもあるし、たまたま洩れ聞いた会話で見つけることもある。そういうのをこのフォルダの中にぶち込んでおくと、何年かして、あれが使えるということもあるわけだ」

自社の社員が、クライアントの競合他社の商品を使っているのを目にして、レオが書いたメモがある。

「君もよく知っての通り、君の給料も私の給料も、100パーセントがクライアントの商品の売上げから出ているのだ」

「自分が広告している商品を、自分では使おうとは思わないほど信用していないとすれば、他人にそれを勧めるなど自分への裏切りである。広告業界に入って36年、私はずっとこの原則を無邪気に守ってきた」

「誰の心の中にも、知らず知らずのうちに独立を求める反骨精神が眠っていることはわかる。自分は誰にも支配されていないことを誇示したいというやみ難い衝動が、君にも私にもある。しかし、そうするためには、われわれにお金を支払ってくれる人たちの商品をこれみよがしに避けたり、バカにしたりしなくても、他にもっといい方法があると思うのだ」

「ライバルの広告会社の副社長が、私の言いたいことを非常によく要約してくれている。なぜそんなたいして売れていないタバコを吸っているのかと訊かれて、彼はこう答えた。『生活の糧以上に素晴らしい味や香りはありませんからな』」

巨大広告会社が、クライアントに対するサービスよりも自社を大きくすることに血道を上げる傾向を、レオは嘆いた。亡くなるちょっと前には、社員にこんなことを言った。

　「いつか私がようやくここを去った後、君たちは私の名前もこの会社から消し去りたいと思うときがくるかもしれない」

　「しかし、もしかしたら逆に私の方から、お願いだから会社のドアから私の名前を消してほしいと頼みたいときがくるかもしれない。それは、君たちが広告を作る時間よりも、金儲けに汲々とする時間の方が長くなったときだ」

　「そして君たちの一番の興味が、一生懸命によい仕事をして素晴らしい成果を上げることよりも、ただ会社を大きくすることだけになったときだ」

　これこそまさに私自身が書きたかった言葉だ。

　レオは二男一女の父だった。息子の1人は地質学者、もう1人は建築家、娘は詩人になった。シカゴ郊外の農場に住み、1年のうち364日はそこで汗を流していたが、ときおりアーリントン競馬場に行く日だけはお休みだ。彼はそこに特等席を持っていた。野の花や木々が大好きだった。なぞなぞも大好きだった。

クロード・C・ホプキンス　1867-1932

　私の世代のイギリスのコピーライターのほとんどは、エセ文学者を気どるという悪癖に染まっていた。この風潮を払拭し、広告本来の「売る」という仕事に意識を集中させてくれたのが、クロード・ホプキンスの著書『Scientific Advertising』****だ。この本が私の人生の針路を変えた。

　17歳のとき、ホプキンスはすでに伝道師になっていた。一家はガチガチのバプテスト派信者だったが、ホプキンスは後にそれに反抗して、簿記の仕事に就いた。それから間もなく、ビッセル・カーペット掃除機会社に転職し、ホプキンスの発案したセールス戦略によって、同社は市場をほぼ独占した。ここから広告担当マネジャーとしてスウィフト社へ移り、次にはショープ博士の特許医薬品会社へと転職。ここでは同社の使っていた広告会社を説き伏せて、自分でコピーを書いた。しかもショープ博士のばかりでなく、デパートのモンゴメリー・ウォードやシュリッツ・ビールのコピーまで書いたのだ。

　41歳のとき、アルバート・ラスカーに引き抜かれ、広告会社ロード・アンド・トーマスでコピーライターになった。ラスカーがホプキンスに払った給料は年間18万5000ドル──今のお金に換算すると200万ドルに相当する。ロード・アンド・トーマスには18年間勤めた。

　ホプキンスはとんでもない働き者で、夜中の1時2時より前に会社を出ることは滅多になかった。日曜が大好きだったが、それは日曜なら誰にも邪魔されずに仕事ができるからだった。

　彼のタイプライターから生まれたキャンペーンで有名になった商品は数知れない。歯磨きのペプソデントや洗剤のパルモライブもそうだし、6種の車のキャンペーンも手がけた。新製品の流通を推進する方法を編み出し、テスト・マーケティングを考案し、クーポンによるサンプリングを発明した。コピーリサーチを考え出したのも彼だ。

　大卒者が一般市場向けのコピーを書いてはいけない、という説を唱えていた。なるほど、言いたいことはわかる。

****『広告マーケティング21の法則』（翔泳社）

上 何人たりともこの本を7度読まずに広告に携わってはならない。これが私の人生の針路を変えた。

決して妥協することなく常に実験を続け、少しでもよい結果を出すために、絶えず新しいアイデアをテストし続けた——ポリッツが指摘したように、「実験結果から直接得られた結果と、一般的な観察や推論から得られた結果とを常に厳密に区別してはいなかった」としても。

彼の発見の中には、後のリサーチで間違いだとわかったものもある。たとえば、彼の言った「どんな広告も、新しい顧客のことだけを考えて作ること。すでにその商品を使っている顧客は、広告を読まない」という説は、今では間違いだとわかっている。実際は、その商品をすでに使っている顧客こそ、それを使っていない人よりも広告を読んでいる。

ホプキンスはシャイで内気な小男で、舌足らずでサ行の発音がとても下手だった。「ティー・ティー」というニックネームで呼ばれていたが、これはイニシャルの「C・C」を彼が言うとそう聞こえるからだった。にもかかわらず恐ろしく話し上手で、彼のテーブルスピーチは天下一品だった。いつもボタンホールに赤紫のフクシャの花を差し、甘草を嚙みながら大量につばを飛ばして喋った。

大金持ちにはなったが折り紙つきのどケチで、6ドル以上する靴を買ったことがなかった。だが2番目の妻は、彼を説き伏せて遠洋クルーズ用ヨットを買わせ、大邸宅の庭の面倒を見るために庭師を山のように雇い、ルイ14世時代の家具まで揃えた。彼女は次から次へとお客を邸に招き、何時間もの間ホプキンスにスカルラッティの曲を聴かせるのだった。

ホプキンスはイラストなどスペースの無駄だと考えていた。60年前にはおそらく本当にそうだったのだろう。雑誌も新聞もまだ薄かったし、読者の関心を奪い合う競争もさほど厳しくはなかったからだ。いずれにせよ、広告の現場で経験を積んだ者なら、彼のこんな金言に異を唱える人間はいないはずだ。

「テスト・キャンペーンによって、ほとんどどんな疑問にも、安上がりで迅速に決定的な答えを見つけることができる。机上の空論では埒があかない」

「コピーライターはセールスマンであることを忘れ、役者になろうとしている。モノを売るよりも、称賛を浴びたいのだ」

「可能な場合は常に、広告に人間を登場させることだ。ひとりの人間を有名にすることで、その商品を有名にする」

「ヘッドラインを変えるだけで、収益が5倍～10倍になることも珍しくない」

「短い広告には人目を惹く手がかりがない。先を読もうという気にさせる広告は、一編の物語を語り切る」

今日、ホプキンスが人の記憶に残っているとすれば、徹底的な「押し売り」としてだろう。しかし彼はブランドイメージの重要性を認識していた。ブランドイメージという言葉が使われるようになるより一世代も昔の話だ。「クライアントそれぞれにぴったりのスタイルを見つけて、それを使うこと。適切な個性を作り出すことこそが、最高の成果だ」

レイモンド・ルビカムはホプキンスが大嫌いだった。一般大衆を騙すことに生涯を捧げた男だと思っていたからだ。一度私にこう言ったことがある。「君は大卒のクロード・ホプキンスだな」。ほめ殺しのつもりだ。

亡くなる5年前、ホプキンスはこんなことを書いている。「広告での私の主な仕事は、緊急事態に応じることだった。空は晴れ、波あくまで穏やかというようなときには、誰も私を呼ぼうとしなかった。物事が順調に行き始めると、たいていのクライアントが私をクビにした」。倒産寸前のクライアントを救い、自分よ

売る広告

> 「ホプキンスは広告以外の何にも興味がなかった」

り金持ちにしてやることにうんざりしたホプキンスは、ロード・アンド・トーマスを辞めて自ら会社を興したが、時すでに遅しだった。

ホプキンスは広告以外の何にも興味がなかった。彼の自伝を締めくくるこんな言葉には、ぞっとするような哀愁が漂っている。「生まれついたまま天衣無縫に生きることこそが幸せというものだ。広告で成功するにはそれが肝心だ」

ビル・バーンバック　1911-1982

ビル・バーンバックと私は同じ年に広告会社を始め、2人ともコピーライターとして名を成した。

ビルは、これまで紹介した他の5人の巨人たちの一番若い者よりも、19年も後に生まれた。ニューヨーク大学英文学科を卒業後、ウィスキーメーカーのシェンリーの郵便仕分け室に就職し、当時会長だったグローバー・ウェイレンの秘蔵っ子になった。ウェイレンがニューヨーク世界博覧会の運営を任されたとき、彼はビルをスピーチライターとして連れていった。博覧会が終わると、ビルは広告会社のワイントラウブに入り、バウハウスを逃げ出してきた抜群のアート・ディレクター、ポール・ランドと一緒に仕事をした。

第2次世界大戦中は、2年間空軍で兵役に服し、除隊後グレイエイジェンシーに入り、ほどなくしてクリエイティブ部門を率いるようになった。4年後、ネッド・ドイル、マックス・デーンと共に、1200ドルを投資して自ら広告会社を立ち上げた。社名ではビルの名前は一番最後に記されているものの、これが誰を中心にした会社かは誰が見ても間違えようがなかった。今日、ドイル・デーン・バーンバック社は、取扱高10億ドルを超える世界第10位の広告会社になっている。

ビルはいつも、才能ある人々が十分に力を発揮できるような雰囲気を作っていた。ある女性など、私のところにいたときには死ぬほどつまらないコピーを書いていたのに、ビルのところに行くと目の覚めるようなコピーを書くようになった。自社を売り込むとき、ビルは圧倒的な魅力を振りまくセールスマンとなり、しかも恐ろしく粘り強かった。私が黒人大学連合基金の理事長だったとき、彼は資金集めのためのテレビCMをボランティアで作ってやろうと言ってくれた。だが私は、君の絵コンテは芸術的だが資金集めには向いていないと敢えて苦言を呈した。ビルの答えはこうだ。「大丈夫だよ、デイヴィッド。君のために一肌脱ごうという広告会社は他に山ほどあるだろうから」。ビルのCMはそのまま放映された。

> 「ビルはかつて自分に対する忠告として、『たぶん彼の方が正しい』と書いたカードを持ち歩いていたことがあるそうだ」

ビルはかつて自分に対する忠告として、「たぶん彼の方が正しい」と書いたカードを持ち歩いていたことがあるそうだ。実際、クライアントの方が正しいと彼が認めたのを聞いたこともある。前例を打ち砕くこの驚くべき事態は、ホワイトハウスでの昼食会で起きた。前夜放映されたビルの作ったCMが、上院議員のゴールドウォーターに反対する内容だったのを、ジョンソン大統領の補佐官の1人が批判したときのことだった。

ビルはコピーとグラフィックをうまく調和させる天才だった。コピーライターをアート・ディレクターよりも軽視するという、私も犯したミスを、ビルは決しておかさなかった。

私と同じように、質の高いアイデアと、それをいかに上手く表現するかこそが、広告の成否を決める主要素であると考えていた。

ビルはオリジナリティを熱烈に崇拝し、リサーチは創造力の敵であると糾弾してやまなかった。これに苛立ったクライアントもいたかもしれないが、これによ

18章　現代広告を生んだ6人の巨人

って彼はクリエイティブ重視一派の旗手となった。

素晴らしいキャンペーンをたくさん作ったが、中でも私が最も尊敬するのはフォルクスワーゲンとエイビスだ。月並みなやり方を押しつけてくるパッケージ商品の広告では、これほど水際立った成功を収めてはいない。もし彼が、私のように訪問販売のセールスマンから身を起こしたとしても、これほど優雅な広告を作っていただろうかとよく考えたものだ。

話しぶりは穏やかで、控え目な人間に見えたが、実際は違った。最後にビルに会ったのは、彼とロッサー・リーブスをうちに昼食に招いたときだったが、ビルは、まるでロッサーも私も彼の会社の新米社員であるかのように、われわれに向かって訓示を垂れた。彼のところと競合するぼんくらな広告会社が、尻の軽い社員を引き抜きにかかったときには、こう宣ったものだ。「僕が手取り足取り導いてやらなくちゃウチの奴らには何もできないんだってことを、あいつらは知らないんだ」。確かに彼は社員を導いた。どんなに気が利いていてどんなに独創性があっても、広告というものは商品を祭りあげなければならないのだと、いつも口を酸っぱくして説いた。

ビルは賢人だった。見栄を張ることもなく、広告会社の社長には珍しく、自制した時間の使い方を心がけていた。一度私に、夕方5時過ぎまで会社にいたこともないし、家に仕事を持って帰ったこともなければ、週末に仕事をしたこともないと語ったことがある。「だってデイヴィッド、僕は家族を愛してるんだからね」。

亡くなる少し前のことだが、1980年代の広告で何が変化すると思うかと訊かれて、ビルはこう答えた。「人間性というものは十億年来変わっていません。これから10億年経ってもおそらく変わることはないでしょう。変わるのは上辺の部分だけです。人間が『変わっていく』ことについて語るのが今どきの流行りですが、人に何かを伝えようという人間なら、人間がどんなに『変わらないか』ということを気にしていなければならない——どんな衝動が人を動かすか、どんな本能がすべての行動を支配するのか。本当に人間に刺激を与えるのは何か。言葉によってそういうことが見えなくなってしまうことがあまりにも多い。人間についてこうしたことがわかれば、人間という存在の核に触れることができるのです。ひとつ、不変の真実と言えるのは、広告人として成功するのは、人間性に対する洞察力を持ち、人の心の琴線に触れ、人を動かすだけの芸術的手腕を持ったクリエイティブな人間だということです。こうした資質がなければ、成功などおぼつきません」

彼は頭のいい紳士だった。

＊　＊　＊　＊　＊

史上最高のオールアメリカンチームを完成するために、もう5人巨人を選ぶとすれば、3人のコピーライター——J・ウォルター・トンプソンのジェームズ・ウェブ・ヤング、N・W・エアーのジョージ・セシル、ヤング・アンド・ルビカムのジャック・ローズブルック、それからアート・ディレクター1人——ヤング・アンド・ルビカムのヴォーン・フラナリー、そして新規ビジネス開拓の魔術師、BBDOのベン・ダフィーを指名しよう。

存命のスターからは誰を入れるかって？　それは言わぬが花ということにしておこう。

ビル・バーンバック——「頭のいい紳士」。オリジナリティを熱烈に崇拝し、クリエイティブ重視一派の旗手だった。

19 広告の何が問題か

トインビーとガルブレイス vs. ルーズベルトとチャーチル

『ある広告人の告白』で私は、アーノルド・トインビー、ジョン・ケネス・ガルブレイスをはじめとするキラ星のような過去の経済学者たちが広告に対して突きつけた典型的な告発を引用し、フランクリン・ルーズベルトとウィンストン・チャーチルを弁護側の証人として引っ張り出した。

あれから20年経った今も、学者連中はいまだに風車に向かって無謀な戦いを続けている。ニューヨークのニュースクール社会研究所のある教授などは、学生たちにこんなことを教えている。「広告はアメリカ人の生活にとって深刻な破壊的影響力を与えている。知性と道徳を汚染している。物事を軽視し、操り、不誠実で俗悪である。広告はわが国、そしてわれわれ自身に対する信頼を蝕んでいる」

これは驚いた。それが私の仕事だって言うのか？

> 「これは驚いた。
> それが私の仕事だって言うのか？」

広告を弁護しようという人の中には、逆に大げさに広告の素晴らしさを主張しすぎる罪をおかしている人もいる。シカゴの偉大なる広告人、レオ・バーネットはこう言っている。「広告を弁護する人の多くが大衆に考えてもらいたがっているほど、広告は人間の知性が生んだ至高の創造物ではない。広告はそれだけの力で資本主義や民主主義や自由世界を支えているわけではない。われわれが超人だと主張するのは、われわれが人間以下だという非難を受け入れるのと同じくらい馬鹿げたことだ。われわれは単に、人間としてやらなければならない仕事を、毅然として礼儀正しく、的確に遂行しようとしているだけだ」

広告に対する私自身の意見は、モノを売る方法として完璧とは言えないが、まあ満足いく程度には有効な手段だということに尽きる。P&Gは年間6億ドル以上を広告に使っている。前社長のハワード・モーガンはこう言ったそうだ。「広告は、消費者に商品を売るのに最も効果的で効率的な方法だと考えている。消費者に対して、われわれが作るような商品を売るのに広告よりもよい方法が見つかれば、われわれは広告を見限って、そちらの方法に切り替える」

われわれ広告人には、自分の仕事に対する罪の意識で夜も眠れないという人間はいないだろう。チャーチルに倣って言えば、われわれは単にKBO*だ。歯磨きの広告を書きながら、自分が「破壊的」だと思うことはない。うまく書ければ、子どもたちはそうしょっちゅう歯医者に通わずにすむかもしれない。

プエルトリコの広告を書いたとき、私は自分が「邪悪」だとは思わなかった。私の広告は、400年も飢餓すれすれだった国に、産業と観光客をもたらすのに役

*keep buggering on：とにかくやり続けろ。

19章　広告の何が問題か

Pablo Casals is coming home
– to Puerto Rico

THIS SIMPLE ROOM is in his mother's home at Mayaguez. The first concert Casals ever gave in Puerto Rico was from the balcony of this house last year – just beyond that fanlight.

While his mother's kinsmen listened from the street, Casals played her lullaby, smoked his pipe and wept.

The back of that armchair bears an inscription in Casals' own handwriting. "Este es mi sillón." This is my rocking chair.

Here are gentle thoughts from the world's greatest cellist—on Puerto Rico, the sea and himself.

"The first time I was aware that I was alive, I heard the sound of the sea. Before, I would have said that the most beautiful sea was the one I had in front of my Spanish house. But now I must confess that the sea I am looking at this moment is even more beautiful."

Of his plans for the future, Pablo Casals had this to say:

"The natural thing that occurs to me, is to come back to Puerto Rico and to do for this country everything within my power. I will be back for the festival I have planned for this coming Spring."

PUERTO RICO'S GREAT NEW MUSIC FESTIVAL IN SAN JUAN

The Casals Festival in San Juan opens on April 22nd and will continue through May 8th. Pablo Casals will conduct or perform at each of twelve concerts.

The Festival Orchestra brings together fifty-four of the world's most talented musicians. Principal performers include: Mieczyslaw Horszowski, Eugene Istomin, Milton Katims,

Jesus Maria Sanromá, Alexander Schneider, Rudolf Serkin, Gérard Souzay, Maria Stader, Isaac Stern, Joseph Szigeti.

Two chamber music concerts will feature the Budapest String Quartet.

For further details, write Festival Casals, P. O. Box 2672, San Juan, Puerto Rico; or to 15 West 44th Street, New York 17, N. Y.

© 1957 Commonwealth of Puerto Rico, 570 Fifth Avenue, New York 17, N. Y.

▶ *Living room of the house where Casals' mother was born—in Mayaguez, Puerto Rico's third largest city. Photograph by Elliott Erwitt.*

上　この広告を書いたとき、私は自分が「邪悪」だとは思わなかった。私の広告は、400年もの間飢餓すれすれだった国に、産業と観光客をもたらすのに役立った。
（ヘッドライン訳：パブロ・カザルスが帰って来る――プエルトリコへ）

立った。世界自然保護基金の広告を書いたとき、私は「物事を軽視」しているとは思わなかった。

うちの子どもたちは、私の書いた広告のおかげで愛犬のテディが犬泥棒から戻ってきたとき、ありがとうと言ってくれた。

ポルノを印刷するのに使われるからと言って、印刷機が邪悪だと言う人はいない。印刷機は聖書を印刷するのにも使われているのだ。広告が邪悪なのは、邪悪なものを広告するときだけだ。私の知っている広告人で、売春宿を広告しようという人は１人もいない。中にはアルコール飲料やたばこの広告を断る者もいる。

神になり代わって天罰の鞭を振るおうといきり立つ左翼的エコノミストたちは、広告は、人に必要もないものを買わせて金を無駄遣いさせると主張する。だがそういうエリート連中には、人が何を必要としているかがわかるのだろうか？　食洗機は「必要」か？　体臭防止剤は「必要」か？　ローマに旅行することは「必要」か？　必要だと思ってもらうために全力を尽くすことに、私はやましさを感じたりしない。カルヴァン派の人々は、それが必要であってもなくても、モノを買うということが、人生における無邪気な喜びのひとつだということがわかっていないようだ。初めて車を買ったときの浮き浮きする気持ちを覚えておられないだろうか？　バーゲンだろうが高級品だろうが、たいていの人は広告を見てウィンドーショッピング気分を楽しむ。40年間、私はカントリーハウスの広告を眺め暮らしていたが、ついに本当に一軒手に入れるだけの金銭的余裕ができた。

新聞では、どんな記事よりも広告を読む人の方が多いということが知られている。1963年に、ニューヨーク中のすべての新聞が何週間かストライキをしたと

207

売る広告

き、読者が一番残念がったのは広告を見られないことだったという事実が、リサーチによって確認されている。

もし広告が廃止されたら、その分のお金はどうなるだろう？ 公共事業に使われるだろうか？ 配当の割増として株主に分配されるだろうか？ 最大の資金源を失った穴埋めとして広告媒体に支払われるだろうか？ たぶん消費者向け商品の値段がちょっと──「3パーセントほど」下がるだけだ。**

広告は嘘のかたまりか？

この前、ニューデリーで開かれたアジア広告会議で、インドの前司法長官で現副大統領が私を紹介するにあたって「作家のスティーブン・リーコックが言ったように、人間の知的活動を長時間に渡って阻み、それによって金を奪い取ることに長けた人物」だと言った。広告界に生まれながらの嘘つきがまだいるとしても、われわれは管理されている。われわれの書く広告はどれも、弁護士や全米放送事業者協会をはじめとする団体の精査を受ける。消費者相談センターや全米広告再調査委員会（イギリスでは英広告基準審査協会）が、さまざまな広告倫理規約を違反していないかどうかを審査し、さらに何かごまかしがあれば連邦取引委員会が起訴しようと待ち構えている。「買い物をする者は用心を心がけよ」と言うが、今や売る側の方が危険に晒されている。

しかし、連邦取引委員会がアメリカ政府当局の広告を監視しないとはおかしなことではないか。ミルトン・フリードマンはこう言っている。「この10年間に国債を買った人は無一文になっている。満期日に受け取る金額では、国債を買った時点で受け取れたものよりも、はるかに少ない商品やサービスしか受けることができない。しかも『利子』に擬装された税金を払わなければならないのだ。それなのに米財務省は相変わらず『あなた自身の安心を築くために』とか『成長し続ける贈り物』などと言って、国債を売り込み続けている」***

「われらの時代の終わり」

人間性に対する罪を犯したと断罪されるような広告は滅多にないが、平均的なアメリカの家庭が、毎年3万件のテレビCMに晒されていることを考えれば、作家のウィルフリッド・シードが書いたように「売り文句の騒音がわれらの時代の終わりを告げている」というのも、あながち間違いではないようだ。ニューヨークに住んでいた頃は、私もそんなことにはまったく気づかなかった。あまりに忙しくて、1日30分以上はテレビを見られなかったのと（見たのはウォルター・クロンカイトの番組だけ）、広告の内情に精通しすぎていたからだ。しかしヨーロッパに住むようになって、広告量がずっと少ないことに慣れてしまった。今ではアメリカに帰ると、集中砲火のように1日中浴びせられる広告に激怒している。これはテレビに限ったことではない。日曜の「ニューヨーク・タイムズ」は350枚も広告をつけることも珍しくないし、ラジオ局の中には1時間あたり40分もCMを流すところがある。こんな騒音をどうしたら鎮圧できるか、私には見当もつかない。広告媒体の所有者たちは、利益を求める気持ちが強すぎる。

平均的なアメリカ家庭では、テレビは、たとえずっと見ているわけではないと

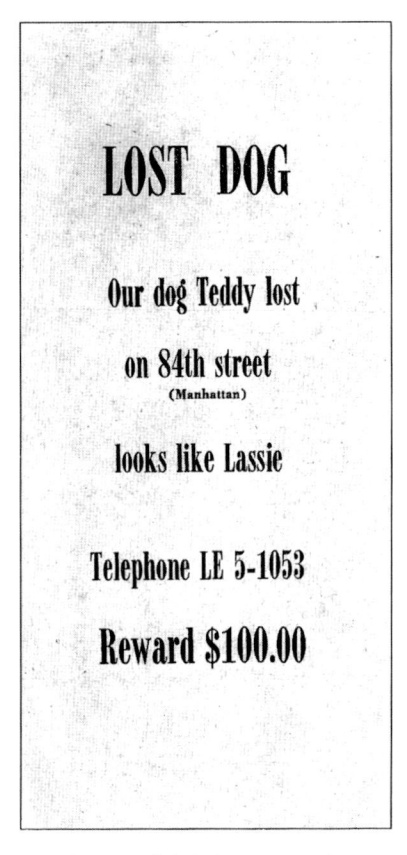

上　私がこの広告を書いたとき、うちの子どもたちはありがとうと言ってくれた。この広告のおかげで、愛犬のテディが犬泥棒から戻ってきたのだ。
（広告訳：迷い犬。愛犬テディが迷い犬になりました。場所は84丁目［マンハッタン］。ラッシーに似ています。電話番号：LE 5-1053。謝礼100ドル）

＊＊ 自動車メーカーは収益の1パーセントを、電気機器メーカーは2パーセントを広告費に充てている。清涼飲料水メーカーは4パーセント、食品メーカーおよびビール醸造メーカーは5パーセントだ。
＊＊＊ 『Free to Choose』（『選択の自由』講談社）

右 英広告基準審査協会は、イギリスの広告を監視している。
（ヘッドラインとコピーの一部訳：よくもこんなことを！　新聞雑誌、印刷物、ポスター、映画宣伝等で不快な広告を目にしたら、以下の住所までご連絡ください）

「私自身も危うくこの悪魔的な行為に手を染めるところだったので、今でも、これを告白するのはためらわれる」

しても、1日5時間つけっぱなしだ。平均寿命で計算すると25年間ずっとテレビを見ていることになる。こんなテレビ中毒をCMのせいにしないでほしい。

巧妙な人心操作？

　広告とは「巧妙な人心操作」だという説をお聞きになったことがあると思う。私が知っているのは2例だけだが、その両方とも実際に起きることはなかった。1957年、ジェイムズ・ヴィカリーというマーケティング・リサーチャーが、テレビスクリーンに瞬間的に何らかの指示を映し出すと、視聴者はそれを見たということを「意識しない」が、潜在意識は「無意識に」それを見ていて、その指示に従うという仮説を立てた。彼はこのからくりを「サブリミナル広告」と名づけたが、実際にテストするまでには至らなかったし、現実にこれを使ったクライアントもいない。しかし運の悪いことに、どういうわけかこの仮説のことが一般紙にリークされ、広告反対派連中に大いに利用されることになった。イギリスの広告業界団体であるブリティッシュ・インスティテュート・オブ・プラクティショナーズ・イン・アドバタイジングは、このサブリミナル広告を断固禁止した――そんなものは存在してもいなかったのだが。

　もうひとつの巧妙な人心操作の例には、ぞっとなさるかもしれない。私自身も危うくこの悪魔的行為に手を染めるところだったので、30年経った今も、これを告白するのはためらわれる。私は「催眠術」が広告で効果的な要素になるかもしれないと思い、プロの催眠術師を使ってCMを作ってみたのだ。これを映写室で見てみると、その効果は恐ろしく絶大で、暗示にかかりやすい視聴者が今すぐソファから立ち上がってゾンビの大軍のように一斉に通りを渡り、最寄りの店に商品を買いに行くところが目に見えるようだった。ついに「究極の」広告を生み出してしまったのか？　だが私はこのフィルムを燃やし、クライアントには、御社を国家的スキャンダルに巻き込む寸前だったということはひた隠しにしておいた。

　あれこれを考え合わせると、あなたが広告によって巧妙な人心操作を受ける可

売る広告

右 「科学的な」扇動政治家だったデューイ知事。

「まったく規制を受けず、
しかも甚だしく不正な広告ジャンルがひとつだけあった。
大統領候補者のテレビCMだ」

能性は、今では非常に低い。もし私がやろうと思ったとしても、どうやって法規制をかいくぐれるか見当もつかない。

いや、ちょっと待った。忘れるところだった。まったく規制を受けず、しかも甚だしく不正な広告ジャンルがひとつだけあった。大統領候補者のテレビCMだ。

政治的嘘

イギリス、フランス、ペルシャの政治家たちから何度か相談を受けたことはあるが、政党をオグルヴィ・アンド・メイザーのクライアントにしたことは一度もない。その理由は、まず第一にそんな仕事を受ければ、わが社の最高の頭脳がそれにかかりきりになってしまって、恒常的なクライアントの仕事に悪影響が出るだろうから。第二に、信用を落とす危険があるから。第三に、社員の中に対立政党の勝利を願う人間がいた場合、その人にとって公平とは言えないから。最後に、政治キャンペーンには必ずつきまとう政治的嘘を避けるのが難しいからだ。

テレビを最初に使った政治家はデューイ知事だ。1950年のニューヨーク知事選のキャンペーンだった。ある番組でタレントのハッピー・フェルトンが、七番街のアスターホテル玄関前のひさしの下を通る通行人にインタビューした。インタビューされた人々は、キャンペーンで何に関心があるかを答え、知事に質問する。デューイはスタジオのモニターで彼らを見ていて、質問に答える。その前日、彼の選挙参謀たちは、質問をする通行人を注意深く「選んだ」。そして何に興味があると言うかを「教え込み」、質問のリハーサルをした。キャンペーンの最終日、デューイは朝の6時から夜中までテレビに出ずっぱりだった。視聴者はスタジオに電話することができる。4人の女性が電話に答えているところがカメラに

19章 広告の何が問題か

右 アメリカ政治の鳴り物入りの宣伝。アメリカの政治広告も、商品広告と同様の精査を受けるべきか？

写る。彼女たちが話を聞いて取り次ぎ、デューイが質問に答える。彼のスタッフの1人は、5セント玉を山のように持って、ドラッグストアの角の電話ボックスに詰めっきりだった。

元地方検事で、断固として不正と戦い抜く人である州知事のデューイは、自分は人格高潔な人間だと思っていた。まさか自分がいかさまに手を染めているなどとは思ってもみなかっただろう。30年経った今では、高潔だろうが卑劣だろうが、こんなことを実行しようと思う人間は1人もいないに違いない。時代は変わるものだ。

デューイは「科学的な」扇動政治家だった。主要な問題について話す前には、必ずどの政策に一番人気があるかをリサーチし、あたかも自分が信じる政策であるかのように提案して見せた。

私の同僚のロバート・スペロは、著書『The Duping of the American Voter（ペテンにかかるアメリカの有権者）』****で、ケネディ、ジョンソン、ニクソン、フォード、カーターのCMを分析している。彼の結論は、そうしたCMは「あらゆる広告の中で最も欺瞞に満ち、人を惑わせ、不正で不正直である……何を語るかには際限がなく、どんな約束をしてもよく、何を糾弾しても、どこまで嘘をついてもかまわないのだ」

商品の広告を規制する9つの連邦当局も、政治広告には一言も口を差し挟むことができない。提出された商品CMのうち半分は、規約違反であるとして放送を拒絶する放送局も、政治CMにはなんの規定も当てはめない。どうして規制しないのだろう？　それは、米国憲法修正第一条により、政治広告は「保護された発言」であると見なされるからだ。放送局は、提出された政治CMであれば、たと

****『The Duping of the American Voter』（ハーパー・アンド・ロウ刊）

売る広告

えそれがいかに欺瞞に満ちていたとしても、すべてを放送する義務がある。

1964年、ジョンソン陣営は、歯磨きのCMならとても許されないような不正で皮肉に満ちたCMで、ゴールドウォーター上院議員を貶めた。CMによって有権者に、ゴールドウォーターは無責任かつ無思慮で好戦的、躊躇なく核戦争を始めかねないという印象を与えたのだ。一方、ジョンソン自身は平和主義者であることを印象づけた。

実はこういうことだった。公人として最も尊敬に値する人間の1人であるゴールドウォーターに対して、あるインタビュアーが、誘導ミサイルの「信頼性」と「精度」の違いは何かと尋ねた。ゴールドウォーターは、誘導ミサイルは「クレムリンの男性用トイレに当たるほど」高い精度を持っていると答えた。また別のインタビュアーには、小型原子力爆弾を使って、北ベトナムの森を破壊することは「可能だ」と答えた。これは理論の域を出ない質問に対して、純粋に理論的に答えたに過ぎない。ゴールドウォーターは原爆の使用を「勧めた」わけではないし、ジョンソンもそれは十分承知していた。

ヒューバート・ハンフリーとジョージ・マクガバンに対するニクソンのキャンペーンは、これよりもう少しはまともだったものの、商品広告には適用されるはずの放送コードには違反していた。

下　1964年、バリー・ゴールドウォーターの大統領選キャンペーンは、対立候補のリンドン・ジョンソン陣営が仕掛けた恥知らずなCMによって、その効果をぶち壊しにされた。

19章 広告の何が問題か

右 ジミー・カーターの「南部の田舎者」というイメージは、真実からはほど遠いものだった——最高のプロの手による、巧妙で金のかかったパブリシティ戦略。

「テレビCMが次期アメリカ大統領選を決める決定的な要因になることが多い時代では、不正な広告をすることは、投票箱に不正票を投じるのと同じくらい罪が重い」

　CMでのジミー・カーターは、政治の世界に初めて足を踏み入れる純朴な新人で、政治団体の後ろ盾もなく金もない、貧しい農民であるかのように見えた。これほど真実から遠いこともなかったが、有権者はこれを鵜呑みにした。一方、共和党の対立候補だったジェラルド・フォードは、比較的公正なCMを打ったが、選挙に負けた。
　ケネディ家とロックフェラー家は、政治家にとって「金持ち」であることが役に立つことを証明した。
　ウェスト・バージニア州の民主党知事として二期目を目指す選挙キャンペーンで、ジェイ・ロックフェラーは自己資金1100万ドルを注ぎ込んで戦い、80万ドルしか資金のなかった共和党の対立候補を破った。ロックフェラーのCMは、政治家に相応しい人物像を異常なほど強調したものだったが、リサーチしてみると、ウェスト・バージニア州の選挙民は彼が選挙にいくら注ぎ込んだかを知っても、別に驚かなかった。
　彼の叔父のネルソン・ロックフェラーがニューヨーク州知事の再選に出馬したときでも、これほど多額の選挙資金を使うことはなかった。
　テレビCMが次期アメリカ大統領選を決める決定的な要因になることが多い時代では、不正な広告をすることは、投票箱に不正票を投じるのと同じくらい罪が重い。こんな悪事に身を売って、あたらその才能を卑劣な目的に供した広告人は、きっとあまりにも単純素朴で、問題の複雑さが理解できないのだろう。
　政治家候補にCM時間を「売る」ことを容認している国は、世界中でほぼアメリカだけだ。イギリス、フランス、その他の民主主義国の放送局は、政治問題を真剣に論じるために無料の放送時間を割り当てている。
　アメリカで政治CMを禁止できるだろうか？ 禁止すれば合衆国憲法に違反することになる。他のすべての広告と同じように、規制はできないだろうか？ これも違法になってしまう。
　エイブラハム・リンカーンが広告会社に依頼して、奴隷制度について30秒の

213

売る広告

CMを作るなんてことが、誰に想像できるだろうか？

広告看板をぶっつぶせ

　広告看板のあるハイウェイは、そうでないハイウェイよりも3倍も事故が多い。アイゼンハワー大統領は「景観を損なう広告看板には反対だが、だからといってどうすればいいのかね……」と言った。カリフォルニアのパット・ブラウン知事はこう言った。「車の窓からたばこの空き箱を投げ捨てれば、罰金50ドルを払わされるのに、いい景色を広告看板で邪魔すれば、十分以上に見返りがある」

　ニューヨーク州の著名な公園局長、ボブ・モーゼスに言わせれば、「図々しいにもほどがある。こんな扱いにくい非道な輩と妥協するのはもうこれまでだ」。しかし議員の多くは、いまだにそういう輩と妥協するにやぶさかではない。ある上院議員はこう説明している。

　「広告看板の圧力団体は、選挙時にタダでスペースを使わせることによって、抜け目なく議員たちに貸しを作っている。圧力団体は、広告看板に反対する法律を敢えて支持した議員たちには、容赦なく報復に出る。対立候補を支援し、地元選挙区で政治問題を煽り、対立候補に広告看板を提供し、地盤の有権者に悪い噂を流すためにエイジェントを送り込んだりもする」

　「ニューヨークタイムズ」はこう報じている。「そこら中で泥仕合が起きている。イリノイ州の民主党とフロリダ州の共和党は結託して広告看板業界の財政を守ろうとしているが、そのためにドライブしながら少しはいい景色を見たいと思う何

ジョンソン大統領が議会にハイウェイ美化法案を提出したとき、ある広告看板会社の社長は、こう言ってジョンソンに抗議した。「大半の人が、景色なんかよりもポスターを見ていた方がマシだと思う場合もある」

百万という普通の観光客が犠牲になっている」
　ハイウェイ美化法には、議会の目的は屋外広告を「奨励する」ことだと明記されている。連邦当局のいくつかの機関は、実際に広告看板を「利用して」いる。国税局が4000枚分もの広告看板スペースの無償提供を受け、納税者に「嘘のない納税申告」を呼びかけたこともある。
　あるとき、当時シェルの社長だったモンティ・スパトにこう訊かれた。「わが社が広告看板を出しているというのでずいぶん抗議の手紙が来ているんだが、広告看板を使う必要がありますか？」私は答えた。「広告看板をやめても、新聞、雑誌、ラジオ、テレビがあります。それで十分ですよ」。シェルは広告看板を使うのをやめた。
　アメリカでは、広告看板は広告取扱高全体の2パーセント未満を占めているに過ぎない。これが廃止されたからといって、自由企業制度が取り返しのつかないダメージを受けるとは思えない。じゃあ、誰がこれを支持しているのだろう？　広告看板によって金儲けしている人だけだ。それは誰だ？　ジョンソン大統領が議会にハイウェイ美化法案を提出したとき、ある広告看板会社の社長は、こう言ってジョンソンに抗議した。「大統領は〈美〉という抽象的な概念を支持している。景色を見てそれに興味を抱く人もいるだろうが、そうでない人にとっては別にどうでもかまわない。〈大半の人が、景色なんかよりもポスターを見ていた方がマシだと思う場合もある〉」
　道路業界組合は、「誰もがどんなものにでも美を求めているとは思わない」と言った。
　1958年のある日曜の朝、自警団がニューメキシコのハイウェイ脇の広告看板7枚を切り倒した。周辺地域の市民たちは喝采を送った。自警団はもっと多くの広告看板を切り倒すべきだったという文句の電話もあった。他にも、大きな市民団体が、月末にもっと多くの広告看板を焼く予定だったのに自警団に止められたという苦情の電話もあった。これによって自警団が逮捕されることはなかった。
　1961年、ケベック州政府は、広告看板を切り倒すために、何百人という男に斧を持たせて送り出した。1963年には、ニューヨーク州高速道路局長が、不意打ちで53枚の広告看板を取り壊した。法的な論争にはもはやうんざりだったのだ。しかし1982年6月、オレゴン州の裁判官は、「言論の自由を否定する」という理由で、広告看板を撤去する条例を撤廃した。戦いは今も続いている。

広告によって不良品を押しつけることは可能か？

　広告は消費者を説き伏せて不良品を買わせていると言って、しょっちゅう非難される。なるほどその通り——ただし一度きりだ。商品の品質がよくないことがわかると、消費者は二度とそれを買ってはくれない。これは繰り返し商品を買ってくれるリピーターに収益を頼っているメーカーにとっては大打撃だ。
　商品の売れ行きを上げるのに一番いいのは、品質をよりよくすることだ。とくに食品に当てはまる。消費者は、商品が美味しくなったことに驚くほど素早く気づき、それまでより頻繁にその商品を買うようになる。ブランド・マネジャーたちが商品の品質向上にどうしてもっと関心を持たないのかに、私はかねがね苛立ってきた。あるクライアントに忠告されたことがある。「君はわが社の商品にあまりにも厳しい。君に言われるより、女房のお小言を聞く方がまだましだ」

「商品の売れ行きを上げるのに一番いいのは、品質をよりよくすることだ」

情報不足

広告は商品について十分な情報を伝えているとお思いだろうか？　私はそうは思わない。

最近私は、修理がきかないほどひどく車をぶつけてしまったので、新しい車を買わなければならなくなった。それで半年間「情報」を得ようとありとあらゆる車の広告を見てきたが、見つかるのは実体のないスローガンや大げさな概論だけだ。自動車メーカーは、車を買う人は事実には関心がないと思っているらしい。実際、自動車メーカーの広告は消費者向けではない。ディーラーたちが集まるお祭り騒ぎのショーで、大きなスクリーンに映し出されて喝采を浴びることが目的だ。ショービジネス的なCMはそういう効果を発揮する。地味な事実を述べる広告はそうではない。もし自動車メーカーのエンジニアリングが広告と同じくらい役立たずなら、車は15キロも走ればすぐに故障だ。

ロールスロイスの広告をしたとき、私は「事実」だけを書いた——大言壮語も形容詞も使わない。後に、私のパートナーであるハンク・バーナードも、メルセデスの広告で同じように事実だけを述べた。どちらの場合も、売上げは劇的に伸びた——予算は微々たるものだったのに。

私は銀行、ガソリン、証券会社、マーガリン、海外旅行、その他多くの商品のために、事実だけを述べる広告を書いてきた。こうした広告は、実のない上っ面だけの広告よりも、常に多くの売上げを上げた。

コピーライターになる前、私は3年間、スコットランドの主婦たちにアガ社製調理器を訪問販売していた。私がやったのは、顧客に事実を伝えることだけだ。1台売るのに40分かかった。語数にすればだいたい3000語だ。デトロイトで車の広告を書いている輩が、訪問販売のセールスマンから身をおこしていれば、彼らの書く広告にも必要な事実が書かれていただろう。

＊　＊　＊　＊　＊

要約

①広告が「経済学的に見て」無駄だと断罪するエコノミストが正しいかどうかはともかく、メーカーは広告を「商売上の」無駄とは考えていない。
②甚だしく不正な政治広告は別として、今や広告は消費者が思うよりもはるかに公正だ。
③広告看板がなければ、世界は今より遥かに安全で美しいはずだ。
④広告のほとんどは、消費者に十分な情報を伝えていない。

20　13の変化予測

　私はこれまで未来学に熱中したこともないし、年を経るごとに未来に対する関心もだんだん衰えてきた。
　しかし、心優しき読者のみなさんのために、これから広告界に起きる変化を予測してほしいという出版社からのたっての希望なので、最後にいくつか挙げてみようと思う。
　①リサーチの質は向上し、それによって何に効果があり、何に効果がないかについてより多くの知識が集積する。クリエイティブ担当者はこの知識を利用することを学び、実際に売り場で効力を発揮する率が上がる。
　②印刷媒体が見直される。
　③広告にはより多くの情報が含まれるようになり、大言壮語は減る。
　④広告看板は廃止される。
　⑤テレビやラジオがCMだらけという状況は、管理されるようになる。
　⑥政府が教育、とくに保健衛生教育に大いに広告を使い始める。
　⑦人口爆発をコントロールするのに、広告が積極的な役割を担う。
　⑧政治選挙候補者は、不正な広告をしなくなる。
　⑨諸外国の広告の質や効率は、ますます速度を上げて向上し続ける。もっとたくさんの外国のカメが、アメリカのウサギを追い越す。
　⑩外国の広告会社のいくつかが、アメリカに事務所を開き、繁盛する。
　⑪共産圏以外のすべての国々で、多国籍企業が市場シェアを伸ばし、国際的にブランドを展開する。こうしたブランドの広告キャンペーンは本社から各国の支社に発信されるが、それぞれの現地文化の違いを考慮して修正される。
　⑫ダイレクト・レスポンス広告は専門によって広告会社が違うということはなくなり、「総合」広告会社に統合される。
　⑬より常識的なコストで効果的なテレビCMを作る方法がいくつも見つかる。

推薦図書

- SCIENTIFIC ADVERTISING by Claude Hopkins（『広告マーケティング21の法則』クロード・C・ホプキンス／翔泳社）
- TESTED ADVERTISING METHODS by John Caples（『ザ・コピーライティング—心の琴線にふれる言葉の法則』ジョン・ケープルズ／ダイヤモンド社）
- REALITY IN ADVERTISING by Rosser Reeves（『宣伝術』ロッサー・リーブス／新潮社）
- MADISON AVENUE by Martin Mayer
- CONFESSIONS OF AN ADVERTISING MAN by David Ogilvy（『ある広告人の告白［新版］』デイヴィッド・オグルヴィ／海と月社）
- NEW ADVERTISING:TWENTY-ONE SUCCESSFUL CAMPAIGNS FROM AVIS TO VOLKSWAGEN by Robert Glatzer
- THE 100 GREATEST ADVERTISEMENTS by Julian Watkins
- THE ART OF WRITING ADVERTISING by Denis Higgins（『5人の広告作家』東京コピーライターズクラブ／誠文堂新光社）
- HOW TO ADVERTISE by Kenneth Roman and Jane Maas（『売れる広告 効くメッセージ』ケネス・ローマン、ジェーン・マース／日経広告研究所）
- ADVERTISING INSIDE OUT by Philip Kleinman
- SUCCESSFUL DIRECT MARKETING METHODS by Bob Stone（『ダイレクト・マーケティング・マニュアル——直販成功ノウハウ集』ボブ・ストーン／ダイヤモンド社）
- OR YOUR MONEY BACK by Alvin Eicoff
- THE ART OF PLAIN TALK by Rudolf Flesch
- WRITING THAT WORKS by Kenneth Roman and Joel Raphaelson（『ビジネスマンのための英文作成マニュアル』ケネス・ローマン、ジョエル・ラフィエルスン／南雲堂）
- THE ELEMENTS OF STYLE by William Strunk and E B White（『英語文章ルールブック』ウィリアム・ストランク、エルウィン・ブルックス・ホワイト／荒竹出版）
- THIRTY SECONDS by Michael Arlen（『ＣＭ30秒——ヒット・コマーシャルの誕生』マイケル・J・アーレン／サイマル出版会）
- SPEECH CAN CHANGE YOUR LIFE by Dorothy Sarnoff
- THE DUPING OF THE AMERICAN VOTER : DISHONESTY AND DECEPTION IN PRESIDENTIAL TELEVISION ADVERTISING by Robert Spero
- OBVIOUS ADAMS by Robert Updegraff（『あたりまえのアダムス』ロバート・アップデグラフ／ダイヤモンド社）

写真クレジット
Doubleday Inc. from White Collar Zoo by Clare Barnes Jr. 58; FCO London 95; Foote, Cone & Belding 189T; Alan Hutchison Library 183L, 187B; Keystone 159TL, 210, 212; Pierpoint Morgan Library 33; Rex Features, 35, 213; Rex Features / Spia-Press 210B, 211; Frank Spooner / Gamma 13; J. Walter Thompson 193; Vision International, Photo Paolo Koch 214.

本書は1983年に刊行された
『Ogilvy on Advertising』
(邦訳『「売る」広告』誠文堂新光社 1985年)
を新たに翻訳したものです。

この度はお買いあげいただき
誠に有り難うございます。
本書に関するご意見・ご感想等は
下記のいずれかへお願いします。

海と月社
〒151-0051
東京都渋谷区千駄ヶ谷2-39-3-321
FAX 03-6438-9542
Eメール info@umitotsuki.co.jp

Special Thanks　鈴木宏昭

「売る」広告 [新訳]
2010年9月29日　初版第1刷発行

著者	デイヴィッド・オグルヴィ
訳者	山内 あゆ子
装幀	重原 隆
印刷	萩原印刷株式会社
製本	難波製本株式会社
用紙	中庄株式会社
発行所	有限会社海と月社

〒151-0051
東京都渋谷区千駄ヶ谷2-39-3-321
電話03-6438-9541　FAX 03-6438-9542
http://www.umitotsuki.co.jp

定価はカバーに表示してあります。
乱丁本・落丁本はお取り替えいたします。

©2010 Ayuko Yamanouchi Umi-to-tsuki Sha
ISBN978-4-903212-19-7